JN299413

社会調査の応用

量的調査編：社会調査士
E・G科目対応

金井雅之＋小林盾＋渡邉大輔 編

弘文堂

はじめに

　本書の目的は，社会調査士資格のためのE科目（量的データ分析）とG科目（実習）について解説することで，社会調査をどのように応用できるかを学ぶことである．

　篠原清夫らによる『社会調査の基礎──社会調査士A・B・C・D科目対応』が出版されてから，1年あまりの歳月が流れた．専修大学文学部社会学専攻（現在は人間科学部社会学科）での長年の教育実践をもとに，社会調査士資格課程用の標準テキストのひとつとなることを目指した同書は，幸いにもいわゆる文科系の私立大学を中心とする多くの大学の先生方に受け入れられ，好評を博している．本書の企画は，続編の出版を望んでくださる多くの方々のご期待に応えるべく始まった．

　社会調査協会の定める社会調査士資格標準カリキュラムにおいて，応用的な内容を扱う科目群は，アンケートなどの量的調査にかんするもの（E科目）とインタビューなどの質的調査にかんするもの（F科目）とに分岐する．そして，実際に社会調査をおこなう実習科目（G科目）も，担当教員の専門性に応じて，量的調査か質的調査のどちらかを重点的に扱うことになるのが実態であろう．そこで本書は，編者の専門性を勘案して，量的調査に特化した応用編を目指すことになった．

　前身書の執筆陣は専修大学で調査士科目を担当した経験のある者を中心に構成されていたのに対し，本書では専修大学の金井に加えて，やはり社会調査士課程としての長年の実績を積み重ねてきた成蹊大学文学部現代社会学科の小林と渡邉が，編者として企画・執筆を主導した．さらに，量的調査や計量分析を専門とするさまざまな大学の方々に，コラムの執筆をお願いすることができた．

　さて，本書は大きく分けて2つの部分から構成されている．

　第1部は，標準カリキュラムのE科目に対応する，量的調査データの統計分析の応用的な手法（多変量解析）を扱う科目である．本文の執筆は金井と渡邉が担当した．多変量解析の目標は，社会現象の背後に存在する複雑な因果の構造を見極め，その意味を実践的に解釈することである．その基礎となる本書第1部では，統計モデルによるデータの予測（＝説明）という考え方を手がか

りに，多種多様な統計手法をなるべく統一的な観点から理解できるように工夫した．

　第2部は，標準カリキュラムのG科目に対応する．G科目は標準カリキュラムの集大成としての実習をおこなう科目であるが，本書で扱うのは主に量的調査をおこなう場合である．本文の執筆は小林が担当した．類書がない中で，現場での運営方法やちょっとしたアイデアを中心とし，「実習の経験がない教員でも，これに沿って進めれば実施できる」ことを目指した．そのため，理論的な説明は大幅に省略したので，必要に応じて前身書『社会調査の基礎』や本書第1部を参照してほしい．

　前身書と同様に，本書でも随所にコラムを配置した．応用的かつ最新の統計手法や量的調査を実施するための実践的なノウハウといった本文の内容を補うものから，社会調査を用いた古典的研究や代表的な量的社会調査や社会調査士制度自体の紹介まで，テーマはバラエティに富んでいる．いずれのコラムもそれぞれのテーマの第一線で活躍する方々に執筆をお願いできたことをうれしく思う．

　最後に，本書の出版にあたっては，前身書に引き続いて，弘文堂編集部の中村憲生さんにたいへんお世話になった．書物をより多くの読者に手にしてもらうためにはどうすればよいかという一貫した観点に基づく内容から構成にいたるまでの実践的なアドバイス，および編集実務におけるプロとしての見事なまでの手際なくしては，本書はとてもいまのような形には仕上がらなかったであろう．また，前身書の企画を白紙段階から立ち上げて見事に結実させ，本書にバトンタッチしてくださった専修大学人間科学部の大矢根淳教授，およびコラムの執筆を快諾してくださった皆さまに，あらためてお礼を申し上げたい．

　　　2011年11月15日

　　　　　　　　　　　　　　　　　　　　　　　　　　　　　　編者

社会調査の応用 CONTENTS

社会調査の応用 | CONTENTS

はじめに　3

E 科目（量的データ解析の方法に関する科目）

1-0-1　**シラバス**　14

1-0-2　**社会統計学の基礎：C 科目と D 科目の復習**　18
- 1……変数と値，質的変数と量的変数
- 2……ある変数の値の分布の特徴をとらえる：1 変数の記述統計
- 3……2 つの変数同士の関連を調べる：2 変数の関連の記述統計
- 4……標本から母集団を推測する：区間推定
- 5……母集団でも関連があるかどうかを判断する：仮説検定

1-1　**基本的な考え方①：関連と因果，統制変数**　36

2つの変数の関連が見かけ上のものか因果関係かを見分ける
- 1……関連と因果関係
- 2……統制変数
- 3……疑似関係と媒介関係
- 4……交互作用
- **COLUMN**　社会調査と因果関係（武藤正義）　43

1-2　**基本的な考え方②：三元クロス表の分析**　44

2つの質的変数の関連の仕方がグループや条件ごとに異なるかを調べる
- 1……二元クロス表と関連の指標
- 2……三元クロス表と条件つき関連
- 3……周辺表と周辺関連
- **COLUMN**　岩手県　暮らしと人間関係についてのアンケート（金澤悠介）　51

1-3　**基本的な考え方③：偏相関係数**　52

2つの量的変数の関連の仕方がある別の量的変数の値に応じて異なるかを調べる
- 1……散布図と相関係数
- 2……散布図行列と相関係数行列
- 3……偏相関係数
- **COLUMN**　パットナム『哲学する民主主義』（大﨑裕子）　59

1-4　重回帰分析①：モデルの概要　　60
ある量的変数に対して2つ以上の量的変数がそれぞれどの程度影響しているかを調べる
- 1………単回帰分析
- 2………重回帰分析

COLUMN　JGSS（Japanese General Social Surveys 日本版総合的社会調査）（岩井紀子）　69

1-5　重回帰分析②：決定係数と偏回帰係数の検定　　70
社会全体でもそれぞれの量的変数が影響しているかを確認する
- 1………決定係数：従属変数のばらつきをどの程度説明できているか
- 2………偏回帰係数の検定

1-6　重回帰分析③：標準化偏回帰係数と多重共線性　　78
それぞれの量的変数の影響力の相対的な大きさを比較する
- 1………標準化偏回帰係数：各独立変数の相対的な影響力
- 2………多重共線性とVIF：回帰モデルの推定の不安定さ

COLUMN　グラノベッター『転職』（筒井淳也）　83
COLUMN　マルチレベル分析（秋吉美都）　84

1-7　分散分析　　86
社会全体でもある量的変数の平均がグループごとに異なるかを確認する
- 1………質的変数の説明力：回帰分析の R^2 との類似性
- 2………分散分析：独立変数の説明力が母集団でもあるといえるか

1-8　一般線形モデル①：ダミー変数　　94
回帰分析の説明変数に質的変数を加える
- 1………ダミー変数：質的変数を線形モデルに統合する
- 2………質的変数のみの一般線形モデル：分散分析
- 3………量的変数と質的変数を両方投入した一般線形モデル：共分散分析

1-9　一般線形モデル②：交互作用　　100
ある量的変数への原因変数の影響の仕方がグループや条件ごとに異なるかを調べる
- 1………一般線形モデルにおける交互作用：量的変数と質的変数の場合
- 2………質的変数が2つの場合

社会調査の応用 | CONTENTS

1-10　一般線形モデル③：情報量規準とモデル選択　106

複雑な因果関係の中から最も簡潔な原因の組合せを見つけ出す

1……統計モデルの目的と評価基準
2……モデルのよさを表す指標：情報量規準
3……変数の追加による説明力増加の有意性検定：F検定
4……変数減少法によるモデル選択
5……探索的研究 vs. 説明的研究

1-11　二項ロジスティック回帰分析①：モデルの概要と係数の解釈　114

ある特性を持つかどうかの確率を別の変数から予測する

1……2値変数を線形モデルで予測する：二項ロジスティック回帰モデル
2……二項ロジスティック回帰モデルによる予測値の意味
3……二項ロジスティック回帰モデルにおける係数の意味

1-12　二項ロジスティック回帰分析②：係数とモデルの検定　120

社会全体でもそれぞれの変数がある特性を持つ確率の予測に役立つかを調べる

1……係数の信頼区間
2……係数の検定 (1)：Wald検定
3……係数の検定 (2)：尤度比検定（逸脱度分析）
4……モデルのあてはまりの指標：疑似決定係数
5……分析結果の表示例

COLUMN　指数と対数（堀内史朗）　128
COLUMN　アドルノ他『権威主義的パーソナリティ』（赤堀三郎）　129

1-13　ログリニア分析　130

複数の質的変数同士の関連の構造を探索的に分析する

1……クロス表のセル度数を一般化線形モデルで予測する
2……複数のモデルのあてはまりのよさを比較する
3……三元クロス表における関連の構造
4……対数線形モデルによるモデル選択
5……対数線形モデルとロジスティック回帰分析との関係

COLUMN　SSM調査（社会階層と社会移動全国調査）（佐藤嘉倫）　139

1-14　数量化Ⅲ類　140

多くの変数の中から回答パターンの似ているものをグループ分けする

1……数量化Ⅲ類，対応分析とは何か
2……対応分析のメカニズム
3……対応分析の結果の読み解き方
4……対応分析の応用：テキストマイニングと対応分析

1-15　因子分析　　　　　　　　　　　　　　　　　　　　146
観測データを生み出している見えない構造を見つけ出す
　　1……潜在因子と因子分析
　　2……因子分析のモデル
　　3……因子分析の流れ
　　4……因子の妥当性の確認，レポートへのまとめ方
　　5……因子分析の応用
　　COLUMN　因子得点を使って分析する（高田　洋）　154
　　COLUMN　パス解析と共分散構造分析（神林博史）　155

G 科目（社会調査の実習を中心とする科目）

2-0　シラバス　　　　　　　　　　　　　　　　　　　　158

2-1　調査の企画，対象者・地域の選定　　　　　　　　　　162
調査を企画する
　　1……目的と事例
　　2……調査企画のポイント
　　3……調査企画の手順
　　4……計画標本人数の決定の手順
　　COLUMN　大学間の比較調査（相澤真一）　166
　　COLUMN　インタビュー調査（轡田竜蔵）　167

2-2　調査項目の設定　　　　　　　　　　　　　　　　　168
テーマを設定する
　　1……目的と事例
　　2……テーマ設定のポイント
　　3……テーマ設定の手順
　　4……フィールドにいく

2-3　仮説構成　　　　　　　　　　　　　　　　　　　　172
仮説をたてる
　　1……目的と事例
　　2……仮説構成のポイント
　　3……仮説構成の手順
　　4……仮説構成のチェックリスト

社会調査の応用 | CONTENTS

2-4　質問文・調査票の作成① 　　　176
質問をつくる
- 1……目的と事例
- 2……質問作成のポイント
- 3……質問作成の手順
- 4……質問のチェックリスト

2-5　質問文・調査票の作成② 　　　180
調査票を作成する
- 1……目的と事例
- 2……調査票作成のポイント
- 3……調査票作成の手順
- 4……プリテストをおこなう
- **COLUMN**　個人情報保護法を正しく理解する（常松　淳）　184
- **COLUMN**　住民基本台帳と選挙人名簿抄本（山本英弘）　185

2-6　サンプリング 　　　186
サンプリングをする
- 1……目的と事例
- 2……サンプリングのポイント
- 3……地点サンプリングの手順
- 4……個人サンプリングの手順

2-7　調査の実施 　　　190
調査を実施する
- 1……目的と事例
- 2……調査実施のポイント
- 3……調査実施の手順
- 4……結果を予測する
- **COLUMN**　問い合わせにどう対応するか（保田時男）　194
- **COLUMN**　戸田貞三『家族構成』（千田有紀）　195

2-8　エディティング 　　　196
データを入力する
- 1……目的と事例
- 2……データ入力のポイント
- 3……データ入力の手順
- 4……調査の概要を作成する

2-9　集計　　　　　　　　　　　　　　　　　　　　　　　　　　200
集計する
- 1………目的と事例
- 2………集計のポイント
- 3………集計の手順
- 4………棒グラフにする

2-10　分析①　　　　　　　　　　　　　　　　　　　　　　　　204
平均を比較する
- 1………目的と事例
- 2………平均の比較のポイント
- 3………平均の比較の手順
- 4………折れ線グラフにする

2-11　分析②　　　　　　　　　　　　　　　　　　　　　　　　208
相関係数をもとめる
- 1………目的と事例
- 2………相関係数のポイント
- 3………相関係数をもとめる手順
- 4………因果関係のチェックリスト，折れ線グラフにする

2-12　分析③　　　　　　　　　　　　　　　　　　　　　　　　212
回帰分析をする
- 1………目的と事例
- 2………回帰分析のポイント
- 3………回帰分析の手順
- 4………折れ線グラフにする
- **COLUMN**　社会調査協会と社会調査士制度（盛山和夫）　216
- **COLUMN**　『社会と調査』（今田高俊）　217

2-13　仮説検証　　　　　　　　　　　　　　　　　　　　　　　218
仮説を検証する
- 1………目的と事例
- 2………仮説検証のポイント
- 3………仮説検証の手順
- 4………検証結果を文章とグラフで整理する

社会調査の応用 CONTENTS

2-14　インタビューなどのフィールドワーク　　　　222
インタビューする
- 1………目的と事例
- 2………インタビューのポイント
- 3………インタビューの手順
- 4………インタビュー結果をまとめる

2-15　報告書の作成　　　　226
報告書を作成する
- 1………目的と事例
- 2………報告書作成のポイント
- 3………報告書作成の手順
- 4………発表会をする

付録　　230
　　武蔵野調査　調査票
　　武蔵野調査　督促状
　　武蔵野調査　報告書
　　成蹊クラス調査　調査票
　　成蹊クラス調査　速報

本書の内容をより深く理解するための文献リスト　249
練習問題の略解　　251
索引　　255
編著者紹介　　257

【執筆分担】
はじめに：金井雅之・小林　盾・渡邉大輔
第1部（1章～13章）：金井雅之
第1部（14章・15章）：渡邉大輔
第1部（練習問題）：渡邉大輔
第2部：小林　盾
コラム：武藤正義・金澤悠介・大﨑裕子・岩井紀子・筒井淳也・秋吉美都・堀内史朗・赤堀三郎・佐藤嘉倫・高田　洋・神林博史・相澤真一・譽田竜蔵・常松　淳・山本英弘・保田時男・千田有紀・盛山和夫・今田高俊
付録：小林　盾
本書の内容をより深く理解するための文献リスト：渡邉大輔・小林　盾
練習問題の略解：渡邉大輔

1-0-1

シラバス

E科目
（量的データ解析の方法に関する科目）

　社会調査士の資格を認定している社会調査協会によると，E科目は「社会調査データの分析で用いる基礎的な多変量解析法について，その基本的な考え方と主要な計量モデルを解説する」科目である．その中で扱う内容は，「重回帰分析を基本としながら，他の計量モデル（たとえば，分散分析，パス解析，ログリニア分析，因子分析，数量化理論など）の中から若干のものをとりあげる」とされており，90分×15週で履修することが求められている．

　多変量解析法とは，3つ以上の変数間の関連や因果の構造を明らかにする統計的手法の総称であり，分析目的や扱う変数の種類に応じてさまざまなものが存在する．このため，社会調査協会の「社会調査士科目認定に関わる確認事項」（2011年4月1日付）によれば，「ア）重回帰分析の解説」および「イ）重回帰分析以外の多変量解析法の解説（最低1種類）」の2点に触れていることが，科目認定上の最低限の確認項目になっている．

　「重回帰分析以外の多変量解析法」として具体的に何をとりあげるかには裁量の余地があり，履修者の専攻や授業担当者の研究分野によってさまざまであろう．本章では社会学でよく使われる手法に焦点を合わせて，以下の15項目を設定した．（　）内の太字は，社会調査協会が求めている内容である．

1-1. 2つの変数の関連が見かけ上のものか因果関係かを見分ける
　　（**基本的な考え方**①：関連と因果，統制変数）
1-2. 2つの質的変数の関連の仕方がグループや条件ごとに異なるかを調べる
　　（**基本的な考え方**②：三元クロス表の分析）
1-3. 2つの量的変数の関連の仕方がある別の量的変数の値に応じて異なるかを調べる（**基本的な考え方**③：偏相関係数）
1-4. ある量的変数に対して2つ以上の量的変数がそれぞれどの程度影響しているかを調べる（**重回帰分析**①：モデルの概要）
1-5. 社会全体でもそれぞれの量的変数が影響しているかを確認する
　　（**重回帰分析**②：決定係数と偏回帰係数の検定）

1-6. それぞれの量的変数の影響力の相対的な大きさを比較する
 (**重回帰分析**③：標準化偏回帰係数と多重共線性)
1-7. 社会全体でもある量的変数の平均がグループや条件ごとに異なるかを確認する(**分散分析**)
1-8. 回帰分析の説明変数に質的変数を加える
 (一般線形モデル①：ダミー変数)
1-9. ある量的変数への原因変数の影響の仕方がグループや条件ごとに異なるかを調べる(一般線形モデル②：交互作用)
1-10. 複雑な因果関係の中から最も簡潔な原因の組合せを見つけ出す
 (一般線形モデル③：情報量規準とモデル選択)
1-11. ある特性を持つかどうかの確率を別の変数から予測する
 (二項ロジスティック回帰分析①：モデルの概要と係数の解釈)
1-12. 社会全体でもそれぞれの変数がある特性をもつ確率の予測に役立つかを調べる(二項ロジスティック回帰分析②：係数とモデルの検定)
1-13. 複数の質的変数同士の関連の構造を探索的に分析する
 (**ログリニア分析**)
1-14. 多くの変数の中から回答パターンの似ているものをグループ分けする
 (**数量化Ⅲ類**)
1-15. 観測データを生み出している見えない構造を見つけ出す
 (**因子分析**)

　社会学分野における質問紙調査から得られる変数は，年齢や教育年数などのわずかな例外を除いて，名義尺度や順序尺度に相当するいわゆるカテゴリカル・データ(質的変数)が多い(安田・海野1977；太郎丸2005)．これに対して，おもに自然科学で発展してきた多変量解析法は間隔尺度以上の数量データを前提としていることが多い．このため，多変量解析法に関する標準的な解説書は，社会学におけるデータ解析法の習得にはあまり使い勝手がよいものではなかった．そこで本章では，二項ロジスティック回帰分析やログリニア分析(対数線形モデル)や数量化Ⅲ類(対応分析)など，カテゴリカル・データの取り扱いに適した手法を積極的にとりあげることにした．
　多変量解析を含む統計学は，もともと実践の学である(佐伯・松原2000)．それぞれの学問分野で実際によく使われる種類のデータに触れることは勉学への

動機づけになるし，理論の内在的理解にもつながる．そこで本章では，一般住民を対象とした無作為抽出による実際の社会調査である『岩手県　暮らしと人間関係についてのアンケート』(以下「岩手調査」とよぶ．1-2のコラム参照．)のデータをなるべく説明に用いる．また，学習者が実際に統計ソフトウェアを用いてデータを扱ってみることも重要であるので，練習問題を付した．

　多変量解析は一般に計算が複雑なので，実際にデータを分析する際には統計分析用に特別に設計されたソフトウェアを用いることが多い．これまで日本の社会学者の間では，SPSS (2011年時点では「IBM SPSS Statistics」という名称で販売されている) という統計ソフトが事実上の標準として用いられてきた．SPSSはたしかに初学者から専門家までレベルに応じて柔軟に使いこなせる優れたソフトウェアであるが，価格が高い．授業で1人1台使える環境が整備されていない大学も多いだろうし，学生が卒業論文等を執筆する際に自分のコンピュータに気軽に導入することもむずかしい．

　これに対して，近年Rという無償の統計ソフトウェアに注目が集まっている (R Development Core Team 2011)．Rは世界中のボランティアによって開発されている一種のプログラミング言語で，最新の分析手法にもいち早く対応し続けている．マウスを使ってメニューから必要な情報を入力していくExcelやSPSSと違って，Rではキーボードから直接コマンドを入力するのが基本なので，最初はむずかしく感じるかもしれない．しかし，社会学における実際のデータ分析ではさまざまな変数の組合せや条件設定による試行錯誤が不可欠なので，コマンドを使うのが結局速くて効率的な方法である．そこで本書第1部では，Rでの分析例を掲載することにした．Rに関する日本語の解説書は近年急増しているが，社会学分野でよく使われる手法に絞ってまとめた類書はそう多くはない．

　なお，紙幅の関係で本文には掲載できなかったコマンドや図表などをまとめたオンライン資料を，本書のサポートページ (http://www.koubundou.co.jp/books/pages/55151.html) に掲載している．この資料には本文で省略したコマンドの実行結果もすべて掲載してあるので，Rが操作できない環境でも，Rでどのようなことができるかの概略が理解できる．また，Rの入手やインストール，および基本的な操作方法についても，オンライン資料で解説している．さらに，本書第1部の各章で用いているデータ (「岩手調査」および社会生活統計指標) と練習問題の詳細な解答，さらにはSPSSで同じ分析をおこなう場合の手順もオンラ

イン資料に含まれているので,実習や自習に活用してほしい.

最後に,第1部では15項目を立てているが,実際の授業においては受講者や教員の専門分野や理解度に応じて一部を省略したり,統計ソフトウェアを用いたデータ分析の演習を充実させたりすることも可能である.

表　E科目の学習例

	協会の対応内容	カリキュラム		
		標準	演習重視	卒論他
1-1	基本的な考え方①:関連と因果,統制変数	1回目	1回目	○
1-2	基本的な考え方②:三元クロス表の分析	2回目	2回目	○
1-3	基本的な考え方③:偏相関係数	3回目	3回目	
1-4	重回帰分析①:概要	4回目	4回目	○
1-5	重回帰分析②:決定係数と検定	5回目	5〜6回目	○
1-6	重回帰分析③:標準化係数と多重共線性	6回目	7〜8回目	○
1-7	分散分析	7回目	9回目	
1-8	(一般線形モデル①):ダミー変数	8回目	10回目	
1-9	(一般線形モデル②):交互作用	9回目	11〜12回目	○
1-10	(一般線形モデル②):モデル選択	10回目	——	
1-11	(二項ロジスティック回帰分析①):概要	11回目	13回目	○
1-12	(二項ロジスティック回帰分析②):検定	12回目	14〜15回目	
1-13	ログリニア分析	13回目	——	
1-14	数量化Ⅲ類(対応分析)	14回目	——	
1-15	因子分析	15回目	——	

【参考文献】
R Development Core Team, 2011, *R: A language and environment for statistical computing*, Vienna: R Foundation for Statistical Computing.
佐伯胖・松原望編,2000,『実践としての統計学』東京大学出版会.
太郎丸博,2005,『人文・社会科学のためのカテゴリカル・データ解析入門』ナカニシヤ出版.
安田三郎・海野道郎,1977,『社会統計学(改訂2版)』丸善.

1-0-2　社会統計学の基礎

C科目とD科目の復習

　社会調査協会による社会調査士資格取得カリキュラムにおいて，量的調査データを分析するための知識は，C科目（基礎的な資料とデータの分析に関する科目），D科目（社会調査に必要な統計学に関する科目），E科目（量的データ解析の方法に関する科目）の3科目で，順を追って習得していくように設計されている．

　そこで，これからE科目を学習するにあたって最低限知っておかなければならないC，D科目の知識を復習する．詳しくは，本書の前段階にあたる『社会調査の基礎』（篠原ほか2010）などを参照してほしい．

1 ……… 変数と値，質的変数と量的変数

　調査票（アンケート）を用いて一度に多くの人に同じ質問をする量的社会調査のデータにおいて，1つ1つの質問項目を**変数**（variable），1人1人の対象者（**ケース**）によるその質問への回答を，（その変数の）**値**（value）という．たとえば「あなたの年齢をお聞かせください」という質問文は「年齢」という変数を測定するものであり，その値すなわち具体的な年齢（たとえば「25」歳や「79」歳）は回答者によって異なる．つまり「変数」とは，「個々のケースによって値が変わりうる（variable），ある測定可能な概念」という意味であり，その値が数値で表されることが本質なわけではない．

　逆に，すべてのケースにおける値がまったく同じになってしまうような変数は，社会現象における関連や因果の構造を探る上では，事実上役に立たない．たとえば，小学生以下の子どもを持つ母親を対象とした調査で「性別」をたずねることは，時間と紙幅の無駄でしかない．もし，性別によって子育て支援政策への満足度が異なるかどうかを調べたいのであれば，子どもを持つ父親も対象者に含めるべきである．そうすれば，「性別」という変数が実際にとる値（「女性」または「男性」）の分布はおおよそ半々になり，この2つの集団において政策満足度の平均が同じかどうか，つまり性別（原因）は政策満足度（結果）に影響するかどうか，を検討することができる．

　変数には大きく分けて，性別のようにとりうる値の種類が限られているものと，年齢のようにとりうる値がたくさんあって数量に近い性質を持つものがあ

る．前者を**質的変数**（カテゴリカル変数），後者を**量的変数**とよぶ．

　質的変数をさらに細かく見ると，性別や職業のように，その値（「男性」や「専門・管理職」など）が単に人びとをいくつかの集団に区分するための基準でしかなく，値同士に順序が想定できないもの（「名義尺度」）と，学歴のように，値（「中卒」「高卒」「大卒」）に自然な順序が想定できるが，数量としての性質（たとえば「大卒は中卒の3倍」など）まではもたないもの（「順序尺度」）が存在する．順序尺度とみなせる質的変数は，質的変数と量的変数の中間的な性質を持つため計量分析上の位置づけはあいまいで，社会学分野では量的変数と同じように分析されることも多い．

2……ある変数の値の分布の特徴をとらえる：1変数の記述統計

　統計的研究の目的は，個体（ケース）ではなく集団全体の特徴を知ることである．つまり，ある変数において1人1人の対象者がどういう値をとっているかに興味があるのではなく，集団全体としてどういう値をとる人が多く，どういう値をとる人が少ないのかを知りたいのである．これを値の**分布**（distribution）という．変数の値の分布をどのように把握し，場合によっては数量化できるかは，変数の種類によって異なる．

質的変数の記述統計　質的変数の場合は，値に数量としての性質がないため，どの値をとる人が何人いるか（**度数** frequency）を数え上げ，それぞれの値をとる人数の集団全体の人数に対する比率（**相対度数**）を計算することくらいしかできない．これを表形式にまとめたものを**度数分布表**（frequency distribution table）という．度数分布を視覚的に表現するには，棒グラフや円グラフを用いる．

量的変数の記述統計　量的変数の場合は，値が多いため，個々の値の度数を数え上げても分布の状況がわかりにくくなるか，そもそも度数を数えられないことも多い．たとえば，20歳以上79歳以下の男女個人を対象とした調査において，年齢の度数分布を1歳刻みで示すことはできるが，60行もの表の数値を見て分布の概要を即座に把握できる人は少ないだろう．そこで，量的変数の場合は値をいくつかの区間（階級）に区切って（たとえば年齢10歳刻み），それぞれの階級の度数で度数分布表を作ることが多い．これを視覚的に表現したものがヒストグラム（histogram）である．

量的変数には，値自体に数量（または少なくとも順序）としての性質があるため，値とその度数の情報を組み合わせることによって，分布の特徴を表すさまざまな量（**統計量** statistic）を計算することができる．量的変数の分布の特徴は，大きく分けて「位置」と「ばらつき」によって表現できる．

分布の位置を表す統計量　代表的なものは**平均**（mean）である．全部で N 個のケースからなるデータにおけるある変数 X の平均 $\bar{X}$（エックス・バーと読む）は，

$$\bar{X} = \frac{x_1 + x_2 + \ldots + x_N}{N}$$

と計算される．x_1 とは，N 個中1番目のケースがとっている変数 X の値を表す．たとえば $N=5$ 人からなるデータで X が年齢を表し，1番目の人の年齢が $x_1 = 24$ 歳，2番目の人の年齢が $x_2 = 46$ 歳，以下同様に $x_3 = 34$ 歳，$x_4 = 41$ 歳，$x_5 = 75$ 歳であったとすると，この5人の年齢の平均は

$$\bar{X} = \frac{24 + 46 + 34 + 41 + 75}{5} = \frac{220}{5} = 44 \text{ 歳}$$

である．

分布のばらつきを表す統計量　ばらつきとは，個々の値が分布の中心（つまり平均）からどの程度離れて分布しているか，のことである．いまケースの番号を一般に i と表すことにして，ケース i の変数 X の値 x_i と，変数 X の平均 $\bar{X}$ との差

$$x_i - \bar{X}$$

を，ケース i の平均からの**偏差**（deviation）という．上の年齢の例だと，ケース1の偏差は $x_1 - \bar{X} = 24 - 44 = -20$ であり，ケース5の偏差は $75 - 44 = 31$ である．統計的研究の関心は集団全体の特徴にあるから，知りたいのは個々の値が中心からどれだけ離れているかではなく，それぞれの値の中心からの離れ具合が集団全体で標準的にはどれくらいなのか，である．

個々のケースの偏差はプラスになることもあればマイナスになることもあるから，そのままの数値を「平均」しても，プラスとマイナスが打ち消しあってちょうど0になってしまう．そこで，個々のケースの偏差を2乗（同じ数値同士を掛け算すること）したものの「平均」，つまり

$$s_X^2 = \frac{(x_1-\bar{X})^2 + (x_2-\bar{X})^2 + \ldots + (x_N-\bar{X})^2}{N-1}$$

という量を考える．このs_X^2を，変数Xの**分散**(variance)という[1]．

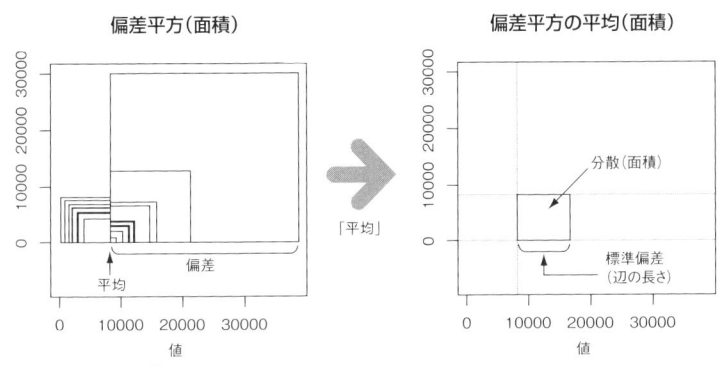

図1 分散と標準偏差

　分散の計算に登場する「偏差の2乗」は，幾何学的には，偏差の絶対値を1辺の長さとする正方形の面積と考えることもできる．したがって分散とは，このような正方形の面積が，集団全体で標準的にはどれくらいかを表している．しかし，ばらつきの指標としてわれわれが求めていたのは，それぞれの値の平均からの標準的な離れ具合，つまり長さに相当する量であった．これに答える1つの方法は，分散が表す標準的な面積の正方形の1辺の長さを求めることである．面積がSの正方形の1辺の長さは$\sqrt{S}$であるから[2]，求める量は

$$s_X = \sqrt{s_X^2} = \sqrt{\frac{(x_1-\bar{X})^2 + (x_2-\bar{X})^2 + \ldots + (x_N-\bar{X})^2}{N-1}}$$

である．このs_Xを，変数Xの**標準偏差**(standard deviation)という．

3 ········ 2つの変数同士の関連を調べる：2変数の関連の記述統計

　2つの変数間に**関連**(association)があるとは，一方の変数の値に応じて他方

---

[1] ここで定義した分散の分母は，ケース数N自体ではなく$N-1$という数なので，厳密には偏差の2乗の平均ではない．これは不偏分散とよばれるもので，標本から母集団の特徴を推測する推測統計学ではこちらがよく使われる．
[2] 「ルートS」と読む．平方根（squared root）を表す数学記号である．平方とは2乗のことであり，Sの平方根とは，2乗するとSになる（正の）数という意味である．

の変数の値の分布が変化することをいう．逆に関連がないとは，一方の変数のどの値においても他方の変数の値の分布が同じであることをいう．関連がないことを，統計的に**独立**(statistically independent)であるともいう．

たとえば，「性別」(男性・女性)と「地域への愛着」(感じる・感じない)という2つの変数を考えよう．男性では愛着を感じる人が9割，感じない人が1割であるのに対し，女性では感じる人が7割，感じない人が3割であったとする(数値は架空)．このとき，「性別」という一方の変数の値(男性と女性)のそれぞれで，「地域愛着」という他方の変数の値(感じると感じない)の分布が異なっているから，「性別」と「地域愛着」との間には関連があるといえる．逆に，もし男性でも女性でも，地域愛着を感じる人が8割，感じない人が2割だったとしたら，「性別」と「地域愛着」との間には関連はない(あるいは，「性別」と「地域愛着」は独立である)．

2つの変数の間に関連がある場合，あるケースが一方の変数でとっている値がわかると，他方の変数の値をより正確に予測できる．上の最初の例(関連がある場合)で，男性と女性の数が等しいとすると，ある人について，性別がわからなければ地域愛着を感じている確率は8割と見込まれるが，もしその人が男性であることがわかれば地域愛着を感じている確率は9割と想定できる．同様に，ある人が地域愛着を感じていることがわかれば，その人は女性よりも男性である確率が高くなる(地域愛着の情報がなければ，男性である確率と女性である確率は半々である)．2つの変数に関連がない場合は，一方の変数の値がわかっても，他方の変数の値についての追加的な情報は何も得られない．

2変数の関連の具体的な示し方や関連の程度の数量化の仕方は，2つの変数の種類(質的か量的か)の組合せによって異なる．ここでは，両方とも質的な場合，および両方とも量的な場合について復習する．

2つの質的変数の関連の表示　質的変数の分布は，それぞれの値をとるケースの数を数え上げる度数分布表によって表現できた．これを2つの質的変数に拡張したものが，**クロス表**(contingency table)である．

たとえば，表1のクロス表は，「岩手調査」でえられた性別と地域愛着との関連を示したものである．

表1 クロス表の例（性別と地域愛着との関連）

(1) 度数による表示

性別	地域愛着		
	感じる	感じない	計
男性	481	80	561
女性	500	119	619
計	981	199	1,180

(2) 行比率による表示

性別	地域愛着		
	感じる	感じない	計
男性	86%	14%	100%
女性	81%	19%	100%
計	83%	17%	100%

(3) 度数と行比率をあわせた表示

性別	地域愛着		
	感じる	感じない	計
男性	481 (86%)	80 (14%)	561 (100%)
女性	500 (81%)	119 (19%)	619 (100%)
計	981 (83%)	199 (17%)	1,180 (100%)

出典：「岩手県　暮らしと人間関係についてのアンケート」(2007)

　一般に，表において横方向を行(row)，縦方向を列(column)という．表1のクロス表において，「性別」という変数の値（男性と女性）は各行の名前になっているから，「性別」側の変数を**行変数**もしくは**表側変数**という．一方「地域愛着」側の変数は，**列変数**もしくは**表頭変数**とよぶ．クロス表に表示する2つの変数の間に因果関係を想定するとき，原因となる変数は表側に，結果となる変数は表頭におくことが多い．

　(1) は，2つの変数のそれぞれの値の組合せごとに度数（ケースの数）を表示したものである．たとえば，男性で地域愛着を感じている人は，「男性」の行と「感じる」の列の交わる**セル**（表のマス目のこと）を見ると，481人いることがわかる．一方，「計」という名前のついている最右列と最下行は，各行または各列の度数を合計したものである．たとえば，「男性」という行の最右列の561人は，男性のうち地域愛着を感じる人481人と感じない人80人を足したものであり，要するにこのデータにおける男性の度数のことである．クロス表の最右列と最下行の度数を，それぞれ**行周辺度数**と**列周辺度数**（marginal frequency）とよぶ．さらに，最も右下のセルの数値は，行周辺度数（または列周辺度数）の合計を表しており，**全体度数**とよぶ．

　(1) の度数による表示は，2つの変数の関連を把握するのにはあまり向かない．たとえば，地域愛着を感じている男性は481人，女性は500人いるが，女性が男性よりも地域愛着を感じやすいとは限らない．なぜなら，行周辺度数からわかるように，女性の数は男性の数よりも，もともと多いからである．そこ

で，クロス表の各セルの度数を同じ行の行周辺度数で割った数（**行比率**）を百分率（パーセント）で示したのが (2) のクロス表である．男性のうち地域愛着を感じている人は86%，女性で愛着を感じている人は81%なので，男性の方が女性よりも地域愛着を感じやすいことがわかる．

このように，(2) の表示法は2変数の関連を直感的に把握するのには適しているが，標本から母集団を推測するときには，各セルの度数の大きさも重要な判断材料になる．よって，できれば (3) のように両方の情報を併記するのが望ましい．

2つの質的変数の関連の程度を表す量 それぞれの変数の値（カテゴリー）の数や，尺度の種類（順序性があるかどうか）に応じて，さまざまな指標が提案されている．ここでは代表的な3つを紹介する．

表2 χ^2 統計量の計算

(1) 観測度数（実際の度数）

性別	地域愛着		計
	感じる	感じない	
男性	481	80	561
女性	500	119	619
計	981	199	1,180

出典：表1と同じ

(2) 期待度数

性別	地域愛着		計
	感じる	感じない	
男性	466.39	94.61	561
女性	514.61	104.39	619
計	981	199	1,180

(3) 観測度数−期待度数

性別	地域愛着	
	感じる	感じない
男性	14.61	−14.61
女性	−14.61	14.61

(4) $\dfrac{(観測度数 - 期待度数)^2}{期待度数}$

性別	地域愛着	
	感じる	感じない
男性	0.4576	2.2559
女性	0.4147	2.0446

4つのセルの値の合計＝χ^2=5.1729

χ^2統計量 「カイ2乗」と読む[3]．χ^2統計量は，クロス表の実際の度数分布が，2つの変数が独立である（関連がない）場合に予想される度数分布と比べて，全体としてどの程度ずれているかを表す量である．

2つの変数が独立である場合，クロス表の各セルの度数は，行周辺度数の全体度数に対する比率（行周辺比率）と，列周辺度数の全体度数に対する比率（列

3　χとはローマ字のchに相当するギリシャ文字であり，ローマ字の大文字のXとは異なる．

周辺比率)をかけたものに,全体度数をかけたものになる。これを,各セルの**期待度数**という。たとえば,男性で地域愛着を感じる人の期待度数は,男性の行周辺比率561÷1180＝0.4754と,地域愛着を感じる人の列周辺比率981÷1180＝0.8314と,全体度数1180をかけたものなので,0.4754×0.8314×1180＝466.39である（その他のセルについても表2の(2)を参照）。これに対して,実際のデータから得られた度数を**観測度数**という。実際のデータにおいて2変数が独立でない場合,各セルの観測度数と期待度数には,当然ずれが生じる。表2の(3)からわかるように,このずれ(残差residualという)はプラスになるセルもあればマイナスになるセルもあり,そのままの数値を合計すると必ず0になる。そこで,観測度数と期待度数の差を2乗してから期待度数で割った量を,すべてのセルで合計したものが,χ^2**統計量**である（表2の(4)を参照）。

　以上の計算方法からわかるように,もし2つの変数が実際に独立であれば,観測度数と期待度数は完全に一致するから,χ^2統計量は0になる。逆に,2つの変数が独立でない場合は,独立である状態から離れれば離れるほど,χ^2統計量は大きくなる。

クラメールのV　χ^2統計量は,2変数が母集団でも独立であるかどうかの検定にはよく用いられるが,関連の強さを測る量としては必ずしも適切ではない。なぜなら,χ^2統計量はその計算方法からわかるように,クロス表のセルの数(それぞれの変数のカテゴリーの数)や,ケース数の影響も同時に受けるからである。そこで,これらの影響を取り除くために,χ^2統計量を,全体度数と(2変数のうちカテゴリー数が少ない方の)変数のカテゴリー数から1を引いた数との積で割り,その平方根をとったものが,**クラメールのV** (Cramer's V) とよばれる関連の指標である[4]。上の例だと,χ^2統計量が5.1729,全体度数が1180,2つの変数の値の数はどちらも2つなので,

$$V = \sqrt{\frac{\chi^2}{N \times (カテゴリー数 - 1)}} = \sqrt{\frac{5.1729}{1180 \times (2-1)}} = 0.0662$$

である。クラメールのVは,2変数が独立であるときは0となり,最も関連が強いときでも1を越えることはない（ただし最大値が1とは限らない）。このため,後述する相関係数によく似た関連の測度として使われる。

4　2つの変数がともに2つずつしかカテゴリーをもたないとき,クラメールのVは,2つのカテゴリーに任意の数値（たとえば0と1）を割り当てて計算した相関係数と一致する。

オッズ比 表3に再掲した性別と地域愛着との関連の強さについて，少し別の視点から考えてみよう．

表3 オッズ比の計算

(1) 度数と行比率

性別	地域愛着	
	感じる	感じない
男性	481 (0.857)	80 (0.143)
女性	500 (0.808)	119 (0.192)

(2) 計算で用いる記号

性別	地域愛着	
	感じる	感じない
男性	a	b
女性	c	d

いま男性に注目すると，地域愛着を感じる人は481人，感じない人は80人なので，愛着を感じる人は感じない人の481 ÷ 80 = 6.01倍いることがわかる．つまり，男性が地域愛着を感じることは，感じないことの約6倍起こりやすい．このように，起こるか起こらないかの2通りしかないある事象が存在するとき，それが起こる確率を起こらない確率で割ったものを，**オッズ**(odds)という[5]．いまの例の場合，「男性が地域愛着を感じるオッズは6.01である」と表現する．同様に，女性が地域愛着を感じるオッズは500 ÷ 119 = 4.20である．男性のオッズと女性のオッズを比較すると男性のオッズの方が高いから，男性は女性よりも地域愛着を感じやすいといえる．

そこで，男性のオッズを女性のオッズで割ってやれば，男性は女性に比べて何倍地域愛着を感じやすいかがわかる．具体的には6.01 ÷ 4.20 = 1.43である．このように，カテゴリーの数が2つずつのクロス表における一方の変数の2つの値のオッズの比をとったものを，**オッズ比**(odds ratio)という．

オッズ比を具体的に計算する際は，簡便な公式がある．いまクロス表の4つのセルの度数を表3(2)のようにa, b, c, dとおくと，男性が愛着を感じるオッズは$\frac{a}{b}$，女性が愛着を感じるオッズは$\frac{c}{d}$だから，前者を後者で割ると

$$\text{オッズ比} \quad \theta = \frac{a}{b} \div \frac{c}{d} = \frac{a}{b} \times \frac{d}{c} = \frac{ad}{bc}$$

となる．クロス表の左上と右下の数値と，右上と左下の数値を，たすき掛けのように組み合わせた計算方法なので，オッズ比を交差積比 (cross-product

---

[5] オッズは2つの確率の比であり，確率そのものではない．しかし，オッズがわかれば元の確率は簡単に計算できるから（事象が起こる確率をpとするとオッズ$=\frac{p}{1-p}$だから$p = \frac{\text{オッズ}}{\text{オッズ}+1}$），オッズは確率の別表現ともいえる．

ratio)とよぶこともある.

表4 オッズ比の性質

(1) 2変数が独立な場合		(2) 行や列の入れ替え			
400 (0.8)	100 (0.2)	400	100	300	150
240 (0.8)	60 (0.2)	300	150	400	100
$\theta = 1$		$\theta = 2$		$\theta = \frac{1}{2} = 0.5$	

　オッズ比にはつぎのような性質がある. ① オッズ比は0または正の値しかとらない. ② 2変数が独立であるとき，オッズ比はちょうど1である（表4 (1)）. ③ 一方の変数のカテゴリーの順序を入れ替えると，オッズ比は元の値の逆数，つまり1を元の値で割った数になる. たとえば表4 (2) の左のクロス表のオッズ比は2だが，1行目と2行目を入れ替えた右の表では，オッズ比は1÷2 = 0.5 となる. このようにオッズ比は，独立である場合の1を基準に，2変数の関連が強くなるほど0または正の無限大の方向に変化していくので，関連の強さを直感的に理解するにはあまり向いていない. しかし，本章で扱う質的変数に対する多変量解析（たとえば二項ロジスティック回帰分析）においては大変重要な役割を果たすので，しっかり理解しておきたい.

2つの量的変数の関連の表示　2つの量的変数の関連を視覚的に理解するには，**散布図**(scatter plot)が適している. これは2つの変数XとYをそれぞれ横軸と縦軸にとった平面において，各ケースのXとYの値を点の座標とみなしてプロットしたものである.

2つの量的変数の関連の程度を表す量　量的変数には値に順序性があるから，2つの量的変数の関連とは，一方の変数で大きな値をもつケース（個体）は他方の変数でも大きな値をもつ傾向（正の関連positive association），あるいは一方の変数で大きな値をもつケースは他方の変数で小さな値をもつ傾向（負の関連negative association）があるかどうかをいう. このとき，質的変数同士の関連と同様に，あるケースが一方の変数においてとっている値の大きさがわかれば，他方の変数の値の大きさがより正確に予測できる. 逆に2つの量的変数に関連がない（独立である）とは，一方の変数の値の大小と他方の変数の値の大小に統計的な法則性がないこと，つまり一方の変数の値がわかっても他方の変数の値

の予測には役立たない場合をいう．

集団全体として正の関連が強いか負の関連が強いかは，個々のケースが2つの変数のそれぞれにおいて相対的に大きいか小さいかの情報を足しあわせることによって判断できる．それぞれの変数における値の相対的な大小は，平均より大きいか小さいかで判断する．ある個体が2つの変数X, Yのそれぞれで平均よりも大きい値をとっているか小さい値をとっているかの組合せは，① XでもYでも平均より大きい，② Xでは平均より小さくYでは平均より大きい，③ XでもYでも平均より小さい，④ Xでは平均より大きくYでは平均より小さい，の4通りしかない．ここで，分散を求めたときに登場した偏差，すなわちケースiの値とその変数の平均$\bar{X}$との差$x_i - \bar{X}$を考えると，①はXの偏差もYの偏差もともに正，②はXの偏差が負でYの偏差が正，③はXの偏差もYの偏差もともに負，④はXの偏差が正でYの偏差が負の状態と言い換えることができる．ケースiにおけるXの偏差とYの偏差の積，すなわち$(x_i - \bar{X})(y_i - \bar{Y})$（これを偏差積という）の正負を考えると，①と③では正，②と④では負になる．よって，偏差積を集団全体で足しあわせた値（偏差積和という）を考えると，①や③のケースが（②や④と比べて相対的に）多ければ正の方向に，②や④のケースが多ければ負の方向に大きくなるだろう．偏差積和はケース数に比例して大きくなるから，分散の場合と同様にケース数-1で割って1ケースあたりの標準的な大きさを求めると

$$s_{XY} = \frac{(x_1 - \bar{X})(y_1 - \bar{Y}) + \cdots + (x_N - \bar{X})(y_N - \bar{Y})}{N-1}$$

という量が定義できる．これを，XとYの**共分散**(covariance)という．共分散の値が負であれば2変数間には負の関連，正であれば正の関連があり，値の絶対値が大きいほど関連の程度が強くなる．

共分散の値の絶対値の上限は，2つの変数の値のばらつきの程度によって大きくなったり小さくなったりするので，関連の強さを直感的に把握したり，相互に比較したりするのには向かない．そこで，共分散を2つの変数の標準偏差の積で割った量

$$r_{XY} = \frac{s_{XY}}{s_X s_Y}$$

$$= \frac{(x_1 - \bar{X})(y_1 - \bar{Y}) + \cdots + (x_N - \bar{X})(y_N - \bar{Y})}{\sqrt{(x_1 - \bar{X})^2 + \cdots + (x_N - \bar{X})^2}\sqrt{(y_1 - \bar{Y})^2 + \cdots + (y_N - \bar{Y})^2}}$$

を定義する．これをXとYの**相関係数**(correlation coefficient)という．

相関係数は，－1から1までの値しかとらない．相関係数が0のとき，2つの変数の間には関連がない，つまり独立である[6]．相関係数が正のとき，2つの変数の間には正の関連があり，値が1に近づくほど関連は強くなる（一方の変数から他方の変数を予測する精度が増す）．相関係数が負のときは，2つの変数の間には負の関連があり，値が－1に近づくほど（つまり値の絶対値が1に近づくほど）関連が強くなる．

4 ……… 標本から母集団を推測する：区間推定

母集団と標本　学術目的でおこなわれる量的社会調査のほとんどは，全数調査ではなく標本調査である．**標本**(sample)とは，研究対象として想定している**母集団**(population)のすべての構成員が選ばれる確率が等しくなるような手続き（**無作為抽出** random sampling）にしたがって抽出された，対象者の集合である．標本の抽出は確率的におこなわれるから，同じ母集団から，具体的な構成員は異なる標本を，何個（何回）でも抽出することができる．この意味で，同じ母集団から抽出された標本は理論的には無数に存在し，標本の集合のような概念を考えることができる．

同じ母集団から抽出された複数の標本では，具体的な構成員はそれぞれ異なるため，さまざまな変数の値の分布や統計量もそれぞれ異なるはずである．たとえば，母集団全体で内閣を支持している人が50％いるとして（支持者と不支持者が50対50），そこから100人の標本を何回かとってきたときに，ある標本ではたまたま支持者が多くて63人になるかもしれないし（63対37），別の標本ではたまたま支持者が少なくて46人になるかもしれない（46対54）．原理的には何回も標本をとる（調査を繰り返す）ことによって母集団における真の内閣支持率に近づけそうにも思われるが，通常は予算や時間の制約により，そう何回も調査をおこなうことはできない．

標本統計量の分布　ここで登場するのが推測統計学である．無作為抽出という手続きさえ守られていれば，内閣支持率が50％の母集団から，100人からなる標本を無数に抽出したときに，標本における内閣支持率としてどのような値がどのくらいの確率で出やすいかは，確率論を用いて数学的に明確な解答を与え

---

[6] 厳密には，線形の (linear) 関連がないという意味であって，非線形の関連が存在する可能性は否定されていない．

ることができる．具体的には，

> 平均 μ，分散 σ^2 の母集団から無作為抽出した大きさ N の標本の標本平均 $\bar{X}$ は，N が十分大きいときに，平均 μ，分散 $\dfrac{\sigma^2}{N}$ の正規分布に近似的にしたがう．

という**中心極限定理**(central limit theorem)である．標本の大きさ(sample size)とは，1つの標本に含まれるケースの数である（たとえば上の例では $N = 100$）．これを標本数とよばない方がよいのは，前述のように標本は原理的に複数個抽出することができるので，標本自体の個数と混同しやすいからである．**正規分布**(normal distribution)は，自然現象や社会現象においてしばしば観察される，最も基本的かつありふれた確率分布である．横軸に値，縦軸に値の出やすさ（厳密には確率密度）をとったグラフで表すと，中心（＝平均）付近の値が最も出やすく，中心から左右に離れるにつれ出にくくなる，左右対称の釣り鐘型の分布になる．

中心極限定理が主張しているのは，①標本の大きさ N が十分大きければ，②（値が母集団においてどのような確率分布にしたがうかに関係なく）標本平均の分布は正規分布にしたがい，③標本平均の分布の平均は母集団における真の平均に一致し，④標本平均の分布の分散は標本の大きさ N が大きくなるほど小さくなる，ということである．

正規分布においては分散（もしくは標準偏差）が小さいほど，平均に近い値が出やすくなる．したがって，最後の④の意味は，標本サイズ N が大きいほど，手元にある標本から求めた標本平均が母集団における真の平均に近い値である可能性が増すということである．つまり，標本調査において標本の大きさを十分大きくすることは，母集団に対する推測の精度を高めるために大変重要である．標本統計量の分散の平方根をとったもの，つまり標本統計量の分布の標準偏差（$\sqrt{\dfrac{\sigma^2}{N}}$ など）を特に**標準誤差**(standard error)とよび，s.e.などと表す．

信頼区間 正規分布において，平均を中心にプラス・マイナス標準偏差の約1.96倍の区間の値が出る確率は，全体の95%に相当することが知られている．たとえば，文部科学省の平成22年度学校保健統計調査によれば，17歳男子の身長の平均は170.7cm，標準偏差は5.82cmである．よって，身長が正規分布にしたがうと仮定すれば，全国の17歳男子のうち95%の者の身長は，170.7 − 5.82 × 1.96

= 159.3cm 以上 170.7 + 5.82 × 1.96 = 182.1cm 以下の範囲に収まるはずである.

　母集団と標本との関係に立ち戻ると，中心極限定理によれば標本が十分大きいときに標本統計量は正規分布にしたがうから，標本統計量（たとえば平均）が母集団における真の値を中心に±1.96×標準誤差の範囲に収まる確率は95%である．これを逆に解くと，われわれが手にしているある1つの標本から得られた標本統計量を中心として±1.96×標準誤差の範囲に，母集団における真の値が含まれている確率が95%である，と推測することも可能である．このように，母集団における真の値が含まれる確率が95%になる範囲を，**95%信頼区間**（confidence interval）といい[7]，それを求めることを**区間推定**（interval estimation）という．

5……母集団でも関連があるかどうかを判断する：仮説検定

調査仮説と帰無仮説　社会学をはじめとする社会科学における主要な関心は，母集団において何らかの関連ないし因果メカニズムが成り立っているかどうかである．たとえば，「母集団において，子育てサークルによく参加している人はそうでない人よりも，子育てにかんするストレスが少ない」ことがわかれば，子育てサークルを支援したり住民の参加を促したりする政策が子育て環境の改善に役立つ可能性があると判断することができる．逆に，もし母集団において子育てサークルに参加するかどうかと子育てストレスの大きさとの間に何の関連もないのであれば，子育てサークルへの参加を促す政策は，子育て環境の改善には役に立たないだろう．

　ところで，一般にある命題が成り立たないことを実例（データ）によって証明するのは簡単だが，ある命題が成り立つことを証明するのはむずかしい．たとえば，その辺にいる羽の黒いカラスをいくら捕まえてきても，「カラスの羽は黒い」ことを証明することはできない．もしかすると羽の黒くないカラスがどこかに隠れているかもしれないからである．しかし，もし羽の白いカラスが1羽でも見つかったとすれば，「（すべての）カラスの羽は黒い」という命題は即座に否定できる．この非対称性は，科学的命題（法則）が「すべての」という接頭辞

---

[7] 信頼区間に真の値が含まれる確率（信頼水準 confidence level）は95%だけではなく，90%や99%など別の値を設定してもよい．信頼水準が高いほど，予測は正確になるが（母集団の真の値が本当にその区間に入る見込みが大きくなる），信頼区間の幅は広くなる．信頼水準をどの程度に設定するかは，目的や文脈に応じて実践的に判断すべきことがらである．

を暗黙のうちに仮定していることによる．

　再び母集団と標本との関係に戻ると，標本とは母集団から抽出してきた1つの実例（データ）に過ぎない．よって，手元にある標本で2変数間に関連があることがわかったとしても，母集団において関連があることを証明したことにはならない．しかし逆に，たった1つの標本であっても2変数に関連が認められたのであれば，「母集団において2変数の間に関連がない」という命題は，否定することができる．母集団において2つの変数の間に関連があるかないかは論理的には二者択一（一方が正しいならば他方は必ず間違っている）のことがらであるから，「母集団において2変数の間に関連がない」ことが否定された（間違っていると判定された）ならば，「母集団において2変数の間に関連がある」という対立命題が正しい可能性が相対的に増したとみなすことができる．

　このように，われわれが本当は主張したい母集団にかんする命題（**調査仮説**[8]）とは論理的に対立する命題（**帰無仮説**null hypothesis）をあえて仮定し，実際のデータ（手元にある標本）がそれと矛盾することを示して調査仮説の正しさを間接的に主張することを，**仮説検定**（hypothesis test）という．社会科学の場合，本当に主張したい調査仮説は「関連がある」という命題であるから，帰無仮説は常に「母集団において2変数の間には関連がない」という命題である[9]．

_p_値と有意水準　カラスの場合は1羽でも白いカラスが見つかれば「黒い」という命題は即座に否定できるが，社会調査の標本データの場合はそう簡単にはいかない．なぜなら，標本は母集団から確率的に抽出されたものなので，仮に標本統計量（これは常にケースから集計されたものである）が，帰無仮説から導かれるはずの母集団における真の値（これも集計量である）と一致していなかったとしても，それはたまたま標本に含まれたケースが母集団全体の特性を適切に代表していないことから生じた，**誤差**（error）かも知れないからである．

　たとえば，子育てサークルへの参加と子育てストレスとの関連の例でいえば，帰無仮説は，母集団においてこの2つには関連がない，つまり「子育てサークルに参加している人の子育てストレスの平均値と参加していない人の平均値は同じである」というものである．仮にこの仮説が正しかったとしても，手元の

8　通常は「対立仮説（alternative hypothesis）」とよばれることが多いが，津島ほか（2010）にならって，意味的にわかりやすいこの用語を使うことにする．
9　たとえば平均値の差の検定であれば「平均値に差がない」（質的変数と量的変数の間に関連がない）であるし，重回帰分析であれば「ある変数の回帰係数が0である」（その変数が従属変数と関連をもたない）や「決定係数が0である」（回帰モデルが従属変数のばらつきを全く説明していない）である．

32

標本にたまたま子育てサークルに参加していて子育てストレスの少ない人が多く含まれてしまったために，標本におけるサークル参加者のストレス平均値が非参加者のそれよりも低くなることは十分あり得る．つまり，観察された標本統計量が帰無仮説から予想される量とぴたりと一致しなかったとしても，われわれは直ちに帰無仮説が間違っているとは断定できないのである．

　ここで登場するのが，集団における確率的法則性を扱う推測統計学の知識である．中心極限定理を用いれば，母集団において帰無仮説が正しいと仮定したときに，手元の標本で観察されている標本統計量が実現する確率がどの程度であるかを近似的に計算することができる．たとえば子育ての例でいえば，評価すべき検定統計量は子育てサークルに参加している人たちの子育てストレスの平均と参加していない人たちの平均との差である．仮に帰無仮説が正しいとすれば，母集団ではこの差はちょうど0である．そのような母集団から抽出した（十分大きなサイズの）標本において，2つの集団での子育てストレスの平均の差は，平均 $\mu = 0$，標準誤差 $\sqrt{\dfrac{S^2_{参加}}{N_{参加}} + \dfrac{S^2_{非参加}}{N_{非参加}}}$ の正規分布にしたがう[10]．よって，手元の標本で実際に観察された平均の差（検定統計量）よりも絶対値が大きな値が出る確率がいくつであるかを計算することができる．この確率を（probabilityの頭文字をとって）**p値**（p value）という．

　いま仮に，手元の標本の検定統計量のp値が0.043だったとしよう．これは，仮に母集団において帰無仮説が正しかったときに，標本抽出の際の偶然によってそのような標本が得られる確率は4.3%程度だ，ということである．もしわれわれがこの確率を見て，「それは偶然の結果として見過ごすことはできないくらいまれにしか起こりえない値だ」と思ったならば，手元の標本統計量は標本抽出にともなう誤差[11]ではなく，何か別の原因によって生じているのではないか，と考えたくなるだろう．ここで，別の原因を実質的に探求することはまさに社会科学の出発点となるはずであるが，仮説検定という手続きにおいてはそこまで深くは踏み込まずに，「帰無仮説が間違っているのが原因だ」と断定して終わりにする．つまり，p値は帰無仮説が正しいと仮定したときの確率であるから，それが偶然には起こりえない値だとしたら，そもそもの仮定が間違って

10　$S^2_{参加}$ は子育てにサークルに参加している人の子育てストレスの分散，$N_{参加}$ は子育てサークルに参加している人の人数（「非参加」も同様）．この検定は通常「平均値の差のt検定」などとよばれているものである．
11　統計学的な意味での誤差とは，特段の原因がない変動（ばらつき）のことである．

いたからだ，と判断するのである．これを，帰無仮説を**棄却**(reject)するという．帰無仮説が棄却されたのであれば，本来母集団においては帰無仮説とは異なる別の命題（それは何らかの実質的関連を示すものであろう）が成り立っているはずである．しかし，それを正面から新たな仮説として設定したのでは，先ほどの論理により，それが正しいことを標本データから証明することはできない．そこで，そのような別の仮説をあえて立てることはせず，帰無仮説と論理的に対立する調査仮説が間接的に証明された，と結論づけるのである．

このように，仮説検定において帰無仮説を棄却するかどうかの判断は，p値の大きさによっておこなわれている．これは実質的にはp値がどれくらい小さければ，「偶然や誤差としてはすますことができず，特段の考察が必要」と感じるか，という研究者としての感受性や判断の問題である．この「偶然や誤差としてはすますことができず，特段の考察が必要」であることを，その検定統計量が**有意**(significant)であるという．つまり，ある統計量を有意と判断することは，それがどのような原因によって生じているかを実質的に探求する価値があると判断することであり，一種のスクリーニングテストのようなものである．したがって，p値がこの値よりも小さければ有意であると判断する基準となる値（**有意水準** significance level）を機械的かつ一律に定めるのは学問的探求においては本来あまり意味がないことではあるが，決定や決断が求められる場面（たとえば論文を発表するときなど）では一応の目安があることは便利である[12]．社会科学においては，有意水準として5％，1％，0.1％などが用いられることが多い．分析結果を論文等で示すときには，統計量（推定値）の右肩にそれぞれ*，**，***と異なる数のアスタリスクをつけるのが慣例である．

仮説検定の注意点　検定統計量の有意性によって立論の妥当性を証明する統計的仮説検定は，社会科学の現場では広く普及している標準的な方法であり，その論理を理解して使いこなすことは，計量分析の方法を学習していく上で重要な過程である．しかしながら，統計ソフトウェアの出力表のアスタリスクの数だけを見て判断するような習慣は，社会現象における多くの変数の間に潜在する関連や因果の構造を探求しようとする試みにとっては有益な結果をもたらさ

---

[12] ここでいう決定や決断とは，実際には企業経営や政策決定の現場のことが念頭におかれている．有意水準をどう考えるかというこの問題は，今日大学で標準的に教えられている推測統計学の基礎を築いたフィッシャー（R. Fisher）とその弟子にあたるネイマン（J. Neyman）とピアソン（E. Pearson）との間の学問的・方法的論争と関係しており，推測統計学の内部に潜在する論理的不整合の一因にもなっている．詳しくは佐伯・松原（2000）の1章などを参照．

ない．先行研究の知見や分析している社会現象の特性を踏まえた，実質的な思索や判断を忘れないようにしたい．

【練習問題】
以下の文章は正しいか．間違っている場合はその理由と正しい文章を考えなさい．
(1) ある変数の平均は，その変数の最小値と最大値の平均（足して2で割ったもの）に等しい．
(2) 平均より大きい（または小さい）値をとっているケースの数は，すべてのケースの数のちょうど半分である．
(3) 分散（または標準偏差）が0の変数では，すべてのケースの値が平均と一致している．
(4) 標本サイズを4倍にすると，標本統計量の標準誤差は4分の1になる．
(5) ある標本から推定した男性と女性の所得の平均の差の95%信頼区間が0を含んでいた．このとき，母集団において男性と女性の所得に差がないという帰無仮説は5%水準で棄却できる．

【参考文献】
神林博史・三輪哲，2011，『社会調査のための統計学―生きた実例で理解する』技術評論社．
佐伯胖・松原望編，2000，『実践としての統計学』東京大学出版会．
篠原清夫・清水強志・榎本環・大矢根淳編，2010，『社会調査の基礎―社会調査士A・B・C・D科目対応』弘文堂．
津島昌寛・山口洋・田邊浩編，2010，『数学嫌いのための社会統計学』法律文化社．

1-1 基本的な考え方①：関連と因果，統制変数

2つの変数の関連が見かけ上のものか因果関係かを見分ける

【キーワード】
関連，因果関係，統制変数，条件つき関連，独立変数，従属変数，疑似関係，媒介関係，交互作用

1……関連と因果関係

2つの変数の間に「関連がある」ことと「因果関係がある」ことの違いを説明するときの古典的な逸話として，「コウノトリの多い地域では子どもが多い」という話がある．都道府県ごとに単位面積あたりのコウノトリの生息数（X）と総人口に占める子どもの比率（Y）を調べ，「コウノトリが多いほど子どもが多い」傾向が見られれば，つまりXとYとの相関係数が1に近ければ，コウノトリの数と子どもの数との間にはたしかに**関連**（association）があるといってよい．

しかし，なぜそうなのか，と問われたときに「コウノトリが子どもを運んでくるからだ」とまじめに答える人はいないだろう．このとき，われわれはこの2つの間に**因果関係**（causal relationship）があるとは思っていないことになる．

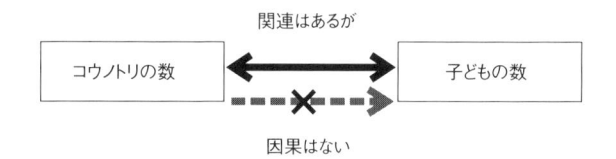

関連はあるが
コウノトリの数 ⟷ 子どもの数
因果はない

もしコウノトリが子どもを運んでくるのであれば，たとえば少子化が進む東京都に人工的に大量のコウノトリを放鳥すれば，子どもの数が増えるはずである．しかし，コウノトリと子どもの間に因果関係がなければ，そのような政策的介入（？）は無意味であろう．

2つの変数の間に因果関係があるときは，原因変数の値を人為的に操作すれば結果変数の値を変化させられる可能性があるのに対して，2つの変数の間に真の因果関係がない場合は，その見込みがない．これが，社会科学において関連と因果を見分けることが重要な理由のひとつである[1]．

2………統制変数

 ではなぜ，因果関係がないはずのコウノトリの数と子どもの数との間に関連がみられるのだろうか．この謎を解くのが，2つの変数の両方と関連をもつ，第三の変数の存在である．

 コウノトリの数(X)と子どもの数(Y)の両方に影響を与えそうな第三の変数として，たとえば都市度(C)を考えることができる．都市化が進むと自然環境が悪化してコウノトリが生息しにくくなるから，数は少なくなるだろう($C \to X$)．一方で，都市では村落と比べて子どもの出生数が少ないことが経験的に知られている($C \to Y$)．

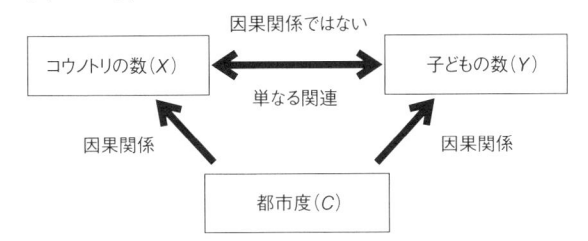

```
       因果関係ではない
コウノトリの数(X) ←―――――→ 子どもの数(Y)
       単なる関連
    ↖                    ↗
   因果関係            因果関係
         都市度(C)
```

 いま仮に，すべての都道府県を都市的な地域と村落的な地域の2つのグループに分けたとしよう．都市度がコウノトリと子どもの共通の原因なのであれば，都市グループではコウノトリの数も子どもの数も少ない都道府県が多いのに対し，村落グループではコウノトリの数も子どもの数も多い都道府県が多くなるはずである(図1)．都市グループ(●)と村落グループ(▲)のそれぞれの中に限って見ると，コウノトリの数と子どもの数との間には特に関連はない．しかし，都市グループと村落グループを区別せずに，全体としてコウノトリの数と子ど

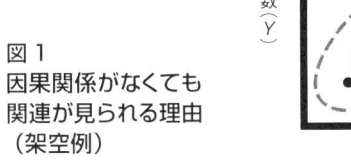

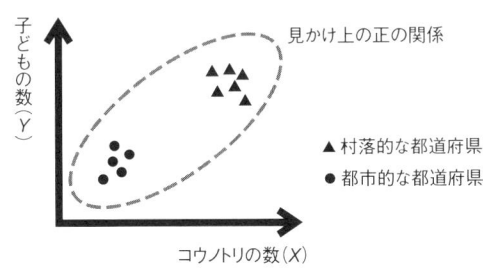

図1
因果関係がなくても関連が見られる理由（架空例）

---

1 因果関係において原因の操作可能性を重視する見方は，自然科学の標準的な方法である実験（experiment）に由来する．社会科学の調査研究は，すべてが原因変数への人為的介入を目標にしているわけではないが（Rosenbaum 2002:1-2），因果関係を論理的に考えるときはこの見方を念頭におくと本質をつかみやすい．

もの数との関連をみれば，そこには見かけ上正の関連が観察される．

このように，因果関係の有無を検討している2つの変数にともに関連をもつ第三の変数を，**統制変数**(control variable)もしくは**共変量**(covariate)という[2]．上で見たように，ケースを統制変数Cの値に応じてグループ分けし，グループごとに2つの変数XとYとの関連（**条件つき関連**conditional association）を調べることを，統制変数Cで**統制する**(control)という．

変数XとYとの間に見られた関連が，統制変数Cで統制すると見られなくなる場合，XとYとの間には直接的な因果関係が存在しない可能性がある．

3………疑似関係と媒介関係

統制変数で統制すると2つの変数の関連が消失する場合，もとの2つの変数の関連は，つぎの2つのうちのどちらかであると解釈できる．

第一は**疑似関係**(spurious relationship)である．たとえば，居住地域(X)と地域愛着(Y)との間に見かけ上の関連が見られたとする．つまり，村落に住んでいる人は都市に住んでいる人に比べて，自分の住んでいる地域に愛着を感じている割合が高いことがわかったとする[3]．

このとき，居住地域(X)と地域愛着(Y)の両方に関連をもつ統制変数として年齢(C)を考えてみよう．年齢が高い人ほど村落に住んでいることが多く（$C \leftrightarrow X$），地域にも愛着を感じていることが多い（$C \leftrightarrow Y$）．これらの2つの関連が単なる見かけ上の関連なのか因果関係なのかは，本来さらに別の統制変数を探してきて検討すべきことがらである．しかしここでは，冒頭で説明した関連と因果を区別する基準，すなわち原因変数（**独立変数**independent variableまたは**説明変数**）の値を操作したときに結果変数（**従属変数**dependent variableまたは**被説明変数**）の値が変わりうるか，という点から矢印の向きのみを考えてみよう[4]．

年齢(C)と居住地域(X)との関係については，年齢が高くなると（退職するなどで）都市から村落に移り住む可能性は考えられるが（$C \rightarrow X$），村落から都市に引っ越したら年齢が若くなるとは考えられない（$X \rightarrow C$）．よって，もしこの2つの間に因果関係が存在するとしたら，矢印の向きは$C \rightarrow X$と解釈するのが

---

2 交絡因子（confounding factor）とよぶこともある．
3 この例は「岩手調査」からの実際のデータであり，詳しい数値は1-2で説明する．
4 因果の向きを判定する他の基準として，たとえばH. アッシャーの時間的非対称性（もしくは順序）もよく使われる（コラム参照）．

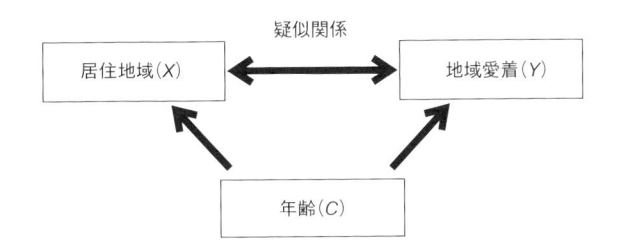

```
            疑似関係
  ┌─────────┐ ←――――――→ ┌─────────┐
  │ 居住地域(X)│          │ 地域愛着(Y)│
  └─────────┘            └─────────┘
        ↖              ↗
          ┌─────────┐
          │  年齢(C) │
          └─────────┘
```

自然だろう．同様に，年齢(C)と地域愛着(Y)との関係も，年をとると地域に愛着を感じやすくなること($C \to Y$)は考えられても，地域への愛着を捨てれば若くなる($Y \to C$)とは考えられない．

　このように，因果関係の有無を検討している2つの変数(X, Y)のいずれに対しても統制変数(C)が原因として因果的に先行しているとき，XとYとの間には直接的にも間接的にも因果関係は存在しない．このとき，XとYと間に見かけ上見られた関連を，疑似関係という．

　第二の可能性は**媒介関係**(intervening relationship)である．

　居住地域(X)と地域愛着(Y)の例において，統制変数として近所の知人数(C)を考えてみよう．近所の知人数と居住地域との関係の向きは，村落から都市に引っ越すと近所づきあいが減って知人数が少なくなること($X \to C$)は考えられるが，近所づきあいを奨励したら都市が村落になってしまうこと($C \to X$)は考えられない．近所の知人数と地域愛着との関係はもう少し複雑だが，どちらかといえば近所の人たちとのつきあいを通じて地域愛着が増す($C \to Y$)という向きが自然だろう．

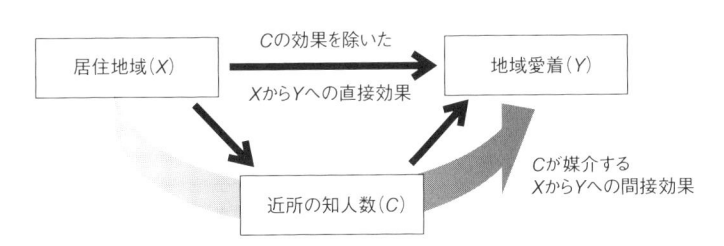

```
                   Cの効果を除いた
  ┌─────────┐ ――――――――――――→ ┌─────────┐
  │ 居住地域(X)│  XからYへの直接効果 │ 地域愛着(Y)│
  └─────────┘                      └─────────┘
        ↘                        ↗
             ┌──────────────┐    Cが媒介する
             │ 近所の知人数(C)│   XからYへの間接効果
             └──────────────┘
```

　このとき，注目している因果の独立変数(X)と従属変数(Y)との間には，統制変数(C)を経由した間接的な因果関係が実際に成立している．これを媒介関係といい，このときの統制変数Cを特に，**媒介変数**(intervening variable)または

中間変数という[5].

2つの変数の関係が疑似関係である場合も媒介関係である場合も，統計分析上はつぎのような数量的結果が得られる．

(1) XとYとの単純関連 $>$ Cで統制したときのXとYとの条件つき関連
(2a) CとXとの関連 $\neq 0$
(2b) CとYとの関連 $\neq 0$

このときに，XとYとの関連を疑似関係と判断するか媒介関係と判断するかは，統計科学の問題ではなく，実質科学の問題である．具体的には，その問題にかんする先行研究の知見や一般的な理論にもとづいて判断すべきことがらである．

4………交互作用

統制変数を導入することによって，もとの2つの変数の間の関連が複雑であることを発見できることもある．

たとえば，先ほど近所の知人数は地域愛着と関連があることを確認した．いまこの2つの変数間の関連をさらに詳しく見るために，独立変数(X)を近所の知人数，従属変数(Y)を地域愛着とし，統制変数(C)として「どのような人とつきあうかを自分の好きなように決めているかどうか」を考えてみよう．

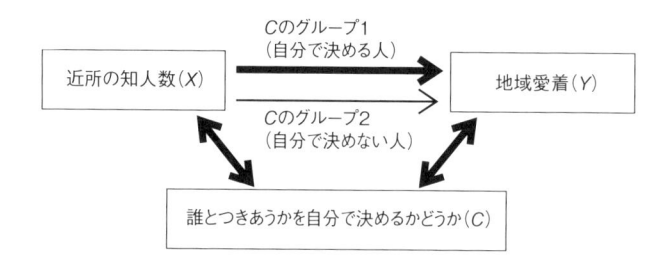

統制変数として導入した「自分で決めるか」にかんして，「自分で決める」人たち(グループ1)と，「自分では決めない」人たち(グループ2)のそれぞれについて，

---

[5] 媒介変数Cで統制したときのXとYとの関連とは，XからYへの(Cを経由しない)直接的な因果効果のことである．上の例では，村落に住むこと(X)が地域への愛着を高める(Y)という因果関係をもたらす具体的なメカニズムとして想定した，村落では近所づきあいが盛んだから($X \to C$)それを通じて愛着が育まれる($C \to Y$)という効果を除いた，他の(未知の)メカニズムの効果がどれくらいあるかを示したものある．よって，近所づきあいという特定の中間変数がどの程度の説明力を持っているかを証明したいときには媒介変数で統制する意味があるが，間接効果と直接効果をあわせたXからYへの総合効果に関心があるときには，媒介変数で統制することはかえって望ましくない(星野 2009：8)．

近所の知人数(X)と地域愛着(Y)との関連を調べてみると（この手続き自体は疑似関係や媒介関係のときと同じである），つぎのような数量的結果が得られる．

(1a) XとYとの単純関連 $<$ Cのグループ1（自分で決める）におけるXとYとの条件つき関連

(1b) XとYとの単純関連 $>$ Cのグループ2（自分で決めない）におけるXとYとの条件つき関連

(2a) CとXとの関連 $\fallingdotseq 0$

(2b) CとYとの関連 $\fallingdotseq 0$

疑似関係や媒介関係との違いは，統制変数Cの値（グループ）ごとに独立変数Xと従属変数Yとの関連の大きさが異なることである（(1a), (1b)）．具体的には，近所の知人数が多いほど地域愛着を感じやすい（$X \to Y$）という傾向は，つきあう相手を自分で決める人（Cのグループ1）の方が，自分で決めない人（Cのグループ2）よりも強い．これはたとえば，自発的につきあっている近所の知人が多い人は（その人たちとのつきあいを通じて）地域への愛着を強めていくが，義理やしがらみで近所の人とたくさんつきあっても，地域への愛着には結びつかないため，と解釈することができる．

このように，統制変数(C)の値によって独立変数(X)と従属変数(Y)との関連の仕方が異なる場合，XとCとの間に**交互作用**(interaction)があるという．また，このような場合の統制変数Cを**調整変数**(moderator variable)とよぶ．

独立変数と調整変数との間に交互作用が存在するときは，調整変数を考慮しないと，調整変数の特定の重要な値における独立変数と従属変数との条件つき関連を見落とすことがある（たとえば男性では条件つき関連がないが，女性ではあるような場合）．調整変数の各値における強度や方向の異なる複数の条件つき関連が互いに打ち消しあうと，全体としては関連がないように見えることがあるからである（疑似無関連）．

【練習問題】
以下の3変数の間には，疑似関係，媒介関係，交互作用のいずれ（または組合せ）が成り立っていると予想されるか．理由を含めて答えなさい．
(1) 親の職業（X），本人の職業（Y），本人の学歴（C）
(2) 英語の早期教育を受けたか（X），中学校での英語の成績（Y），親の学歴（C）
(3) 夫が働いているか（X），夫の家事参加度（Y），妻が働いているか（C）

【参考文献】
Davis, J. A., *The Logic of Causal Order*, Sage.
星野崇宏, 2009, 『調査観察データの統計科学――因果推論・選択バイアス・データ融合』岩波書店.
片瀬一男編著, 2007, 『社会統計学』放送大学教育振興会.
Rosenbaum, P. R., 2002, *Observational Studies* (2nd ed.), Springer-Verlag.

COLUMN 社会調査と因果関係……武藤正義

科学は現象を引き起こした原因を特定し，現象の背後にある因果関係を明らかにしようとする．このことは科学の一部である社会調査でも同様だが，困ったことに社会調査から得られるデータは，それじたいとしては因果関係を語るものではない．調査データから直接わかるのは，相関関係のみである．しかしH. アッシャーによれば，相関関係と時間を考慮すると，因果関係とはつぎの3条件を満たすものであるという：①2つの変数間に共変動が存在する，②2つの変数間に時間順序が存在する，③他の原因となりうる変数の影響を取り除いても2変数間に共変動が存在する（Asher 1976=1980:7）．たとえば調査データにおいて学歴と所得に相関があり（①），就職時点での景気（雇用状況）など所得の原因となる他の変数の影響を取り除いても学歴と所得に相関があるならば（③），学歴は所得より時間的に当然先行する以上（②），学歴は所得の原因になっているといえる（学歴社会）．

因果関係を想定して分析する統計手法には，回帰分析，パス解析，因子分析などがある．回帰分析は，1つの被説明変数（結果）に対して複数の説明変数（原因）がそれぞれどの程度の影響をもつのかを明らかにできる．たとえば所得に対しては，本人の学歴のほか，親の所得や親の社会的地位なども影響しうるが，回帰分析を用いれば，それらのうちで最も影響するものを特定できる．

パス解析は，因果関係の系列を分析することができる．たとえば親の社会的地位は，就職の口利きや相続などを介して本人の所得に影響する直接的な原因なのか（親の社会的地位 → 本人の所得），それとも本人の学歴に影響することを介して本人の所得に影響する間接的な原因なのか（親の社会的地位 → 本人の学歴 → 本人の所得），といったことを明らかにできる．

因子分析は，複数の観測される変数（観測変数）から，直接観測は難しいがそれら観測変数に影響を与えていると考えられる潜在的な要因（潜在変数）を発見することができる．たとえば因子分析を用いれば「英語」「国語」「数学」「理科」「社会」の各成績を観測変数とするとき，これらの要因として，直接観測することは難しい抽象的な「文系的素養」と「理系的素養」という潜在変数を上記5科目の相関関係から構成することができる．

近年では以上にみた回帰分析，パス解析，因子分析を統合した共分散構造分析がよく用いられており，これを用いれば「学業への期待」と「成績」など双方向の因果関係の分析も可能である．

【文献】
Asher, H. B., 1976, *Causal Modeligng*, Beverly Hills, CA: Sage（= 1980. 広瀬弘忠訳『因果分析法』朝倉書店）．
神林博史・三輪哲, 2011, 『社会調査のための統計学』技術評論社（特に6〜8章）．
豊田秀樹ほか, 1992, 『原因をさぐる統計学』講談社．
与謝野有紀ほか編, 2006, 『社会の見方，測り方―計量社会学への招待』勁草書房（特に2-3, 2-7, 2-8, 2-9, 3-7）．

1-2 基本的な考え方②：三元クロス表の分析

2つの質的変数の関連の仕方が
グループや条件ごとに異なるかを調べる

【キーワード】
三元クロス表，部分表，周辺表，条件つきオッズ比

1………二元クロス表と関連の指標

2つの質的変数の関連を調べる標準的な方法は，クロス表を作ることである．たとえば，1-1で説明した居住地域(X)と地域愛着(Y)との関係は，「岩手調査」（コラム参照）によれば表1のようになっている．

表1　居住地域と地域愛着の二元表（=周辺表）

居住地域(X)	地域愛着(Y) 感じる	感じない	計
村落	541 (85%)	93 (15%)	634
都市	440 (81%)	106 (19%)	546
計	981 (83%)	199 (17%)	1,180

$V=0.063^*, \theta=1.401^*$．
出典：「岩手県　暮らしと人間関係についてのアンケート」(2007)

カッコ内の行比率に注目すると，村落に住む人 (85%) の方が都市に住む人 (81%) よりも地域愛着を感じる割合が若干高い．関連の強さを計算してみると，クラメールのVは0.063，オッズ比 (θ) は1.401となる[1]．関連が強いとまでは言えないが，5%水準で有意ではある．つまり，母集団においても，居住地域と地域愛着との間には関連があると考えてよい．

2………三元クロス表と条件つき関連

さて，この2つの変数間の関連が因果関係といえるかどうかを確認するために，統制変数として年齢 (C) を導入してみよう．この調査では年齢は1歳刻み

---

[1] クラメールのVとオッズ比の計算方法は，1-0-2を参照．

で測定しているので，本来は量的変数である．しかし，ここでは55歳以上(587人)と54歳以下(593人)の2つのグループに大雑把に分けて分析する．

独立変数Xと従属変数Yとの関連を統制変数Cで統制するとは，Cの値（グループ）ごとにXとYとの条件つき関連を調べることであった．X, Y, Cのすべてが質的変数である場合は，Cの値（この場合は55歳以上と54歳以下）のそれぞれに含まれる人びとについて，XとYとのクロス表を作ってみればよい（表2）．

表2 居住地域と地域愛着と年齢の三元表

年齢(C)	居住地域(X)	地域愛着(Y) 感じる	感じない	計
55歳以上	村落	310 (89%)	37 (11%)	347
	都市	206 (86%)	34 (14%)	240
	計	516 (88%)	71 (12%)	587
54歳以下	村落	231 (80%)	56 (20%)	287
	都市	234 (76%)	72 (24%)	306
	計	465 (78%)	128 (22%)	593

$V_{55歳以上}=0.053, \theta_{55歳以上}=1.383.$
$V_{54歳以下}=0.049, \theta_{54歳以下}=1.269.$

表2が表1と異なるのは，一番左に「年齢」という列が加わったことである．年齢が55歳以上のグループにおける居住地域と地域愛着のクロス表と，54歳以下のグループにおけるそれとが，上下2段に積み重なっている[2]．このように，3つの変数に対して作成されたクロス表を，**三元表**three-way tableという（2つの変数間のものは**二元表**という）．

三元表のうち，統制変数のそれぞれの値に対応する表（**部分表**partial table）に着目すると，55歳以上では村落居住者のうち地域愛着を感じる人が89%，都市居住者で86%とあまり差がなく，54歳以下でも同様に村落居住者と都市居住者の間であまり差が見られない．実際関連の強さを計算してみると，部分表のオッズ比（**条件つきオッズ比**conditional odds ratio）[3]は55歳以上で1.383，54歳以下で1.269であり，年齢層を区別しない元のクロス表（周辺表）のオッズ比1.401と比べて小さくなっている上に，有意でもなくなっている[4]．つまり，居住地域(X)

---

[2] 55歳以上のクロス表の上に垂直方向に54歳以下のクロス表を重ねられれば直感的にわかりやすいのだが，紙に印刷するときにはそれはできない．
[3] 3つの変数X, Y, Cがいずれも質的変数であるとき，Cで統制した（条件付けた）三元表の各部分表における関連が，1-1で説明した条件つき関連に相当する．

と地域愛着(Y)との間で見られた有意な関連が，年齢(C)を統制すると見られなくなったのである．

3………周辺表と周辺関連

では，もとの2変数間の関連はどこに行ってしまったのか．それを解く鍵が，年齢(C)と居住地域(X)，および年齢(C)と地域愛着(Y)という，統制変数絡みの2つの関連である．

表3 年齢と居住地域・地域愛着の周辺表

(1) 年齢×居住地域

年齢(C)	居住地域(X)		計
	村落	都市	
55歳以上	347 (59%)	240 (41%)	587
54歳以下	287 (48%)	306 (52%)	593
計	634 (54%)	546 (46%)	1,180

$V=0.107$ *, $\theta=1.542$ *

(2) 年齢×地域愛着

年齢(C)	地域愛着(Y)		計
	感じる	感じない	
55歳以上	516 (88%)	71 (12%)	587
54歳以下	465 (78%)	128 (22%)	593
計	981 (83%)	199 (17%)	1,180

$V=0.127$ *, $\theta=2.001$ *

表3の(1)は年齢と居住地域との関連を整理したもの(**周辺表** marginal table)である．整理というのは，実はこの表における各セルの度数は，もとの三元表(表2)の周辺度数そのものだからである．たとえば，表3(1)の左上のセル，つまり55歳以上で村落に住んでいる人の数(347人)は，表2の55歳以上の部分表の第1行目，つまり「55歳以上で村落に住んでいる人」の行周辺度数(347人)に他ならない．同様に，表3(1)の他のセルの数値(240, 287, 306)は，表2の三元表の行周辺度数を(合計欄は飛ばして)上から順に見

---

4 有意でなくなったのは周辺表に比べて部分表のサンプルサイズが小さいからかもしれないので，厳密にはこのように部分表の独立性を個別に調べるのではなくて，すべての部分表をまとめて検定するのが望ましい．この検定をコクラン・マンテル・ヘンセル検定という(Agresti1996=2003など)．このデータの場合，コクラン・マンテル・ヘンセル検定をおこなっても，条件つきオッズ比が1であるという帰無仮説は5%水準で棄却できない．

ていったものと全く同じである．これが，三元表から2つの変数を取り出して作成した二元表が周辺表とよばれる理由である．つまり，周辺表とは，もとの三元表のうち2つの変数間の単純関連を特に調べたいときに便宜上作成するものである．

そこで改めて年齢の絡む2つの周辺表を眺めてみると，年齢(C)と居住地域(X)，年齢(C)と地域愛着(Y)との間には，いずれも有意な関連があることがわかる．つまり，年齢の高い人は都市よりも村落に住みやすく(59%対48%，オッズ比1.542)，地域愛着も感じやすい(88%対78%，オッズ比2.001)．これらの周辺表から計算された関連，すなわち三元表の周辺度数同士の関連を，**周辺関連**(marginal association)という．

```
                    Cを統制しないときの
                    オッズ比=1.401*
  ┌─────────┐ ◄━━━━━━━━► ┌─────────┐
  │ 居住地域(X) │            │ 地域愛着(Y) │
  └─────────┘              └─────────┘
         ▲    Cを統制したときの    ▲
         │    条件つきオッズ比      │
         │    =1.383と1.269       │
  CとXの周辺オッズ比              CとYの周辺オッズ比
  =1.542*                        =2.001*
                ┌─────────┐
                │  年齢(C)  │
                └─────────┘
```

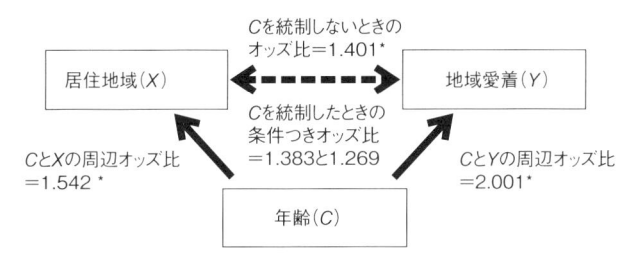

図1　3変数間の関連の構造

以上の分析結果をまとめると，オッズ比が有意，すなわち母集団でも関連があるといえるかどうかにかんして，

(1a) XとYの（単純または周辺）オッズ比：有意
(1b) Cで統制したときのXとYの条件つきオッズ比[5]：有意でない
(2a) CとXとの周辺オッズ比：有意
(2b) CとYとの周辺オッズ比：有意

であることがわかったことになる(図1)．これは，1-1で説明した

(1) XとYとの単純関連 > Cで統制したときのXとYとの条件つき関連

5　図1では各部分表の条件つきオッズ比を示したが，本来は注4で説明したコクラン・マンテル・ヘンセル検定の前提となる共通オッズ比（common odds ratio）で判断した方がよい（このデータの場合は1.311）．

(2a) C と X との関連 $\neq 0$

(2b) C と Y との関連 $\neq 0$

という関連の構造を，オッズ比という質的変数間の関連を表す指標で具体的に言い換えたものに相当する．この統計分析の結果に，統制変数と独立変数・従属変数との間の因果の向きにかんする実質的解釈を加えれば，われわれは居住地域と地域愛着との間に見られた関連は見かけ上の関連，つまり疑似関係であったと結論することができる．

【Rによる実習】

クロス表の作成 Rでクロス表を作成するには，元の個票データから`xtabs`関数を使って生成する方法と，あらかじめ別のソフト等で作成したクロス表の数値を`matrix`関数（二元表の場合）や`array`関数（三元表以上の場合）に代入して作成する方法がある．

ここでは，表2の三元表の数値（周辺度数や比率は無視）を入力してみよう（個票データから作成する方法は，本書サポートページの資料を参照）．`array`関数に代入する数値は，基本的に元のクロス表を縦方向に読んでいく．表2の数値の並び順とよく見比べて，慣れてほしい[6]．

```
> (tb.age <- array(c(310,206,37,34,231,234,56,72),
+ dim=c(2,2,2)))
```

`dimnames`関数を使って変数名と値（グループ）名を指定しておくと，分析結果を読みやすくなる．

```
> dimnames(tb.age) <- list(居住地域=c("村落","都市"),地域愛着=
+ c("感じる","感じない"),年齢=c("55歳以上","54歳以下"))
> tb.age
```

本文にあるように部分表を縦に積み重ねて表示するには`ftable`関数を使う．

```
> ftable(tb.age,row.vars=c(3,1))
```

三元表から周辺表を作成する 三元表の任意の2つの変数を組み合わせて，周辺表（＝二元表）を作ることができる．`c(1,2)`とは，もとの三元表の1番目の変数（居住地域）と2番目の変数（地域愛着）をそれぞれ行と列におくという意味である．

```
> (tb.xy <- apply(tb.age, c(1,2), sum))
```

クロス表から周辺度数や行比率を求める 上で生成した二元表（`tb.xy`）は，本文の表1の4つのセル度数に相当する．通常クロス表を提示する際は，周辺度数や行比率もあわせて示すのが親切である（コマンドの「#」以降はコメントなので入力不要）．

```
> addmargins(tb.xy)      # 周辺度数を追加する
> prop.table(tb.xy,1)    # 行比率（第2引数の1は行の意味）
> prop.table(margin.table(tb.xy,2))  # 列周辺比率
```

---

[6] 入力コマンドの2行目冒頭にある「+」記号は，本来1行で（単一のコマンドとして）入力すべきコマンドを，書物の行幅の都合で便宜的に改行していることを示している．実際に入力する際には，この「+」記号は省略して1行で記述すること．また，全体を（ ）で囲むのは，作成した`tb.age`オブジェクトの内容をその場で表示させるためである．

クロス表における関連の指標を計算する クロス表におけるさまざまな関連の指標を計算するには，**vcd**（visualizing categorical data）というパッケージを使うと便利である．
> library(vcd)
> assocstats(tb.xy)

assocstats 関数は，二元表の主要な関連の指標をまとめて出力してくれる．尤度比統計量 G^2（**likelihood ratio**）と χ^2 統計量（**Pearson**）は有意確率（**P(> X^2)**）も計算される．ϕ 係数（**Phi-Coefficient**）やクラメールの V（**Cramer's V**）もわかる．
> oddsratio(tb.xy, log=F)

オッズ比を求めるには **oddsratio** 関数を使う．デフォルトでは対数オッズ比を出力するので，普通のオッズ比を計算するには **log=F** オプションをつける．

三元表から部分表を取り出す これらの関数は三元表には直接適用できないので，部分表の分析をするには，それらを単一の二元表として抽出する必要がある．たとえば年齢（第3変数）のカテゴリー名「55歳以上」の部分表を抽出するには
> (tb.age.senior <- tb.age[,,"55歳以上"])

とする．[ ] の中は，[第1変数,第2変数,第3変数] の順で，抽出条件を指定したものである．この **tb.age.senior** には，上で説明したすべての関数が使える．

【練習問題】

1. つぎの三元表は，「岩手調査」における居住地域（X）と地域愛着（Y）と近所の知人数（C）との関係を示したものである．

近所の知人数（C）	居住地域（X）	地域愛着（Y）	
		感じる	感じない
6人以上	村落	280	34
	都市	154	13
5人以下	村落	129	38
	都市	214	80

(1) 2つの部分表のそれぞれについて周辺度数と行比率と求め，クロス表を完成させなさい．
(2) 2つの部分表のそれぞれについて，条件つきオッズ比を計算しなさい．
(3) 居住地域（X）と地域愛着（Y）との周辺表を作成し，周辺オッズ比を計算しなさい．
(4) 近所の知人数（C）と居住地域（X）および地域愛着（Y）との周辺オッズ比を計算しなさい．
(5) 以上を踏まえて，居住地域（X）と地域愛着（Y）との関連を解釈しなさい．

2. つぎの三元表は，同調査における近所の知人数（X）と地域愛着（Y）とつきあう人を自分で決めるか（C）との関係を示したものである．1と同様の分析をおこない，近所の知人数（X）と地域愛着（Y）との関連を解釈しなさい．

つきあう人（C）	近所の知人数（X）	地域愛着（Y）	
		感じる	感じない
自分で決める	6人以上	193	17
	5人以下	160	63
自分で決めない	6人以上	237	29
	5人以下	181	54

【参考文献】

Agresti, A., 1996, *An Introduction to Categorical Data Analysis*, John Wiley & Sons（= 2003, 渡邉裕之ほか訳,『カテゴリカルデータ解析入門』サイエンティスト社）.
藤井良宣, 2010,『カテゴリカルデータ解析』共立出版.

COLUMN 岩手県 暮らしと人間関係についてのアンケート……金澤悠介

調査目的

この調査の目的は，（ⅰ）地域によって個人の人間関係（パーソナル・ネットワーク）がどのように変化するのかを明らかにする，とともに，（ⅱ）個人の人間関係の特徴により地域社会へのかかわり方や社会関係についての意識がどのように変化するのかを明らかにすることである．

調査設計

国勢調査の統計指標を対象に主成分分析を行い，都市度と市町村内関係完結度という2つの主成分を抽出した．そして，これらの主成分をもとに岩手県内の自治体を4つのタイプに分類し，各タイプを代表するような自治体を調査対象地として選んだ（表1）．

表1 調査対象地

		市町村内関係完結度	
		高い	低い
都市度	高い	盛岡市	滝沢村
	低い	遠野市	奥州市 (旧衣川村・旧胆沢町)

調査設計の詳細については，金澤（2008）を参照のこと．

計画標本

調査対象者は2006年12月時点で満25歳以上75歳以下の男女であり，各自治体から系統抽出法で500人ずつ抽出した．

回収状況

各自治体の回収率は表2の通りであった．

表2 調査の回収率

盛岡市	滝沢村	遠野市	奥州市	全体
55.6%	54.6%	66.6%	64.0%	60.2%

立教大学社会調査データアーカイブ（RUDA）について

調査のデータセットは，RUDAで公開されている．RUDAは立教大学社会情報教育研究センターが運営するデータアーカイブであり，この調査以外のデータセットも公開中である．公開中のデータセットや利用条件はwebサイト（https://ruda.rikkyo.ac.jp/）を参照のこと．

【文献】
金澤悠介．2008．「信頼と社会参加に関する地域比較―社会調査による検討」『東北文化研究室紀要』49: 15-27.

1-3 基本的な考え方③：偏相関係数

2つの量的変数の関連の仕方がある別の量的変数の値に応じて異なるかを調べる

【キーワード】
散布図，相関係数，散布図行列，相関係数行列，偏相関係数

1 ……… 散布図と相関係数

2つの量的変数の関連を調べる標準的な方法は，散布図を作成し，（線形の関連が見られれば）相関係数を求めることである．

たとえば，総務省統計局が毎年まとめている「社会生活統計指標—都道府県の指標」[1]の2011年版によれば，全国47の都道府県ごとの「0〜5歳児人口10万人あたりの保育所数」と「合計特殊出生率」[2]との関連は，図1の**散布図**のようになっている．

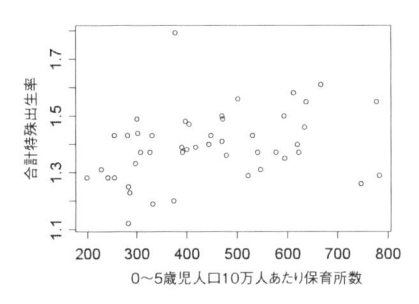

出典：社会生活統計指標－都道府県の指標2011

図1　保育所数と合計特殊出生率との関係

データは，図の左下から右上にかけて，右上がりの直線に沿って並んでいるように見える．実際，この2つの変数間の**相関係数**を計算すると0.307となり，この2つの量的変数の間には弱い正の相関があることがわかる．つまり，保育

1　http://www.stat.go.jp/data/ssds/5.htm
2　合計特殊出生率（total fertility rate, TFR）とは，15歳から49歳までの女性の年齢別出生率を合計したものである．1人の女性が仮にその年次の年齢別出生率で一生の間に産むとしたときの子どもの数に相当する．

所数が多い都道府県ほど出生率は高い.

ではこのことから,たとえば「住んでいる地域の保育所の収容力が相対的に小さいと,これから子どもを産もうかどうか迷っている人が仕事との両立をむずかしいと判断するため,子どもを産まなくなる」というような因果メカニズムを想定して,「保育所数は出生率の原因である」と判断してよいだろうか[3]?

ここで一旦立ち止まって考慮すべきなのが,保育所数と出生率の両方に関連しそうな第三の変数,すなわち統制変数である.

2………散布図行列と相関係数行列

いま統制変数として,都市度(人口集中地区[4]人口比率)を想定してみよう.

単純相関 $r_{XY}=0.307$

保育所数(X) ⇔ 出生率(Y)

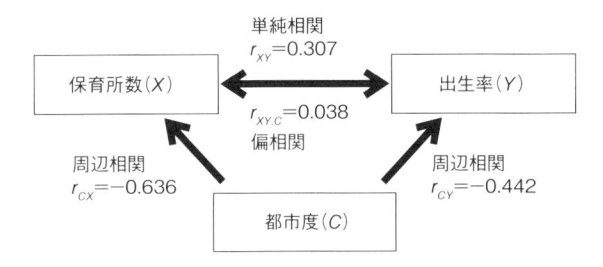

$r_{XY \cdot C}=0.038$
偏相関

周辺相関 $r_{CX}=-0.636$

周辺相関 $r_{CY}=-0.442$

都市度(C)

図2　出生率・保育所数・都市度の単純相関と偏相関

保育所数(X),出生率(Y),都市度(C)はいずれも量的変数だから,2つずつの変数を組み合わせた合計3つのペアのそれぞれについて,散布図と相関係数を求めることができる.

このように3つ以上の変数からペアごとの関連を提示するときは,変数のリストを行と列において表形式(行列)で表すことが多い.

まず散布図をそのように表示したものが,**散布図行列** (scatterplot matrix) である(図3).各散布図の横軸と縦軸は,「trf」などと書かれている変数名に対応している.たとえば,1行2列の散布図は,横軸を保育所数(nursery),縦軸

---

[3] この例の場合,統制変数で統制する以前の問題として,因果の向きが逆なのではないかということも疑ってしかるべきかもしれない.つまり,「出生率が高いから保育所を整備する」という因果である.
[4] 人口集中地区 (densely inhabited districts; DID) とは国勢調査で使われる概念で,「1) 原則として人口密度が1平方キロメートル当たり4,000人以上の基本単位区等が市区町村の境域内で互いに隣接して,2) それらの隣接した地域の人口が国勢調査時に5,000人以上を有するこの地域」(総務省ウェブサイト)のことである.ビルや住宅が密集して建ち並ぶいわゆる都市的な地域と考えてよい.人口集中地区人口比率とは,その都道府県の人口のうち人口集中地区に住んでいる人の割合である.

出生率(trf)にとったものである(つまり図1のこと)．一方，変数名が記入されている左上から右下への線(これを行列における対角要素という)を挟んで対称的な位置にある2行1列の散布図は，同じ出生率と保育所数との散布図であるが，出生率が横軸，保育所数が縦軸になっている．通常散布図では，原因変数を横軸，結果変数を縦軸にとることが多いが，散布図行列では原因と結果を逆にした図も確認できるので，関連の構造を多面的に考察するには便利である．

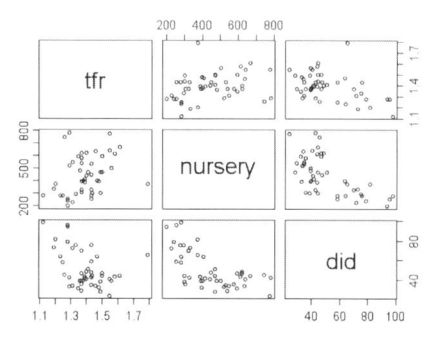

図3　出生率・保育所数・都市度の散布図行列

同様に，すべての2変数のペアの相関係数を行列形式で表示したものが，**相関係数行列**である(表1)．

表1　出生率・保育所数・都市度の相関係数行列

	出生率	保育所数	都市度
出生率　(Y)	1.000		
保育所数(X)	0.307	1.000	
都市度　(C)	−0.442	−0.636	1.000

たとえば，2行1列のセルにある0.307という数値は，保育所数(X)と出生率(Y)との相関係数を表している(これを以後r_{XY}と表記しよう)．また，3行1列のセルの−0.442は，都市度(C)と出生率(Y)との相関係数(r_{CY})であり，値が負であることは，都市的な都道府県ほど出生率が低いことを意味している．

なお，1行1列などの対角要素には1.000という数値が記入されているが，これは同じ変数同士の相関係数は常に1になるからである．また，1行2列など対角要素の右上のセル(上三角行列という)は空欄になっているが，これは相関係数の計算において2つの変数は対称に扱われるため，「保育所数(X)と出生率

(Y)」の相関係数と「出生率(Y)と保育所数(X)」との相関係数は常に同じになるから，省略しているだけである．

　以上の散布図行列および相関係数行列より，統制変数(C)と独立変数(X)および従属変数(Y)との間に，ともに比較的強い負の相関が見られることがわかった．

　　(a) CとXとの関連 $\neq 0$（負の相関）
　　(b) CとYとの関連 $\neq 0$（負の相関）

1-1の議論によれば，このような場合Cを統制したときにXとYとの関連が消失するならば，XとYとの関連は疑似関係か媒介関係のいずれかであると判断できるのであった．

3……偏相関係数

　X, Y, Cのいずれも量的変数であるとき，「Cを統制したときのXとYとの関連」に相当するのが，**偏相関係数**(partial correlation coefficient)[5]という量である．

　XとYとの相関係数をr_{XY}，CとXとの相関係数をr_{CX}，CとYとの相関係数をr_{CY}とおいたとき，「Cを統制したときのXとYとの偏相関係数」$r_{XY \cdot C}$は，つぎの式で定義される．

$$r_{XY \cdot C} = \frac{r_{XY} - r_{CX} r_{CY}}{\sqrt{(1 - r_{CX}^2)(1 - r_{CY}^2)}}$$

　この式の分母は，偏相関係数が-1から1までの値をとるようにするための調整であるから，あまり気にしなくてよい．重要なのは分子で，もとの2変数の関連r_{XY}から，統制変数ともとの2変数との関連の積$r_{CX} r_{CY}$を引いたものになっている．これは，もとの2変数X, Yの関連が，統制変数CとX, Yとの間の関連(＝周辺関連)を掛け合わせたものと，Cを統制してもなお残るXとYの純粋な関連(＝条件つき関連)との和として理解できることを意味している．1-2で

---

[5] 「偏(partial)」とは解析学(微分積分)でよく使われる概念で，「偏った」という意味ではなく，「部分的な」(もしくは条件つきの)という意味である．多変数間の関連を分析するときに，複数の独立変数の値が同時に動いてしまうと各変数の効果を正確に測定できないので，他の(すべての)変数の値を固定したときに，すなわち他のすべての変数が特定の値をとっているときに，注目している独立変数と従属変数とがどのように関連するかを部分的に分析したものを積み上げていくしかないからである．1-4以降の重回帰分析で登場する偏回帰係数という用語も，同様の意味である．

質的変数同士の場合に条件つきオッズ比などとして理解したこの条件つき関連を，量的変数同士の場合に表す量が，偏相関係数である．

先ほどのデータの場合，$r_{XY} = 0.307$，$r_{CX} = -0.636$，$r_{CY} = -0.442$であるから，Cを統制したときのXとYとの偏相関係数は

$$r_{XY \cdot C} = \frac{0.307 - (-0.636) \times (-0.442)}{\sqrt{(1-(-0.636)^2)(1-(-0.442)^2)}} = 0.038$$

となる．

Cを統制しないときの単純相関が0.307あったのに比べて，Cを統制したときの偏相関は0.038と大幅に小さくなっている．これは，XとYとの間に見られた関連が，実はCとXおよびCとYとの間の関連によって間接的に生じたものであり，その効果を除くとXとYとの間には直接的な関連はほとんどないことを意味している（図2参照）．

この例の場合，都市度(C)は保育所数(X)と出生率(Y)の双方に因果的に先行すると考えられるから，最初に保育所数と出生率との間に見られた関連は疑似関係であったと結論してよいだろう．つまり，（このデータから判断する限りでは）保育所の数を増やしても，出生率を上げることはできないということになる．

【Rによる実習】
2変数の散布図と相関係数 本節で使用した社会生活統計指標のデータファイルは，本書のサポートページからCSV形式で入手できる．**summary**関数で各変数の記述統計を確認しておこう．

```
> data <- read.csv("pref.csv")
> summary(data)
```

2つの量的変数の散布図を作成するには**plot**関数を使う．横軸におく変数（保育所数**nursery**）を第1引数，縦軸におく変数（出生率**tfr**）を第2引数に記述する．データフレームの中の特定の変数を参照するには「データフレーム名**$**変数名」のように**$**記号を使う．**xlab**と**ylab**は横軸および縦軸のラベルを指定するオプションで，不要なら省略してもよい．

```
> plot(data$nursery, data$tfr, xlab="0〜5歳児人口10万人あたり保育所数", ylab="合計特殊出生率")
```

相関係数を求めるには**cor**関数を使う．

```
> cor(data$nursery, data$tfr)
[1] 0.3071044
```

Rのデフォルトの出力桁数はやや大きすぎるので，**round**関数を使って適当な桁で四捨五入した方が数値の特徴を把握しやすい．相関係数なら3桁で十分である．

```
> round(cor(data$nursery, data$tfr),3)
[1] 0.307
```

3つ以上の変数の散布図行列と相関係数行列　plot 関数も cor 関数も，引数として3つ以上の変数を与えれば，自動的にすべての2変数のペアの情報を行列形式で出力してくれる．データフレームの中の3つ以上の変数をまとめて取り出すには，「データフレーム名 [, 変数名ベクトル]」という書式を使うのが便利である．[ ] の中の「,」は，その前に何か条件を記述すると特定の行（ケース）を，その後に条件を記述すると特定の列（変数）を抽出する．

```
> plot(data[,c("tfr","nursery","did")])
> round(cor(data[,c("tfr","nursery ","did")]),3)
```

偏相関係数を計算する　R には偏相関係数を計算してくれる組み込み関数は存在しない（R コマンダーには **partial.cor** という関数が存在し，[統計量] − [要約] − [相関行列…] メニューからも使える）．本文の定義にしたがって単純相関係数から四則演算をおこなえばすぐに計算できるが，インターネットに接続できる環境ならば群馬大学の青木繁伸氏が作成した便利な関数を使うことができる．

```
> source("http://aoki2.si.gunma-u.ac.jp/R/src/my_cor.R",
+ encoding="euc-jp")
> round(my.cor(data[,c("tfr","nursery","did")]),3)
       Var 1  Var 2  Var 3
Var 1  0.443  0.307 -0.442
Var 2  0.038  0.637 -0.636
Var 3 -0.335 -0.586  0.687
```

出力された行列のうち，上三角行列は単相関係数，下三角行列は偏相関係数，対角要素は重相関係数（multiple correlation coefficient）である．

【練習問題】
1. つぎの相関係数行列は，本文で使用した社会生活統計指標からいくつか変数を追加したものである．この中から独立変数（X），従属変数（Y），統制変数（C）の組合せをいくつか選び出し，X と Y との偏相関係数を計算して，本文図2のように関連の構造を図解しなさい．

	出生率	保育所数	都市度	短大以上	女性労働力
保育所数	0.307	1.000			
都市度	−0.442	−0.636	1.000		
短大以上比率	−0.407	−0.662	0.776	1.000	
女性労働力率	0.344	0.414	−0.496	−0.371	1.000

2. つぎの相関係数行列は，「岩手調査」における加入組織数（local_assocs），友人数（q30s1_s_u50），年齢（age），学歴（education，中卒・高卒・大卒の3段階）の単純相関を示したものである．加入組織数と友人数との関連を年齢，学歴のそれぞれで統制したときの偏相関係数を求め，関連の構造を図解しなさい．

	友人数	加入組織数	年齢	学歴
加入組織数	0.213	1.000		
年齢	−0.127	0.146	1.000	
学歴	0.178	0.065	−0.384	1.000

【参考文献】
Agresti, A. and B. Finlay, 2009, *Statistical Methods for the Social Sciences* (4th ed.), Pearson Educational International.
安田三郎・海野道郎, 1977, 『社会統計学』(改訂2版) 丸善.

COLUMN パットナム『哲学する民主主義』……大崎裕子

　1970年代,イタリアでは地方制度改革が行われ,それまでの中央集権政府に代わり州政府がおかれた.この州政府制度は,主にイタリア北部の州で州政府の安定性,保育所の増加など成功を収めたのに対し,南部の州では失敗に終わった.こうした制度パフォーマンスの違いは何によってもたらされたのだろうか? この問いに対し,ハーバード大学の政治学者パットナムは本書のなかで,イタリアの20州の数十年間にわたる統計データを分析して,以下のことを明らかにした.

　北部の制度パフォーマンスが高い州ほど,人々はスポーツクラブや文化的な団体に積極的に参加し,公的問題への関心が強く,法律に従い,政治は水平的・平等主義的であった.反対に,南部の制度パフォーマンスが低い州ほど,人々は団体には参加せず,公的問題よりも私的利益への関心が強く,遵法意識が低く,政治は垂直的・権威従属的であった.

　すなわち,制度が成功した北部の州ほど市民的で,失敗した南部の州は非市民的というわけである.続いて行われた歴史分析によれば,こうした今日の北部と南部の市民性の差は,千年も前から続く市民的・非市民的伝統に帰着するという.

　パットナムはさらに,北部における市民的伝統が州制度の成功を可能としたメカニズムを,ゲーム理論と社会関係資本※概念を用いて次のように説明する.一般に,人々が共通の目標のために協力的に行動すべき状況で,ただ乗りが合理的となるような「集合行為のジレンマ」は,どの社会にも存在する.しかし,市民性の高い社会では,人々の水平的ネットワーク,互酬性の規範,およびそれらにより醸成される社会的信頼を構成要素とする「社会関係資本」が,自発的協力を促す.その結果,第三者による強制に頼ることなく,集合行為のジレンマを克服することが可能である.

　こうしたメカニズムは循環し,強化されることから,社会における人々の自発的協力性向は安定し,そのような効率的な社会では,制度は機能しやすくなる.伝統的に維持,強化されてきた社会関係資本が,制度の成功を可能とした.これが,一連の研究におけるパットナムの主張である.

　強制的手段を用いずに人々の自発的協力を実現することは,環境問題や放置自転車問題など他の集合行為のジレンマにも応用できるだろう.パットナムによる社会関係資本の概念が,政治学の領域を超えて,社会科学における多くの研究者によって引用される理由は,この点にある.

　社会調査データを用いた研究では,分析結果を提示するだけでなく,それを研究者がいかによみこみ,解釈するかが重要となる.パットナムによる一連の研究は,データによって客観的証拠を示しつつ,データから直接語ることの難しい点については,強靭で柔軟な理論的分析によって補完する.本書は,実証と理論を両立させた社会調査研究の一例としても,参考にしたい一冊である.

※なお,社会関係資本は,原文では Social Capital,翻訳では,社会資本と訳されているが,今日では社会関係資本と呼ばれることが多い.

【文献】
Putnam, R. D. 1993. *Making Democracy Work*: Civic Traditions in Modern Italy.Princeton University Press.(= 2001. 河田潤一訳『哲学する民主主義―伝統と改革の市民的構造』NTT出版).

1-4 重回帰分析①：モデルの概要

ある量的変数に対して2つ以上の量的変数が それぞれどの程度影響しているかを調べる

【キーワード】
回帰式，回帰直線，切片，回帰係数，残差，重回帰式，偏回帰係数

1 ……… 単回帰分析

2つの量的変数の間に単なる関連以上の因果関係を想定するとき，1-1で説明したようにわれわれは通常，原因変数（独立変数）Xの値が変化すれば結果変数（従属変数）Yの値も変化するはずだと考えている．

変化という考え方は，原理的には2つのケース（個体）におけるXとYの値の組合せを前提としている．たとえば1-3で用いた社会生活統計指標において，女性の就業率(%)を原因X，合計特殊出生率を結果Yと考える場合，女性就業率$x_{29} = 41.9$，出生率$y_{29} = 1.23$の奈良県（ケース番号29）と，女性就業率$x_{18} = 53.1$，出生率$y_{18} = 1.55$の福井県とを比較して，女性就業率が$x_{18} - x_{29} = 53.1 - 41.9 = 11.2$増えたときに出生率は$y_{18} - y_{29} = 0.32$増えたので，「女性就業率$X$が増えると出生率$Y$が増える」という理解をする（図1の破線）．

回帰直線
$Y = 0.566 + 0.017X$

出典：社会生活統計指標―都道府県の指標2011

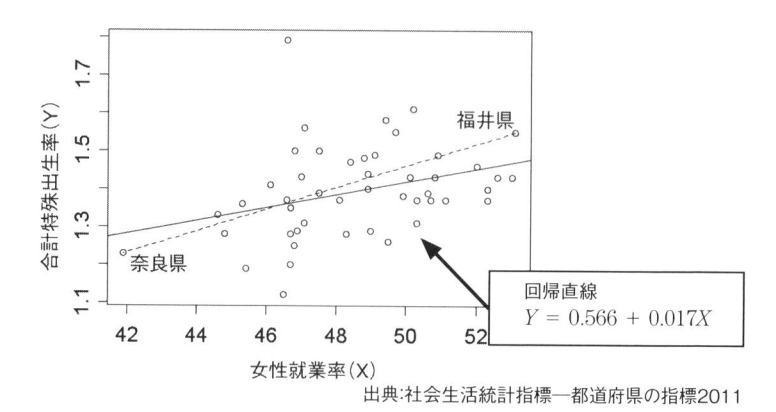

図1 合計特殊出生率（Y）の女性就業率（X）への単回帰

もちろん，XとYの値の組合せは奈良県と福井県だけではないから，女性就業率Xが増えたのに出生率Yが減る組合せもたくさんあるはずである．統計的研究の目標は集団全体の特性を明らかにすることだから，われわれが知りたいのは，すべての都道府県の組合せにおけるXとYとの変化の度合いが平均してどの程度あるかである．

　いまこの平均的な変化率，すなわちXの値が1単位増えたときにYの値が何単位増えるかが，Xの値にかかわらず（たとえば奈良県でも福井県でも東京都でも）一定であると仮定しよう．そのときXの値とYの値との関係は，

$$Y = b_0 + b_1 X \tag{4.1}$$

という，集団全体で共通する1本の単純な式で表すことができる．この式(4.1)を**回帰式**（regression equation）という．Xの係数b_1は，集団全体で共通の変化率のことであり，**回帰係数**（regression coefficient）とよぶ．b_0はXの値がちょうど0のときのYの値を表すもので，**切片**（intercept）とよぶ．

　回帰式(4.1)は，幾何学的には直線（**回帰直線** regression line）の式でもある（図1の実線）．このとき回帰係数b_1は直線の**傾き**（slope）と理解できる．

　このように，因果における結果に相当する変数Yの値が，原因に相当する変数Xの値に一定の係数（回帰係数）をかけたものとある定数（切片）との和によって説明される，と想定する統計モデルを線形回帰モデルといい，データから回帰式を推定することを**回帰分析**（regression analysis）という．回帰分析のうち原因変数Xが1つしかないものを**単回帰分析**という．

　さて，女性就業率と出生率の場合，回帰式(4.1)は後述する最小二乗法により，具体的には

$$Y = 0.566 + 0.017X \tag{4.2}$$

と推定できる．この式から，われわれは2つの示唆を得ることができる．

　第一に，回帰係数$b_1 = 0.017$は，Xの値が1単位増えたときにYの値が何単位増えるかを表している．しかも，その増え方は前述のようにもとのXの値によらず一定であるという（強い）仮定がおかれている．

　よって，たとえば奈良県の現在の女性就業率は$x_{29} = 41.9\%$であるが，もし奈良県が何らかの政策的介入によってこれを5ポイント（！）上昇させることに成功したとすれば，現在$y_{29} = 1.23$の出生率は，$0.017 \times 5 = 0.085$上昇して，$1.23 + 0.085 = 1.315$程度になるはずである．一方，現在女性就業率50.6%の山形県で仮に何らかの理由で女性就業率が5ポイント下がり，それを回復させるため

の政策的対応ができなかったとすれば，現在1.39ある出生率は1.31程度に落ち込むことが予測される[1]．これは，社会現象に人為的な介入をおこなったり，変化の方向を予測したりしたい場合には，ひとつの目安にはなる．

　回帰式の第二の意味は，Xの特定の値を指定すると対応するYの値が計算できること（実践的にはYからXの値を逆算することの方が多いだろうが）である．たとえば，現在出生率が1.31の千葉県が，出生率をせめて全国平均の1.39程度に引き上げたいと考えたとすれば，$Y=1.39$の出生率を実現するための女性就業率Xは

$$1.39 = 0.566 + 0.017X$$

という方程式を解いて$X=48.5\%$と試算できる．千葉県の現在の女性就業率は47.1%だから，少しがんばれば達成できそうな目標と感じるかもしれない．

　このように，回帰式はXからYを予測する式でもある．この予測という意味を強調するとき，(4.1)式を

$$\hat{Y} = b_0 + b_1 X \tag{4.3}$$

と表記する．$\hat{Y}$（Yハットと読む）は，それが式(4.3)から予測したYの値であり，実際の値とは異なる可能性があることを示すための記号である．式(4.3)を**予測式**(prediction equation)という．

　いま，千葉県の実際の女性就業率$x_{12}=47.1$を予測式$\hat{Y}=0.566+0.017X$に代入すると，予測出生率$\hat{y}_{12}$は1.37と計算される．千葉県の実際の出生率は1.31だから，予測値に比べて$1.37-1.31=0.06$ほど低い．このような個々のケースにおける予測値と実際の値とのズレは，上の予測式があくまでも集団全体での平均的な因果法則を表現している以上，避けられないことである．これを，回帰式で説明しきれない誤差(error)という意味で，**残差**(residual)とよぶ．ケースiにおける残差をe_iとおくと，実測値y_iは厳密には

$$y_i = b_0 + b_1 x_i + e_i = \hat{y}_i + e_i$$

と表現することができる．

　個々のケースの残差は大きいものもあれば小さいものもある．回帰式を予測に役立てるためには，集団全体での標準的な残差[2]がなるべく小さくなるような回帰式を推定する必要がある．そこで，与えられたデータから実際に回帰式

---

[1] ここで，産業構造などの社会経済的条件が異なる奈良県と山形県で，就業率5ポイント分の変化が出生率に同等の効果を及ぼすだろうか，と疑問に思った人は社会科学的センスがある．これから説明する重回帰分析をはじめとする多変量解析は，このような当然の疑問に答えるための統計的手法である．

を推定するときには，すべてのケースの残差を2乗したものの和(=残差平方和)を最小にするようなb_0とb_1の組合せを求める．この計算法を，残差の二乗和を最小にするという意味で，**最小二乗法**(method of least squares)とよぶ．最小二乗法の具体的な計算方法について知りたい人は，永田・棟近(2001)などを参照してほしい．

2 ……… 重回帰分析

単回帰分析は，因果における結果Yを，たった1つの原因Xから説明しようとするものである．しかし，1-1で説明したように，2変数間の関係を見るだけでは，それが見かけ上の関連なのか真の因果関係なのかは区別できない．

そこで，結果変数Yに影響を与えると思われる第三の変数X_2の効果を統制してもなお，最初の原因変数X_1にYへの因果効果が残るかどうかを検討する必要がでてくる．

このような場合に，YをXに回帰させる単回帰式

$$Y = b_0 + b_1 X + e$$

の発想を拡張して，結果変数(従属変数)Yを2つの原因変数(独立変数)X_1とX_2に回帰させる式

$$Y = b_0 + b_1 X_1 + b_2 X_2 + e \tag{4.4}$$

を考えることができる．このように，独立変数の数が2つ以上存在する回帰式を**重回帰式**(multiple regression equation)という．重回帰式における独立変数の数は，3つ以上あってもかまわない．重回帰モデルの場合も，与えられたデータから重回帰式のパラメータ($b_0, b_1, b_2, \cdots, b_n$)を推定するときは，残差$e$の二乗和を最小にする最小二乗法を用いる．

具体例で考えてみよう．「岩手調査」では，「近所の知人数」(Y)をたずねている．

どういう人が近所づきあいが多くなるかを明らかにするために，まず1つの原因として「加入組織数」(X_1)を考えてみよう．「加入組織数」とは，政治団体や業界団体，ボランティアグループなど，計7種類の団体や組織のうち，加入しているものの数を数えたものである．加入組織が多い人は，たとえばその活

2　この考え方は，分散や標準偏差を求めたときとよく似ている．分散や標準偏差の計算の元となる偏差(deviation)は，ある変数における個々のケースの値の平均からのズレを意味していた．回帰分析における残差とは，従属変数Yの回帰式による予測値からの実測値のズレのことであるが，後述するように回帰式による予測値とは特定の説明変数(の組合せ)に対応する従属変数の平均のことであるから，そこからの実測値のズレを表す残差という概念は，たしかに偏差とよく似ている．

動を通じてさまざまな社会関係をもつので，近所づきあいが多くなるかもしれない．

近所の知人数(Y)と加入組織数(X_1)について単回帰式を推定すると，

$$\hat{Y} = 6.158 + 2.413X_1 \tag{4.5}$$

となる．回帰係数が2.413なので，加入組織数X_1が1増えると，近所の知人数$\hat{Y}$は平均して2.413人増えることがわかる．また，たとえば3つの組織に加入している人は，(4.4)式に$X_1 = 3$を代入すると，平均して$6.158 + 2.413 \times 3 = 13.397$人程度の近所の知人がいることがわかる．図2の(1)は，この2変数の散布図と，推定された回帰直線(4.5)を示している．

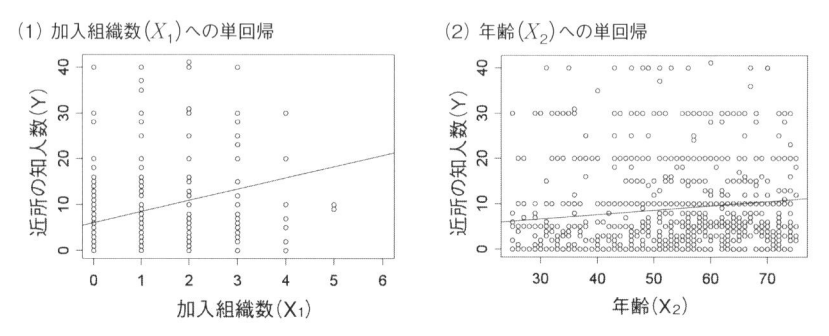

(1) 加入組織数(X_1)への単回帰　　　(2) 年齢(X_2)への単回帰

図2　近所の知人数 (Y) の各独立変数への単回帰

つぎに，近所の知人数に影響を与えるもう1つの原因として，「年齢」(X_2)を考えてみよう．たとえば，年齢が高いほど今いる場所に住んでいる期間が長くなるので，近所づきあいも蓄積していくかもしれない．近所の知人数を年齢に回帰させた単回帰式は

$$\hat{Y} = 3.762 + 0.096X_2 \tag{4.6}$$

である．年齢が1歳上がるごとに近所の知人数は0.096人増え，50歳の人の平均的な知人数は$3.762 + 0.096 \times 50 = 8.562$人である．

この2つの原因，つまり加入組織数(X_1)と年齢(X_2)が，結果，つまり近所の知人数(Y)に与える影響を同時に考慮すると，つぎの重回帰式が推定できる．

$$\hat{Y} = 3.130 + 2.267X_1 + 0.063X_2 \tag{4.7}$$

この式は，$\hat{Y}, X_1, X_2$という3つの変数の関係を示している．YとXという2つの変数の関係を表す式が幾何学的には2次元の平面上の図形（回帰直線）を意味

していたように，3つの変数の関係を表す式は3次元つまり空間における図形（回帰平面）を意味する（図3）．

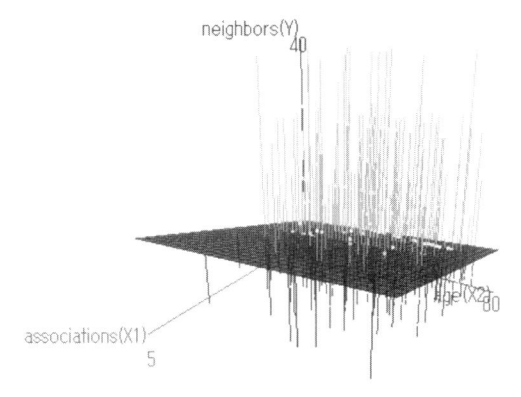

図3　加入組織数（X_1），年齢（X_2），近所の知人数（Y）の散布図と重回帰平面

つまり，重回帰式とは第一に，各独立変数の値のある組合せに対応する従属変数の予測値を与えるものである．たとえば，加入組織数（X_1）が3個で年齢（X_2）が50歳の人の場合，平均的な近所の知人数（Y）は，$3.130 + 2.267 \times 3 + 0.063 \times 50 = 13.081$ 人と予測される．

重回帰式の第二の意味は，それぞれの独立変数の値が1単位増えたときに，従属変数の値が何単位増えるかを示すことである．

重回帰モデルにおいては，本来は複数の独立変数は同時に変化する（いろいろな値をとる）．しかし，複数の原因を同時に変化させると，結果変数の値が変わったとしても，どの原因変数がそれぞれどの程度の効果をもたらしているのかが判別できない．そこで，いま注目している独立変数以外のすべての独立変数をある特定の値に固定した上で，注目している変数の値を変化させたときの結果変数の値の変化を調べれば，その変化をもたらした原因は注目している原因変数だけであることが確認できる．

たとえば，加入組織数（X_1）が単独で近所の知人数（Y）に与える影響を知りたい場合には，年齢（X_2）の値を固定すればよい．たとえば，年齢が50歳である場合に加入組織数が近所の知人数に与える影響を知りたければ，(4.7)式に$X_2 = 50$を代入して，

$$\hat{Y} = 3.130 + 2.267X_1 + 0.063 \times 50 = 6.280 + 2.267X_1 \qquad (4.8)$$

という予測式が得られる．加入組織数(X_1)の回帰係数が2.267であるから，50歳の人の場合，加入組織数が1個増えると近所の知人数は2.267人増えることがわかる．

ところで，年齢がたとえば25歳であるときの加入組織数の単独効果は

$$\hat{Y} = 3.130 + 2.267X_1 + 0.063 \times 25 = 4.705 + 2.267X_1 \qquad (4.9)$$

である．X_1の係数はやはり2.267であるから，25歳の人の場合でも，加入組織数が1個増えるごとに近所の知人数は2.267人ずつ増えるという予測が成り立つ．

式(4.8)と(4.9)を見比べると，X_2をどのような値に固定したときでも，X_1の係数は2.267で変わらず，切片のみが年齢とともに大きくなっていくことがわかる(図4参照)．つまり，重回帰式(4.7)は，加入組織数(X_1)が近所の知人数(Y)に与える効果は，年齢(X_2)の値にかかわらず一定である，という(強い)仮定をおいている[3]．

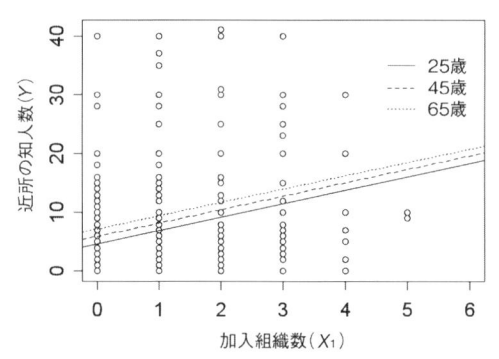

図4　年齢(X_2)を統制したときの加入組織数(X_1)の近所の知人数(Y)への効果

このように，重回帰式における各独立変数の回帰係数は，他のすべての独立変数の値を固定したときに(＝統制したときに)その独立変数が単独で従属変数に与える効果を意味している．そこで，単回帰式における回帰係数と区別して**偏回帰係数**(partial regression coefficient)とよぶことが多い．

重回帰分析はあくまでも複数の独立変数の効果を同時に検討するモデルであ

---

[3] この仮定を緩めて，年齢(X_2)の値ごとに加入組織数(X_1)が近所の知人数(Y)に単独で及ぼす効果が異なる可能性を考えるのが，1-9で説明する交互作用モデルである．

るから，重回帰分析における各独立変数の偏回帰係数は，それぞれを単回帰分析したときの回帰係数とは一般に異なる．実際，式(4.5)〜(4.7)を再掲すると

$$\hat{Y} = 6.158 + 2.413 X_1 \tag{4.5}$$
$$\hat{Y} = 3.762 + 0.096 X_2 \tag{4.6}$$
$$\hat{Y} = 3.130 + 2.267 X_1 + 0.063 X_2 \tag{4.7}$$

となっている．X_1 も X_2 も，単回帰をしたときの回帰係数よりも重回帰をしたときの偏回帰係数の方が，値が小さくなっている．これは，加入組織数(X_1)と年齢(X_2)との間に弱い正の関連（相関係数0.148）があるため，単回帰をすると，その変数と相関している他方の変数の効果が付け加わって（含まれて）検出されるからである．この意味で重回帰分析は，2つの変数間の単純関連から統制変数との間の周辺関連を取り除いた条件つき関連を取り出すための，1つの有用な手法である．

【R による実習】
単回帰分析 1-3 と同じ社会生活統計指標のデータファイルを読み込む．
> `data <- read.csv("pref.csv")`
回帰分析に限らず，統計的手法を使うときにはまずデータの特性を十分に確認することが望ましい．たとえば回帰分析は，各変数の分布が偏っておらず，変数間の関連が直線的（線形）であるときに適した手法である．ヒストグラムや散布図で視覚的に確認するとよい．
> `hist(data$labor_female)` # 女性就業率のヒストグラム
> `hist(data$tfr)`   # 合計特殊出生率のヒストグラム
> `plot(data$labor_female, data$tfr)` #女性就業率と合計特殊出生率との散布図
最小二乗法による回帰分析には `lm` 関数を使う．`lm` 関数の第1引数はモデル式とよばれるもので，「従属変数 ~ いくつかの独立変数」という書式をとる．単回帰の場合は独立変数は1つしかないから，「~」の後にはその変数名のみを記述すればよい．
> `lm(tfr ~ labor_female, data=data)`
（以下出力結果，2 行省略）
Coefficients:
　(Intercept)　　labor_female
　　　0.56581　　　　0.01706
`lm` 関数の結果出力のうち `Coefficients:` の下の 2 行が，単回帰式 $Y=b_0+b_1X$ のパラメータ推定値を表している．`(intercept)` が b_0，`labor_female` が b_1 を表す．よって求める単回帰式は「出生率= 0.56581 + 0.01706 女性就業率」である．

重回帰分析 重回帰分析をおこなうときは，`lm` 関数のモデル式の「~」の後に，投入する独立変数の名前を「+」で結合して加えていけばよい．
> `load("iwate.rda")`
> `lm(neighbors ~ local_assocs + age, data=iwate)`
（以下出力結果，2 行省略）
Coefficients:

```
    (Intercept)     local_assocs            age
         3.1301           2.2666         0.0626
```
よって重回帰式は「近所の知人数 = 3.1301 + 2.2666 加入組織数 + 0.0626 年齢」である．

【練習問題】

1．「岩手調査」において，近所の知人数（Y；neighbors）を加入組織数（X_1；local_assocs）と学歴（X_2；education）に回帰させなさい．
   (1) 推定された重回帰式を書きなさい．
   (2) 学歴を統制したとき，加入組織数が1増えると近所の知人数は何人増えるか．
   (3) 学歴が高卒（$X_2 = 2$）で3つの組織に加入している人は，近所に平均して何人知人がいると予想されるか．

2．同調査において，近所の知人数（Y；neighbors）を加入組織数（X_1；local_assocs），年齢（X_2；age），学歴（X_3；education）の3変数に回帰させなさい．
   (1) 推定された重回帰式を書きなさい．
   (2) 年齢と学歴を統制したとき，加入組織数が1増えると近所の知人数は何人増えるか．
   (3) 年齢が40歳かつ学歴が大卒（$X_3 = 3$）で2つの組織に加入している人は，平均して何人知人がいると予想されるか．

【参考文献】

Agresti, A. and B. Finlay, 2009, *Statistical Methods for the Social Sciences*（4th ed.），Pearson Educational International.
永田靖・棟近雅彦，2001，『多変量解析法入門』サイエンス社．

COLUMN
JGSS（Japanese General Social Surveys 日本版総合的社会調査）……岩井紀子

日本人の意識や行動を総合的に調べる社会調査として，アメリカの General Social Survey（GSS）を範として始まった．事務局は大阪商業大学にあり，当初は文部科学省「学術フロンティア推進拠点」として，2008 年以降は，大阪商業大学 JGSS 研究センターに改組して，文部科学省「特色ある共同研究拠点整備の推進事業」を受託して，東京大学社会科学研究所の協力を得て進めている．調査対象者は全国の 20〜89 歳の男女個人であり，調査方法は面接法と留置法を併用している．JGSS-2006 以降は，台湾，韓国，中国で GSS 型の調査を実施している研究機関と共通するモジュールを作成し，留置 B 票に組み込んでいる．面接票と留置 A 票には，継続設問のほか，公募設問，時事設問を組み込んでいる．

JGSSの調査概要

実査時期	調査名	有効回収数（率）
1999年3月	第1回予備調査	大阪府151；首都圏159
1999年11月	第2回予備調査	790（65.0%）
2000年10月	JGSS-2000	2,893（64.9%）
2001年10月	JGSS-2001	2,790（63.1%）
2002年10月	JGSS-2002	2,953（62.3%）
2003年10月	JGSS-2003	A票1,957（55.0%） B票1,706（48.0%） （B票に「ネットワーク」）
2005年8月	JGSS-2005	2,023（50.5%）
2006年10月	JGSS-2006	A票2,124（59.8%） B票2,130（59.8%） （EASS 2006「家族」）
2008年10月	JGSS-2008	A票2,060（58.2%） B票2,160（60.6%） （EASS 2008「文化」）
2009年1月	JGSS-2009LCS	2,727（51.1%）；28〜42歳 職歴含むライフコース
2010年2月	JGSS-2010	A票2,507（62.2%） B票2,496（62.1%） （EASS 2010「健康」）
2012年2月	JGSS-2012	B票にEASS 2012「ソーシャルキャピタル」

ひとつの事項について詳細な情報を提供する調査ではないが，社会科学の多くの領域について基礎的な資料を提供し，多岐に亘る変数の関連を分析することが可能である．JGSS 累積データ 2000-2010 の変数は 2500 を超える．1 年から 2 年という短い周期で調査を繰り返しているため，経済情勢の変化や法制度の改正によって生じる，人々の生活や意識における変化の動きをかなり鮮明にとらえている．

日本語と英語のデータは，東京大学社会科学研究所の Social Science Japan Data Archive（SSJDA），ミシガン大学の Inter-University Consortium for Political and Social Research（ICPSR），ドイツの GESIS から利用できる．のべ利用数は 2 万件を超え（国内 173 大学，海外 105 大学，国内外 48 研究機関；2011 年 3 月），少なくとも 700 以上の学術書・論文を生み出している．EASS の統合データは，East Asian Social Survey Data Archive（成均館大学 Survey Research Center）から利用できる．調査毎に『基礎集計表・コードブック』が，年度末に『研究論文集』が刊行されている（http://jgss.daishodai.ac.jp）．関連図書として，『日本人の意識と行動』東京大学出版会，『データで見る東アジアの家族観』ナカニシヤ出版，『調査データ分析の基礎』有斐閣がある．

1-5 重回帰分析②：決定係数と偏回帰係数の検定

社会全体でもそれぞれの量的変数が影響しているかを確認する

【キーワード】
決定係数，誤差減少率，調整済み決定係数

1……決定係数：従属変数のばらつきをどの程度説明できているか

　回帰式を作成することのメリットは，独立変数の値（の組合せ）を考慮することによって，従属変数の値をよりよく予測できることにある．

　たとえば，1-4で取り上げた社会生活統計指標における女性就業率（X）と合計特殊出生率（Y）との関係を考えてみよう．いま，北海道（ケース番号1）の出生率（y_1）を知りたいときに，もし北海道の女性就業率（x_1）の値を知らなかったら，われわれはどのようにそれを推測するだろうか．もし既知の情報に基づいた推測をおこなうのであれば，出生率の全国平均を使うことが考えられる．つまり，北海道の出生率を1.86や1.20などとでたらめに予測するよりは，全国平均の1.39と予測した方が，真の値に近い確率が高くなる．なぜなら，平均とは集団全体のおおまかな位置を示す統計量だからである．これを式で表すと

$$y_i = \bar{Y} + e_i \text{もしくは} \hat{y}_i = \bar{Y} = 1.39 \tag{5.1}$$

というモデルを考えていることになる（$\bar{Y}$はYの平均）．

　これに対して，もし出生率（Y）の女性就業率（X）への回帰式が推定されていて，北海道という特定のケースのXの値もわかっているならば，$\bar{Y} = 0.566 + 0.017X$ に $x_1 = 45.6$ を代入して，北海道の出生率は1.34と予測できる．北海道の実際の出生率は1.19なので，回帰式による予測値も実際の値と一致しているわけではないが，Xの情報がないときの予測値1.39よりは真の値に近い値を予測できている．これを同様に式で表すと

$$\hat{y}_i = (\bar{Y} + a) + b_1 x_i = (1.39 - 0.824) + 0.017 x_i \tag{5.2}$$

というモデルを考えていることになる（$a = b_0 - \bar{Y}$）．

　回帰係数b_1が0でない限り，(5.2)によるy_iの予測は，(5.1)による予測よりも，集団全体で平均すれば，より真の値に近くなっているはずである．

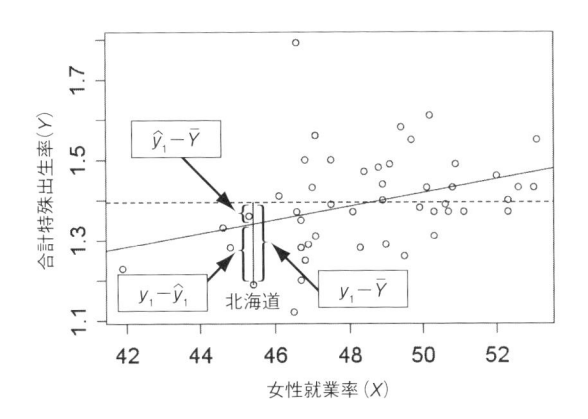

図1 北海道の実際の出生率(y_1),回帰式による予測値($\hat{y}_1$)と全国平均($\bar{Y}$)との関係

　これを図で確認してみよう(図1).北海道の真の出生率と全国平均との差($y_1 - \bar{Y}$)は,真の出生率と回帰式による予測値との差($y_1 - \hat{y}_1$)と予測値と平均との差($\hat{y}_1 - \bar{Y}$)を合成したものになっている.つまり,個々のデータの実際の値は,推定のいわば土台としての平均に,回帰式による(Xの値に応じた)系統的な修正を施したもの(=回帰予測値)に,回帰式(=Xの情報)では説明しきれない誤差(=残差)を加えたものとして理解できる.

　上の説明は,北海道という特定のケースにおける,全体平均と回帰予測値と実測値との関係であった.図1を見ればわかるように,都道府県によっては,回帰予測値よりも平均の方が実測値に近いケースもあるし,上記の3つの差の符号(プラスかマイナスか)もまちまちである.しかしながら統計学の関心は集団全体にあるから,重要なのは個々のケースではなく,それを集団全体で合成したときにどのような法則性が見られるかである.

　ここで,1変数のばらつきの指標として分散を計算したときの方法を思い出してみよう.分散とは,個々のケースの値と平均との差(=偏差$x_1 - \bar{X}$)の2乗を集団全体で合計したものを,ケース数-1(=自由度)で割ったものであった.偏差の2乗を合計することにより,個々のケースの偏差の符号を無視して,集団全体としての平均からのズレ,すなわちばらつきがどの程度あるかを測定できたのである.

　この考え方を上記の3種類の差にも適用すると,それぞれの差の2乗をすべてのケースで合計した量として,以下の3つを定義できる.

$$\text{全平方和} \quad : SS_{\text{total}} = (y_1 - \bar{Y})^2 + \ldots + (y_N - \bar{Y})^2, \tag{5.3}$$
$$\text{回帰平方和}: SS_{\text{model}} = (\hat{y}_1 - \bar{Y})^2 + \ldots + (\hat{y}_N - \bar{Y})^2, \tag{5.4}$$
$$\text{残差平方和}: SS_{\text{error}} = (y_1 - \hat{y}_1)^2 + \ldots + (y_N - \hat{y}_N)^2. \tag{5.5}$$

線形回帰モデルのいくつかの仮定を前提とするとき，この3つのばらつきの表す量の間には

$$SS_{\text{total}} = SS_{\text{model}} + SS_{\text{error}} \tag{5.6}$$

という関係が成り立つ[1]．つまり，結果変数Yの平均からのズレの総量（SS_{total}）は，回帰モデルによって説明できる部分（SS_{error}）と，それだけでは説明しきれない誤差（SS_{model}）とに，きれいに分離できるのである．

したがって，回帰平方和が全平方和に占める割合，つまり

$$R^2 = \frac{SS_{\text{model}}}{SS_{\text{total}}} = \frac{SS_{\text{total}} - SS_{\text{error}}}{SS_{\text{total}}} \tag{5.7}$$

は，従属変数Yがもともともっていたばらつきのうち，どの程度を回帰モデルで説明（予測）できたかを意味することになる．このR^2を**決定係数**（coefficient of determination）という．式(5.6)と(5.7)からわかるように，決定係数は0から1までの値をとりうる．1に近いほど回帰モデルの説明力が高い，つまりモデルの実測値へのあてはまりがよいことを意味する．

なお，予測のあたりにくさとしての誤差の変化に注目すると，回帰モデルを作ることによって，もともと全平方和分あった誤差の総量（SS_{total}）が，残差平方和分（SS_{error}）にまで減少したと見ることもできる．この立場をとるとき，決定係数R^2は**誤差減少率**（proportional reduction in error）の一種として理解することができる．

上の都道府県データの場合，全平方和は0.687，回帰平方和は0.082，残差平方和は0.606なので，決定係数は$R^2 = \frac{0.082}{0.687} = 0.119$となる．つまり，女性就業率（$X$）の情報によって，出生率（$Y$）のばらつきの約12%が説明できたことになる．

決定係数R^2は，単回帰分析だけでなく重回帰分析でも同じように計算することができる．モデルに独立変数をいくつも追加していくと，決定係数が大きくなることはあっても小さくなることはない．そこで，独立変数の数が増えたことによる影響を差し引いた実質的なモデルのあてはまりのよさを評価する量

---

[1] 詳しくはBohrnstedt and Knoke（1988=1990）などを参照．

として，**調整済み決定係数**(adjusted R^2)を使うことが多い[2]．

また，回帰モデルを推定するのに用いたデータが標本データである場合は，母集団においてモデルの決定係数が0である，つまりモデルに説明力がない，という帰無仮説の検定をおこなうことができる．これは回帰モデルで説明できる分散と誤差として残る分散との比をF分布という確率分布にあてはめる検定であるが，1-7の分散分析と同じ考え方なのでそこで詳しく説明する．

2 ……… 偏回帰係数の検定

無作為抽出による標本調査のデータを回帰分析する場合，標本に含まれているケースは母集団に存在する膨大なケースのごく一部に過ぎない．最小二乗法を使えば，手元にある標本に含まれるすべてのケースに最もよくあてはまる回帰式を求めることはできるけれども，標本調査をおこなう場合われわれが本当に知りたいのは，たまたま抽出された標本の特性ではなく，その背後に想定している母集団における真の因果関係，すなわち回帰式である．

ところで，1-0-2で簡単に復習した推測統計学によれば，無作為に抽出された十分に大きなサイズの標本の場合，標本で計算したある変数の平均は母集団における真の平均（母平均）の不偏推定量であり，かつ標準誤差を計算することによって母平均が95%の確率で含まれる値の範囲（95%信頼区間）を推測できるのであった．これと同様に，標本から計算した回帰式は母集団における真の回帰式の最も妥当な推定量であり，かつ母回帰式のパラメータ（切片と偏回帰係数）の標準誤差を計算することによって，それらのパラメータの95%信頼区間を計算することもできる．

たとえば，1-4の後半で取り上げた「岩手調査」における「近所の知人数」(Y)と「加入組織数」(X)との関係を見てみよう．近所の知人数を加入組織数に単回帰させると，標本における回帰式は，最小二乗法によって

$$Y = 6.158 + 2.413X \qquad (5.8)$$

と計算される．

この切片と回帰係数は，たまたま手元にある標本から計算したものである．同じ母集団から別の標本を抽出してくれば，標本ごとに具体的な値は当然異なるであろう．しかし，中心極限定理によれば，これらの値は母集団における真

---

[2] 詳しい定義はAgresti and Finlay (2009) などを参照

の値を平均とし，ある標準偏差（＝標準誤差）をもつ正規分布にしたがうはずである．回帰分析においても，切片と（偏）回帰係数の標準誤差は，計算によって求めることができる[3]．

上のデータの場合，まず回帰係数の標準誤差は0.320と計算される．よって，母回帰係数の95％信頼区間は，手元の標本での推定値2.413を中心として±標準誤差×1.96の幅の区間，すなわち2.413 − 0.320 × 1.96 = 1.786以上2.413 + 0.320 × 1.96 = 3.040以下であることがわかる．つまり，母集団における真の回帰係数は，95％の確率で，1.786 〜 3.040に収まるはずである．

同様に，切片の標準誤差も0.463と計算できるので，母切片の95％信頼区間は5.250 〜 7.065と推定できる．

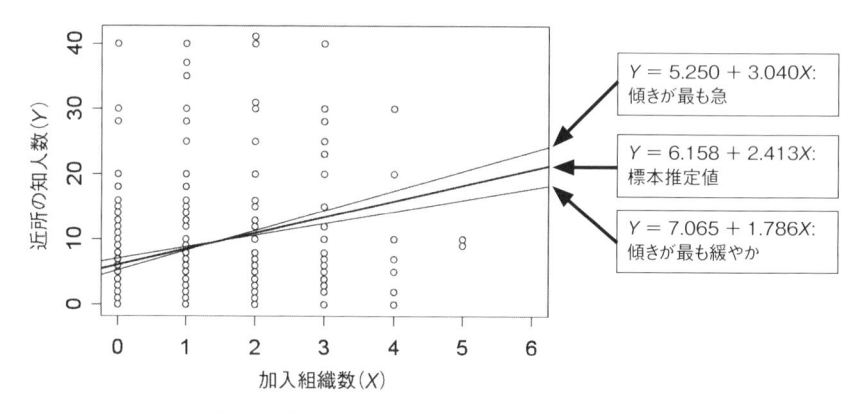

図2　母回帰式の95％信頼区間

母集団における真の回帰式が一定の幅を持つことは，幾何学的には図2のように理解できる．傾きの異なる3本の直線のうち，真ん中の太線は式 (5.8)，すなわち標本から計算した回帰直線そのものである．母集団における真の回帰直線も，この直線である可能性が最も高い．これに対して，上下の2本の細線の直線は，先ほど求めた回帰係数（傾き）と切片の信頼区間の上限と下限にそれぞれ対応する直線である．

この検討において重要なのは，母集団における回帰係数，すなわち回帰直線

3　具体的な方法は荒木（2007）などを参照．

の傾きが，最低でも1.786はあることである．つまり，母集団において加入組織数が1個増えたときに近所の知人数が何人増えるかは1.786人から3.040人までの幅がありうるが，いずれにしても0人，すなわち加入組織数が増えても近所の知人数が全く増えないという可能性は，5%未満しかない．

一般に統計的推測においては，確率5%未満のことはまず起こらないものと判断する．よって，母集団において回帰係数が本当は0である，すなわちいま問題にしている加入組織数（X）と近所の知人数（Y）との間に本当は関連がない，という可能性は否定してよいことになる．

以上のことを（信頼区間の推定ではなく）仮説検定のロジックで言い換えると，「母集団において回帰係数が本当は0である（＝加入組織数と近所の知人数には関連がない）」という帰無仮説が，5%水準で棄却されたことになる．これは調査仮説にあたる「母集団において加入組織数は近所の知人数に影響を与える原因である」という命題の信憑性を高めることになる．

最後に，これらの結果を表にまとめるときには，通常以下のようにする．

表1　近所の知人数の加入組織数への回帰分析

	係数	標準誤差	t値	95%信頼区間	
				下限	上限
（切片）	6.158 ***	0.463	13.297	5.250	7.065
加入組織数	2.413 ***	0.320	7.537	1.786	3.040

従属変数は近所の知人数．R^2=0.068 ***，N=786．*** < .001．

必ず報告しなければならない情報は，係数と標準誤差である．これがわかれば，t値つまり係数を標準誤差で割った値[4]や，95%信頼区間[5]は，自分でも計算できる．「*」（アスタリスク）は有意性すなわちp値の大きさを示す目安で，* で5%水準，** で1%水準，*** で0.1%水準を表すのが慣例である[6]．さらに，何を従属変数としたかと決定係数R^2（重回帰分析であれば調整済みR^2），および分析に使用したサンプルサイズN[7]も，記載するのが慣例である．

---

[4] 標準正規分布にしたがうので，絶対値が1.96よりも大きければ5%水準で有意である．
[5] 係数の有意性を示すアスタリスクと意味が重複するので，記載しないことも多い．
[6] とはいえ，誤解を避けるために表の欄外に意味を注記するのが望ましい．
[7] 回帰分析に投入する変数のうち1つでも値が欠損しているケースは分析から自動的に除外されるから，同じデータセットの分析でも，モデルごとにNは異なるのが普通である．

【Rによる実習】
回帰分析の詳細な結果の表示　後半の「岩手調査」の例で説明しよう．
```
> load("iwate.rda")
```
前章でみたように `lm` 関数はとりあえず回帰分析の係数のリストを出力するが，実はもっと豊富な情報を計算している．これを表示したり加工したりするためには，`lm` 関数の出力（モデル・オブジェクトという）を任意の名前で保存する．
```
> res <- lm(neighbors ~ local_assocs, data=iwate)
```
回帰分析の最も主要な結果を表示するには，`summary` 関数を使う．
```
> summary(res)
(以下出力結果，5行省略)
Coefficients:
             Estimate Std. Error t value Pr(>|t|)
(Intercept)   6.1582     0.4631  13.297  < 2e-16 ***
local_assocs  2.4134     0.3202   7.537 1.33e-13 ***
---
Signif. codes:  0 '***' 0.001 '**' 0.01 '*' 0.05 '.' 0.1 ' ' 1

Residual standard error: 8.944 on 784 degrees of freedom
  (418 observations deleted due to missingness)
Multiple R-squared: 0.06756, Adjusted R-squared: 0.06637
F-statistic:  56.8 on 1 and 784 DF,  p-value: 1.332e-13
```
Coefficients の表は，推定した回帰式の切片（**(Intercept)**）と回帰係数（**local_assocs**）の推定値（**Estimate**），標準誤差（**Std. Error**），t 値（**t value**），p 値（**Pr(>|t|)**）および有意水準のアスタリスクをそれぞれ表示する．この表を見れば，それぞれの独立変数が有意であるかどうかが確認できる．

末尾の4行は，モデルのあてはまりのよさを判断するための情報である．本文で説明した決定係数 R^2 は **Multiple R-squared**，調整済み決定係数 adjusted R^2 は **Adjusted R-squared** にそれぞれ表示される．

回帰係数の信頼区間　`confint` 関数を使ってモデル・オブジェクトから計算できる．
```
> confint(res)
                 2.5 %    97.5 %
(Intercept)   5.249129  7.067306
local_assocs  1.784811  3.041988
```

【練習問題】
1. 「岩手調査」において，近所の知人数（Y; neighbors）を加入組織数（X_1; local_assocs），年齢（X_2; age），学歴（X_3; education）に重回帰させなさい．
   (1) 分析結果を本文表1のフォーマットにしたがって表にまとめなさい．
   (2) 年齢と学歴を統制したとき，母集団において加入組織数が1個増えると近所の知人数は何人くらい増えると予想されるか．95%信頼区間の下限と上限を示しなさい．
   (3) 独立変数のうち有意でないものはどれか．
   (4) 分析結果から，加入組織数，年齢，学歴は母集団において近所の知人数にどのような影響を与えていると解釈できるか．適宜数値を引用しながら文章で説明しなさい．

2. 同調査において，友人数（Y; q30s1_s_u50）を加入組織数（X_1; local_assocs），年齢（X_2; age），学歴（X_3; education）に重回帰させなさい．

(1) 分析結果を本文表1のフォーマットにしたがって表にまとめなさい．
(2) 加入組織数と年齢を統制したとき，母集団において学歴が大卒の人は高卒の人に比べて友人数は何人くらい増えると予想されるか．95%信頼区間の下限と上限を示しなさい．
(3) 独立変数のうち有意でないものはあるか．
(4) この結果から，加入組織数，年齢，学歴は母集団において友人数にどのような影響を与えていると解釈できるか．適宜数値を引用しながら文章で説明しなさい．

【参考文献】
Agresti, A. and B. Finlay, 2009, *Statistical Methods for the Social Sciences* (4th ed.), Pearson Educational International.
荒木孝治編, 2007, 『RとRコマンダーではじめる多変量解析』日科技連出版社．
Bohrnstedt, G. W. and D. Knoke, 1988, *Statistics for Social Data Analysis* (2nd. ed.), F. E. Peacock Pub. (=1990, 海野道郎・中村隆監訳『社会統計学』ハーベスト社．)
永田靖・棟近雅彦, 2001, 『多変量解析法入門』サイエンス社．

1-6 重回帰分析③:標準化偏回帰係数と多重共線性

それぞれの量的変数の影響力の相対的な大きさを比較する

【キーワード】
Z得点,標準化偏回帰係数,VIF,多重共線性

1………標準化偏回帰係数:各独立変数の相対的な影響力

　重回帰分析における偏回帰係数は,それぞれの独立変数の値が1単位増えたときに従属変数の値が何単位増えるかを表している.ところで,回帰分析に投入する従属変数と(複数の)独立変数が,すべて同じ単位で測定されている保証はどこにもない.

　たとえば,「岩手調査」において,近所の知人数を加入組織数,年齢,学歴に重回帰させたモデルを考えてみよう(表1).

表1　近所の知人数の加入組織数,年齢,学歴への重回帰

	非標準化係数	標準誤差	t値
(切片)	8.128***	2.126	3.823
加入組織数	2.442***	0.332	7.351
年齢	0.032	0.027	1.198
学歴	−1.738**	0.576	−3.019

従属変数は近所の知人数.adj. R^2=0.085***,N=773.** < .01,*** < .001.

　このモデルでは,3つの偏回帰係数が推定されている.加入組織数の測定単位は「個」で,近所の知人数の測定単位は「人」だから,加入組織数の偏回帰係数2.442は,(年齢と学歴を統制したとき)加入組織数が1個増えると近所の知人数は2.442人増えることを表している.同様に,年齢が1歳上がれば近所の知人数は0.032人増えるし,学歴(1=中卒,2=高卒,3=大卒)が1段階上がれば,近所の知人数は1.738人減ることが読み取れる.

　この読み方は,1-4で説明したように,回帰モデルを実践的に役立てたり,従属変数の変化の予測に使ったりしたい場合には,たしかに有益である.しかし,複数の原因のうちどれが結果に対してより多くの影響を与えているか,つ

まり独立変数の値の変化が従属変数に与える影響を独立変数同士で比較したいときには，直感的にはわかりにくい．

たとえば，年齢の偏回帰係数は他の2つの独立変数の偏回帰係数に比べてずいぶん小さい．これは加入組織数の取り得る値が0～7（実際に回帰分析に投入されているケースでは0～5），学歴の取り得る値が1～3と比較的少数，つまり測定が大雑把なのに対し，年齢は25～75と細かい刻み幅で測定されているからである．

このような変数間での測定単位の違いを調整するためのひとつの方法は，変数の値を標準化することである．標準化とは，ある変数の値からその変数の平均を引いたものをその変数の標準偏差で割ること，つまり

$$Z_i = \frac{x_i - \bar{X}}{s_X}$$

という値に変換することである．もとの量的変数が正規分布にしたがっているならば[1]，変換後の値は平均0，標準偏差1の**標準正規分布**（standard normal distribution）にしたがうはずである．この変換後のZ_iを**Z得点**（Z score）もしくは**標準得点**（standard score）とよぶ．

そこで，従属変数とすべての独立変数をあらかじめZ得点に変換してから通常の重回帰分析をおこなうと，もとの値で分析したときとは異なる偏回帰係数が推定される．これを**標準化偏回帰係数**（standardized regression coefficient）とよぶ（表2の「標準化係数」）．

表2 近所の知人数の加入組織数，年齢，学歴への重回帰（標準化係数）

	非標準化係数	標準化係数	標準誤差	t値
（切片）	8.128***		2.126	3.823
加入組織数	2.442***	0.259	0.332	7.351
年齢	0.032	0.046	0.027	1.198
学歴	−1.738**	−0.113	0.576	−3.019

従属変数は近所の知人数．adj. R^2=0.085***, N=773.** < .01,*** < .001.

たとえば加入組織数の0.259という標準化偏回帰係数は，（年齢と学歴を統制したときに）加入組織数が1標準偏差分増えると，近所の知人数が0.259標準偏差分増えることを意味している．これは，偏回帰係数の「1個増えると2.442人増

---

[1] 社会学分野で扱う変数では，残念ながらこの仮定が満たされないことがしばしばあるので，標準化偏回帰係数の解釈には注意が必要である．

える」という解釈に比べれば，直感的にはわかりにくい．

　標準化偏回帰係数の真のメリットは，独立変数同士で値の大きさを比較することである．3つの独立変数の絶対値を比較すると，加入組織数 (0.259)，学歴 (−0.113)，年齢 (0.046) の順になる．独立変数の測定単位も従属変数の測定単位も共通なので，これらの絶対値の大きさはそのまま，各変数が変化したときに従属変数がどれだけ変化するかを表すと考えてよい．つまり，このモデルの場合，近所の知人数に与える影響は加入組織数，学歴，年齢の順に弱くなると判断してよいし，加入組織数の影響力は学歴の影響力の 0.259 ÷ 0.113 = 2.29 倍程度大きいと判断することもできる[2]．

2 ……… 多重共線性と VIF：回帰モデルの推定の不安定さ

　重回帰分析において独立変数同士の間に強い相関があると，回帰式の推定が不安定になることがある．

　たとえば1-3で用いた都道府県別の社会生活統計指標で，合計特殊出生率，乳幼児人口あたり保育所数，人口集中地区人口比率（＝都市度），大卒者比率（＝高等教育）の4変数間の相関係数は表3のようになる．出生率と他の3変数の間の相関はそれほど高くはないが，他の3変数同士の相関が比較的高い．

表3　出生率，保育所数，都市度，高等教育の相関係数

	出生率	保育所数	都市度
保育所数	0.307		
都市度	−0.442	−0.636	
高等教育	−0.407	−0.662	0.776

　いま，出生率を従属変数として，他の3つの独立変数に回帰させてみよう（表4）．どの変数も出生率に有意な効果を与えていない．これは偏回帰係数の値が小さいためというよりは，標準誤差が偏回帰係数に比べて相対的に大きいからである（なのでt値が小さくなる）．重回帰分析における各変数の偏回帰係数の標準誤差は，その変数と従属変数の分散およびサンプルサイズから計算される量を $\sqrt{1-R_i^2}$ で割ったものになる（詳しくは Agresti and Finlay 2009）．ここで R_i^2 とは，その独立変数iを従属変数として他のすべての独立変数に回帰させたモデ

---

[2] これは，学歴の測定単位（3段階）が加入組織数の測定単位（6段階）よりも粗いことを差し引いてもなお言えることである．

ルの決定係数のことであり，その独立変数の分散が他の独立変数によってどの程度説明されているかを意味している．R_i^2 が1に近くなると $\sqrt{1-R_i^2}$ は0に近くなるから，標準誤差は大きくなる．そこで，

$$\text{VIF} = \frac{1}{(1-R_i^2)}$$

という量を **VIF**（分散拡大要因：variance inflation factor）とよび，標準誤差の倍率の目安とする．VIFが高いほど，その変数の標準誤差は大きくなる．

表4　出生率の保育所数，都市度，高等教育への回帰

	非標準化係数	標準誤差	t値	VIF
(切片)	1.5825 ***	0.1450	10.911	
保育所数	0.0000	0.0001	−0.009	1.906
都市度	−0.0021	0.0015	−1.420	2.695
高等教育	−0.0036	0.0051	−0.707	2.855

従属変数は出生率．adj. R^2=0.15*, N=47. * < .05, *** < .001.

　VIFが高い独立変数とは，他の独立変数群によってすでに説明されている（＝相関が高い）変数のことである．こうした変数をモデルに追加すると，その変数の回帰係数の推定誤差が大きくなる（有意にもなりにくい）上に，他の独立変数の回帰係数の推定も不安定にすることがある．これを，回帰モデルに**多重共線性**(multicollinearity)が生じているという．

　VIFはモデル全体の推定が不安定になっている可能性を示唆する指標であり，もしその変数をモデルから除外しても問題ないのであればそうするに越したことはない．逆にその変数が分析上重要な独立変数(原因変数)なのであれば，それと相関する他の変数を除外(または統合)することを検討するのも一案である．しかし，それが先行研究において重要な統制変数である場合には，VIFが高いからといって機械的に除外するのはかえってよくない(Agresti and Finlay 2009)．VIFが高くても高くなくても，なぜその変数をモデルに入れる必要があるのかを実質的に判断することが重要である．

【Rによる実習】

標準化偏回帰係数　`scale`関数で各変数を標準化してから`lm`関数を使う．なお，標準化は回帰分析に実際に投入するケース（すべての変数で欠損がないもの）の中でおこなわなければならないから，あらかじめ部分的なデータセットを作成する必要がある．`na.omit`

はどれか1つの変数で欠損値（**NA**）があるケースを削除する．`data.frame`は行列をデータフレームに変換する．

```
> load("iwate.rda")
> subdata <- na.omit(iwate[,c("neighbors","local_assocs","age",
+ "education")])
> subdata.scaled <- data.frame(scale(subdata))
> res <- lm(neighbors ~ local_assocs + age + education,
+ data=subdata.scaled)
> summary(res)
```

VIF 自分で計算することもできるが，`car`パッケージの`vif`関数を使うと便利である．

```
> data <- read.csv("pref.csv")
> res <- lm(tfr ~ nursery + did + high_edu, data=data)
> library(car)
> round(vif(res),3)
```

【練習問題】

「岩手調査」において，市町村外の友人数（Y；friends）を加入組織数（X_1：local_assocs），年齢（X_2：age），学歴（X_3：education）に重回帰させなさい．
(1) 各変数の標準化偏回帰係数とVIFも求め，本文表1.4をあわせた表にまとめなさい．
(2) 3つの独立変数を，市町村外の友人数に与える効果が大きい順に並べなさい．
(3) 年齢を加入組織数と学歴に回帰させたときの決定係数を求め，年齢のVIFが1.216になることを定義にしたがって確認しなさい．

【参考文献】

Agresti, A. and B. Finlay, 2009, *Statistical Methods for the Social Sciences* (4th ed.), Pearson Educational International.
Fox, J. and S. Weisberg, 2011, *An R Companion to Applied Regression* (2nd ed.), Sage.
Bohrnstedt, G. W. and D. Knoke, 1988, *Statistics for Social Data Analysis* (2nd. ed.), F. E. Peacock Pub.（＝1990，海野道郎・中村隆監訳『社会統計学』ハーベスト社．）

COLUMN　グラノベッター『転職』……筒井淳也

「人的ネットワーク」という言葉を聞くと，人は一般に，自分と比較的強いつながりを持つ人間を思い浮かべやすい．家族，親類，親しい友人，大学のゼミ・サークルの先輩・後輩，職場の同僚などである．病気になったとき，急にまとまったお金が必要になったとき，悩み事があるときなど，いざという時に「助け」になるのも，親しい間柄にある人であることが多いだろう．このような「強い」紐帯が人間の幸福に関係することは，社会学が誕生した当初から強調されてきたことである．実際，「家族の絆」「地域社会のつながり」の大切さについては，いろんなところでいろんな人から聞くことができる．読者のみなさんも「強い絆のほうが役に立つ」という考え方を多かれ少なかれ抱いているのではないだろうか．

この「役に立つ人間関係＝強い紐帯」という常識に一石を投じたのが，グラノベッターの転職に関する研究である．グラノベッターは，アメリカのボストン郊外において，男性の専門職・技術職・管理職の転職経験労働者約300人の標本を対象に，インタビュー調査および郵送での調査票調査を行った．その結果，フォーマルな仲介や直接応募で転職した者よりも，インフォーマルな個人的つながりを利用して転職した者の方がずっと多いことがわかった．ここまではある程度予測できた結果であろう．意外だったのは，家族・親類や親しい友人といった「強い紐帯」よりも，仕事上での「弱い紐帯」経由で得られた情報をもとに転職した人のほうが，満足度や収入の面で「よい」職に就くことができているという結果が得られた，ということであった．

いったいどうして弱い紐帯の方が転職に関して「よりよい情報」をもたらしうるのだろうか？　グラノベッターの説明はこうである．強い紐帯でつながっている身近な人々から得られる情報は，すでに自分が知っている情報であることが多く，自分の知らない世界での，自分にとって新しい情報はそこからはなかなか入ってこない．しかし弱いつながりを持っている人々は自分とは異なった社交圏で生活している人であることが多く，未知の情報を持っている可能性が高い．当然ながら，多様な情報にアクセスできる人のほうがよりよい職を見つけられる，というわけである．

もちろんこの分析結果は，アメリカのホワイトカラー職のなかのさらに社会的地位が高い層，しかも男性を対象にした調査に基づいたものである．日本では異なった傾向が観察される可能性はあるし，また実際にそのような調査結果も報告されている．それに，たとえば不安定職にある人や，そもそも職を持っていない人にとっては，弱い紐帯の効果は限定的になる可能性もある．

その意味では，グラノベッターの転職研究は，展開・応用させてみると興味深い調査分析を導きやすい研究であるといえる．関連する研究も多く報告されているが，学生や院生の研究でも何かしらオリジナルな問いをみつけて調査研究してみる余地は多く残されている．ぜひトライしてみてほしい．

【文献】
M. グラノベッター著，渡辺深訳，1998年，『転職—ネットワークとキャリアの研究』ミネルヴァ書房．

COLUMN マルチレベル分析……秋吉美都

複数の国家，企業，学校など，多くの比較対象集団が存在する場合，一般的なOLS回帰分析ではダミー変数を設定して集団を区別している．しかし，集団の特徴は，下位レベルの社会過程，つまりそこに属する成員の運命に影響すると考えられる．集団を単に区別するのではなく，それぞれの集団の特徴を考慮するモデルを作ることが望ましい．マルチレベル分析は，複数の分析のレベルの変数の影響を理解するために用いられる手法である．

ある社会過程は，複数のレベルの中に入れ子のように収められている（ネストされている）とみなすことができる（図1）．例えば，生徒の学業成績は，兄弟の数や本人の勉強時間などの生徒個人レベルの特徴と関係があるだけではなく，生徒が置かれている環境（文脈ともいう）の影響も受けると考えられるだろう．したがって，学業成績を説明するためには，個人，学級，学校といったさまざまなレベルの要因を検討することが必要である．

何がミクロな過程なのか，また，いくつのレベルを考えることが適切かということは研究課題によって異なる．複数の時点のデータを比較する研究であれば出生コーホートや時代をミクロな動向に影響する上位レベルの文脈とみなすことが適切である．個人に関する観察が複数回にわたって存在する場合は，個人は各回の観察に対する上位レベルとなる．

マルチレベル分析はミクロレベルの現象（例えば個々の生徒の学業成績）と，それに関与する上位レベルの文脈（例えば学校のカリキュラムの特徴）を推定し，文脈ごとにミクロレベルのモデルを評価する．ミクロなレベルはレベル1と呼ばれ，上位レベルはレベル2と呼ばれる．レベル1の等式の係数の違いは，文脈の特性にかかわるレベル2の等式によって予測される．例えば，研究者が，世帯収入が学業成績に影響するという仮説を立てたとしよう．世帯収入は個人レベルの変数であるから，レベル1の等式に投入される．しかし，世帯収入が学業成績に影響するとしても，その影響のサイズは，学校のカリキュラムの特徴によって差異がある，と考えられる．つまり，あるタイプの学校では世帯収入が学業成績に及ぼす影響が大きく，別のタイプの学校では，世帯収入は学業成績に影響するものの，影響は限定的であるというシナリオが考えられる．レベル2の等式はこの影響のサイズの差異を文脈の違いに依拠して説明するものである．

Jの学校においてそれぞれn_j人の生徒がいるとしよう．学業成績を被説明変数（Y）とし，世帯収入を説明変数（X）とすると、説明変数を予測する学校ごとの回帰式を以下のように考えることができる．

$$Y_{ij} = \beta_{0j} + \beta_{1j} X_{ij} + e_{ij} \tag{1.1}$$

マルチレベル分析では，上位レベルの説明変数を導入して回帰係数β_{0j}とβ_{1j}のばらつきを説明する．式（1.2）は各学校での学業成績の平均（切片β_{0j}）を選択科目の多さ（Z）によって説明する．また式（1.3）は，「関数の傾きの係数β_{1j}で表現される、世帯収入と学業成績の関係は、選択科目の多さ（Z）に左右される」ということを表す．

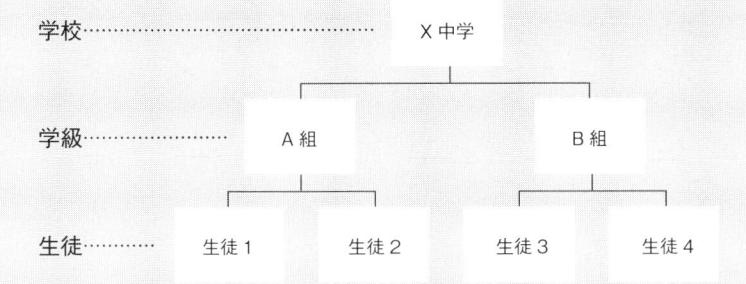

```
学校 ·············································  X中学
                                            ┌────┴────┐
学級 ·············            A組          B組
                          ┌───┴───┐     ┌───┴───┐
生徒 ···········   生徒1   生徒2   生徒3   生徒4
```

図1　複数の分析のレベルと入れ子関係

$$\beta_{0j} = \gamma_{00} + \gamma_{01}Z_j + u_{0j} \quad (1.2)$$
$$\beta_{1j} = \gamma_{10} + \gamma_{11}Z_j + u_{1j} \quad (1.3)$$

γ_{11}が正であれば、選択科目の多い学校においては世帯収入が学業成績により強い効果を持つことになり、反対に、γ_{11}が負であれば、選択科目の多い学校では世帯収入が学業成績に及ぼす影響は限定的であるということになる。つまり、世帯収入と学業成績の関係に対して、選択科目の多少は調整変数として作用することになる。

式 (1.2) と式 (1.3) を式 (1.1) に代入することにより、学校レベルの効果と個人レベルの効果を含むモデルは式 (1.4) のように表現できる。

$$Y_{ij} = \gamma_{00} + \gamma_{10}X_{ij} + \gamma_{01}Z_j + \gamma_{11}X_{ij}Z_j + u_{1j}X_{ij} + u_{0j} + e_{ij} \quad (1.4)$$

式 (1.4) の [$\gamma_{00} + \gamma_{10}X_{ij} + \gamma_{01}Z_j + \gamma_{11}X_{ij}Z_j$] の部分は固定効果パートと呼ばれる。[$u_{0j} + u_{1j}X_{ij} + e_{ij}$] の部分はランダム効果パートと呼ばれる。$X_{ij}Z_j$ は個人レベルの変数 X_{ij} の回帰式の傾き β_{1j} を学校レベルの変数 Z_j に関するモデルで表現する結果生じる相互作用項である。

LeeとBrykの研究では、選択科目の多い学校では社会経済地位が学業成績のばらつきに強く影響するのに対して、標準的なカリキュラムが必修とされる学校では社会経済地位によって説明される学業成績のばらつきは小さいことが明らかになった (Lee and Bryk 1989)。マルチレベル分析は、ミクロな社会過程を理解するために文脈に関わる情報を有効に活用するアプローチであるといってもよい。

【文献】
Lee, Valerie E. and Anthony Bryk. 1989. "A multilevel model of the social distribution of high school achievement." *Sociology of Education* 62(3): 172-192.

1-7 分散分析

社会全体でもある量的変数の平均がグループごとに異なるかを確認する

【キーワード】
相関比,分散分析,級間平方和,級内平方和,平均平方,自由度

1 ……… 質的変数の説明力:回帰分析のR^2との類似性

回帰分析は,量的変数である従属変数の値を,量的変数である独立変数の値にある一定の係数を掛けた量によって予測しようとするものであった.

たとえば,「岩手調査」で市町村外の友人数(Y)を年齢(X)に回帰させると,$\hat{y}_i = 8.367 - 0.094 x_i$という予測式が得られる.ここで$x_i$の取り得る値は具体的には25歳から75歳までの計51個存在し,たとえば$x_i = 30$のときには$\hat{y}_i = 5.547$という予測値が得られる.そしてケースiの実際の友人数y_iは予測値$\hat{y}_i$と一般には一致せず,その差$y_i - \hat{y}_i$を残差というのであった.

残差の存在は,$x = 30$という値をとるケースは(母集団には)たくさん存在しyの値もさまざまであるが,それらは予測値$\hat{y}$を平均とする正規分布にしたがうことを回帰モデルが仮定していることを意味する.そして,個々のケースのy_iを予測するときに,Yの平均$\bar{Y}$のみで予測するよりもXの情報を使って$\hat{y}_i$で予測した方が精度が十分高くなるとき(残差平方和が少なくなるとき),その回帰モデルには説明力があるというのであった.

この考え方は,因果関係における原因に相当する独立変数が質的変数,つまり値がケースをいくつかのグループに分けるための基準に過ぎないときにも,そのまま応用することができる.

たとえば,ある人の市町村外の友人数(Y_i)をその人の学歴(X_i)で予測することを考えてみよう.学歴は中卒,高卒,大卒の3段階で測定されているものとする.これらは一応順序性があるから量的変数とみなすこともできなくはないが,ここではあえて質的変数として考えてみよう.つまり,学歴という独立変数は,集団を3つのグループに分ける基準であると考える.

いま直感的なイメージをつかんでもらうために,実際のデータの中からそれ

ぞれの学歴区分ごとに10人ずつのケースをランダムに抽出してみる[1]．この10人×3グループ＝30人の抽出データにおける市町村外の友人数の記述統計は表1の通りであった．

表1　無作為抽出したケースにおける市町村外の友人数の記述統計

学歴	平均	標準偏差	ケース数
中卒	0.4	0.966	10
高卒	4.4	3.373	10
大卒	4.9	4.581	10
全体	3.2	3.812	30

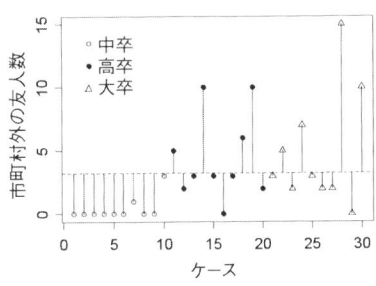

(1) 全体平均からの残差　　　(2) グループ別平均からの残差

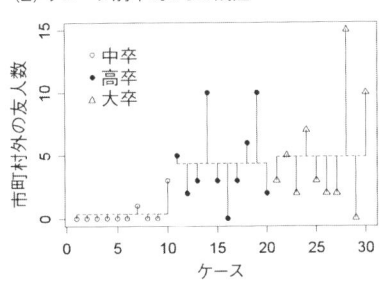

図1　サンプルケースにおける残差の分布

　学歴を考慮しない場合の友人数の平均は3.2である．いま，左から中卒・高卒・大卒の順に10人ずつ30人分のデータを並べ，友人数の値と全体平均との間に線を引いていくと，図1 (1) のようなズレ(残差)が観察される．

　これに対して，学歴の値ごとの友人数の平均は，中卒が0.4人，高卒が4.4人，大卒が4.9人である．同じデータで全体平均ではなく，そのケースが属する学歴カテゴリー（＝グループ）の平均との間で線を引いていくと，図1 (2) のようになる．直感的には，(2) の縦線(＝残差の量)の総和(正確には2乗の総和)は，(1) のそれよりも小さくなっているように見える．

---

[1] 実際のデータでは本文表2のように学歴カテゴリーごとのケース数は同じではないから，このように同じ数ずつのケースを抽出して分析するのはもちろん不適切である．ここではあくまでも例示として理解してほしい．なお，分散分析はもともと実験計画法（＝無作為割当）の一環として開発された手法なので，カテゴリー（＝処理）ごとのケース数は同じであるのが当初の前提であった．しかし，無作為抽出による社会調査データでは，この前提は一般には満たされない．もちろんそれでも分析自体は可能であるが，この違いの意味は池（2008）を参照．

実はこれは，数学的にも正しいことが証明できる．このサンプルデータだと，(1)の全体平均との残差平方和(＝全平方和)は421.37であるに対し，(2)の各グループ平均との残差平方和は299.70と小さくなっている．
　残差は予測値と実測値のズレだから，いわば予測のあ̇た̇ら̇な̇さ̇である．(2)の残差平方和(つまり集団全体での予測のあたらなさの程度)が(1)のそれよりも小さくなっているのは，独立変数Xの情報，つまりグループ別平均の情報を使うことによって予測の精度が上がったことを意味する．
　上の例の場合，予測のあたらなさの総量は299.70÷421.37＝0.711に減少している．逆に言えば，友人数Yが元々もっていた誤差(＝ばらつき)のうち，(421.37－299.70)÷421.37＝0.289つまり約29%は，学歴Xの情報を使うことによって説明されたと考えることができる．これは，独立変数が量的変数である場合の回帰モデルの説明力，つまり決定係数(＝誤差減少率)R^2の考え方と全く同じである．
　独立変数(2つ以上あってもよい)が質的変数である場合の誤差減少率を，伝統的に**相関比**(correlation ratio)といい，η^2(イータ2乗と読む)で表す．定義は決定係数と同じで，(全平方和－残差平方和)／全平方和である．

2………分散分析：独立変数の説明力が母集団でもあるといえるか

　分析するデータが標本調査のものである場合，標本から計算した全平方和(全体平均とのズレ)と残差平方和(グループ別平均とのズレ)の値は，標本をとるごとに異なる確率変数である．なので，たとえば手元の標本で誤差減少率が30%と計算されたとしても，それはたまたま各グループの平均に近い値をとる個体を多く抽出したからであって，母集団の誤差減少率は実は10%程度であった，というようなことが起こりうる．
　こうした可能性がないかどうかを判断するために，(統計モデルに独立変数を追加したことによる)「母集団における誤差減少率が0である」という帰無仮説を検定することを，**分散分析**(analysis of variance[2])という[3]．
　具体例として，先ほどの市町村外の友人数と学歴との関係を，元のすべての

---

[2] 略してANOVA（アノーヴァと読む）と書くことも多い．
[3] 普通の教科書では，分散分析は「母集団において，ある量的変数にかんする複数の（＝3つ以上の）グループごとの平均が同じである」ことを帰無仮説とする検定である，と解説される．独立変数である質的変数の複数のカテゴリー間で従属変数の平均が全く同じであれば，その独立変数の情報は従属変数の予測に役に立たないから，上の説明と本書での説明は，実質的には同じことである．

データで確認してみよう．まず記述統計レベルでは，図2 (1) のような**箱ひげ図** (box plot) を描いてみると，グループごとの分布の様子や外れ値の有無などが確認できる[4]．また，表2と図2 (2) より，学歴が上がるにつれてグループ別平均も上がっていくことが確認できる[5]．

表2　全データにおける市町村外の友人数の記述統計

学歴	平均	標準偏差	ケース数
中卒	1.93	3.26	203
高卒	3.98	4.93	622
大卒	6.50	7.38	189
全体	4.04	5.40	1014

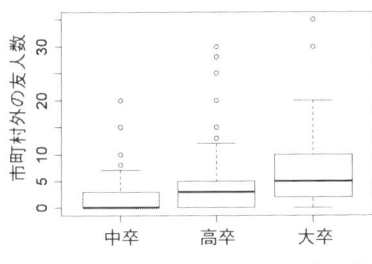

(1) 箱ひげ図　　　　　　　　(2) 誤差バー(±s.e.)つき平均

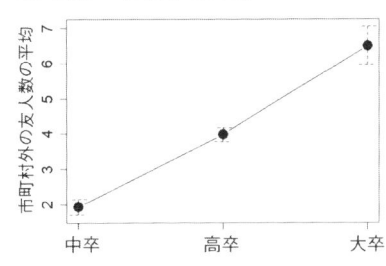

図2　全データにおけるグループ別の分布と平均の比較

そこで，記述統計レベルで観察されるこのグループごとの平均の違いが母集団でもあると言えるかどうか，つまり母集団において学歴という質的変数は友人数に対する説明力をもっていると言えるかどうか，を確認するために分散分析をおこなってみる．

表3　表2のデータの分散分析表

	平方和	自由度	平均平方	F統計量	p値
学歴	2055.5	2	1027.76	37.18	0.000
残差	27480.9	1011	27.18		
計	29536.4	1013			

4　ただし，箱ひげ図の箱の中央線は平均ではなく中央値（メディアン）を表すことに注意．
5　このデータでは，標準偏差も学歴が高くなるにつれて増大している．実は分散分析の重要な前提は，「母集団においてカテゴリーごとの従属変数の値の分散が等しい」こと（**等分散性** homoscedasticity）である．等分散性を確認するには，バートレット検定とよばれる方法を用いる（Rでは`bartlett.test`関数）．この例ではバートレット検定をおこなうと等分散性が棄却されるので（つまり母集団でもカテゴリー間で分散が等しくない），本来は分散分析をおこなうべきではない．

結果は，表3のような**分散分析表**（ANOVA table）の様式にまとめるのが慣例である．

　1列目の平方和（sum of squares）とは，先ほどから説明している平均との偏差の2乗の和である．「学歴」の行の2055.5は学歴ごとの友人数平均と全体平均との（ケース単位での）差の平方和，「残差」の行の27480.9は（各ケースの）友人数と学歴ごとの友人数平均との差の平方和，「計」の行の29536.4は（各ケースの）友人数と全体平均との差の平方和を表す．伝統的な分散分析の用語では，上の3種類の平方和を順に**級間平方和**(between groups sum of squares)，**級内平方和**(within groups sum of squares)，**全平方和**(total sum of squares)とよぶ．これらの間には全平方和＝級間平方和＋級内平方和という等式が常に成り立つ．級間平方和はグループ別平均と全体平均の差から生じるものなので，これが大きいことはグループ別に分けること，すなわち質的な独立変数の情報を用いること，による予測値の全体平均からの補正効果が大きいことを意味する．その意味で，これらの3つの平方和は，1-5で説明した回帰分析における回帰平方和，残差平方和，全平方和にそれぞれ対応している．したがって，このデータの相関比（回帰分析におけるR^2に相当するもの）は2055.5÷29536.4＝0.07，つまり学歴は市町村外の友人数のばらつきの約7％を説明していると言える．

　ところで，分散分析はこれらの平方和，すなわちばらつきの総量間の関係を直接検定するのではなく，級間要因と級内要因それぞれの・平・均・的・な・ばらつき，すなわち分散の比を問題にする．

　1-0-2で説明したように，推測統計学では通常分散を，偏差平方和を（ケース数－1）で割って定義する．この場合の（ケース数－1）をデータの**自由度**（degree of freedom; df）という．自由度とは，自由に決められる値の数のことである．たとえば10個のケースからなる変数があるとき，その変数の平均がすでに決まっていれば，9個のケースの値は自由に動かせても，残りの1個の値は自動的に決まってしまう．つまり，実質的なケースの数は10－1＝9個しかないので，分散を計算するときには偏差平方和を，本来のケース数10ではなく自由度9で割るのである．

　同じ考え方を，級間変動および級内変動に適用すると，まず級間変動の自由度は，級すなわちグループの数から1を引いたものになる．これは，全体平均が決まっている以上，中卒と高卒のグループ別平均が決まれば，大卒のグループ別平均は自動的に決まってしまうからである．一方,級内変動の自由度はケー

ス総数－グループ数になる[6].

そこで,級間平方和および級内平方和をそれぞれの自由度で割ったものが,**平均平方**(mean squares)とよばれる分散に相当する量である(表3の3列目).たとえば学歴,すなわち級間変動の平均平方(＝級間平均変動)は,級間平方和2055.5を級間変動の自由度3－1＝2で割った1027.76になる.同様に,残差の平均的なばらつき,すなわち級内平均平方は,27480.9÷1011＝27.18となる.

この2つの分散の比,すなわち級間平均平方を級内平均平方で割った量を**F統計量**(F statistic)または**F比**(F ratio)という.

帰無仮説が正しいとき,すなわち母集団においてグループごとの平均がすべて全体平均に等しいとき,F統計量は級間変動と級内変動の2つの自由度をもつ**F分布**(F distribution)とよばれる確率分布にしたがうことが知られている[7].よって,標本から計算したF統計量以上の値がF分布において実現する確率,つまりp値が0.05よりも小さいとき,われわれはそれが帰無仮説が正しいと仮定したときの母集団から抽出した標本から偶然得られるとは考えにくい,つまり帰無仮説が間違っていたと判断することができる.

上のデータの場合,F統計量は1027.76÷27.18＝37.81,自由度2, 1011のF分布の5％限界値(それ以上の値が実現する確率が5％)は3.005なので,帰無仮説は5％水準で棄却できる.つまり,母集団においても学歴ごとの市町村外の友人数の平均がすべて同じとはいえない,と判断することができる.

【Rによる実習】
質的変数のカテゴリー別の記述統計　質的変数(`factor`型)のカテゴリー別にデータを分けた上で何らかの関数を適用したいときには,`tapply`関数を使うと便利である.
> `tapply(iwate$friends, iwate$education_c, mean, na.rm=T)`
第1引数に関数を適用したい変数,第2引数にグループ分けの基準となる`factor`型の変数,第3引数に適用したい関数を記述する.最後の`na.rm=T`は,欠損値(`NA`)を含むデータに`mean`等の関数を適用すると,結果が`NA`となるのを避けるためである.変数名の前にデータセット名をいちいち付けるのが面倒な場合は,
> `with(iwate, tapply(friends, education_c, mean, na.rm=T))`
としてもよい.標準偏差(`sd`)なども同様に計算できる.なお,ケース数を調べるには`length`関数を使う(欠損値の処理はやや面倒である).

6　詳しい説明はAgresti and Finlay (2009)を参照.
7　F統計量やF分布におけるFとは,分散分析と実験計画法の理論を確立した英国の統計学者フィッシャー(Ronald Fisher, 1890-1962)の名前に由来している.

カテゴリー別の量的データの分布状況を視覚化するときは，箱ひげ図

```
> plot(friends ~ education_c, data=iwate)
```

を使うのが一般的だが，本文の注で触れたように箱ひげ図の中央線は中央値であって，平均とは一般に異なる．カテゴリー別の平均を簡単に確認したいなら，Rコマンダーに含まれる**plotMeans**関数を使うのが便利である．

```
> library(Rcmdr)
> with(iwate, plotMeans(friends, education_c))
```

なお，**plotMeans**関数はカテゴリー別の平均の上下に誤差バー (error bar) を表示する．デフォルトでは「±各カテゴリーの標準誤差 (s.e.)」分の長さを出力する．これは，それぞれの平均が母集団においても有意に異なっているかどうかを判断するときの一応の目安ではあるが，カテゴリーが3つ以上の分散分析においては，厳密には不適切である．詳しくは Crawley（2005 = 2008 : 179-85）を参照．

分散分析　Rでは，分散分析は一般線形モデルの一種として，回帰分析と同等に扱われる．よって，分散分析も**lm**関数で実行すればよい．

```
> res <- lm(friends ~ education_c, data=iwate)
```

ただし，結果の詳細を出力するときに，回帰分析のときの**summary**関数ではなく，**summary.aov**関数を使うことが異なる．

```
> summary.aov(res)
              Df  Sum Sq Mean Sq F value   Pr(>F)
education_c    2  2055.5 1027.76   37.81 < 2.2e-16 ***
Residuals   1011 27480.9   27.18
```
（以下略）

summary.aovはモデルオブジェクトの分散分析表を出力する（回帰分析でも同様）．**Df**は自由度，**Sum Sq**は平方和，**Mean Sq**は平均平方，**F value**はF統計量，**Pr(>F)**はF統計量のp値である．

ちなみに，分散分析で回帰分析でも，最初に**lm**関数の代わりに**aov**関数を使ってもかまわない．**aov**関数を使って作成したモデルオブジェクトは，**summary**関数で分散分析表，**summary.lm**関数で回帰係数表が出力されるだけの違いである（回帰係数表で出力される情報は，次章で説明するダミー変数のカテゴリーごとの回帰直線の切片の差を意味する）．

```
> res <- aov(friends ~ education_c, data=iwate)
> summary(res)
> summary.lm(res)
```

【練習問題】

1．岩手調査において，母集団で学歴（X：education_c）ごとに近所の知人数（Y：neighbors）の平均が異なるかを調べたい．
　(1)　本文表2にならって，全体および学歴カテゴリー別の記述統計量をまとめなさい．
　(2)　本文図2にならって，学歴カテゴリー別の箱ひげ図と平均のプロットを描きなさい．
　(3)　分散分析をおこない，結果を解釈しなさい．

2．同調査において，母集団で就労上の地位（X：q42_3）ごとに市町村外の友人数（Y：friends）の平均が異なるかを調べたい．
　(1)　本文表2にならって，全体および就労上の地位別の記述統計量をまとめなさい．
　(2)　本文図2にならって，就労上の地位別の箱ひげ図と平均のプロットを描きなさい．
　(3)　分散分析をおこない，結果を解釈しなさい．

【参考文献】

Agresti, A. and B. Finlay, 2009, *Statistical Methods for the Social Sciences* (4th ed.), Pearson Educational International.

Bohrnstedt, G. W. and D. Knoke, 1988, *Statistics for Social Data Analysis* (2nd. ed.), F. E. Peacock Pub. (＝1990, 海野道郎・中村隆監訳『社会統計学』ハーベスト社.)

Crawley, M. J., 2005, *Statistics: An Introduction using R*, John Wiley & Sons. (＝2008, 野間口謙太郎・菊池泰樹訳『統計学：Rを用いた入門書』共立出版.)

Treiman, D. J., 2009, *Quantitative Data Analysis*, Jossey-Boss.

池周一郎, 2008,『社会の「隠れた構造」を発見する』学文社.

1-8 一般線形モデル①：ダミー変数

回帰分析の説明変数に質的変数を加える

【キーワード】
一般線形モデル，ダミー変数，基準カテゴリー，共分散分析

1 ………ダミー変数：質的変数を線形モデルに統合する

回帰分析と分散分析とは，独立変数が量的変数か質的変数かが違うだけで，量的な従属変数の条件つき平均を独立変数の値に応じて予測するという点では，同じ発想であることを見てきた．

実はこのことは，数学的にも妥当する．つまり，独立変数が質的変数である場合でも，回帰分析と同じ式，つまり $\hat{Y} = b_0 + b_1 X_1 + \cdots + b_n X_n$ という数式を使ってモデルを表現することは可能である．この式は，変数(X_i)にある定数(b_i)を掛けたものを足しあわせた形になっているが，このような式を線形(linear)であるといい，線形の式によって従属変数の条件つき平均を予測する統計モデルを，**一般線形モデル**(general linear model)とよぶ．

ただし，質的変数の値は数量ではないから，X_i の値として具体的にどんな数値を使えばよいのかという問題が生じる．たとえば，前章で扱った学歴の場合，値の実質的意味は「中卒」，「高卒」，「大卒」という3つのカテゴリーであって，それ自体は数量(数字)ではない．多くの統計ソフトウェアでは，メモリの節約のために，便宜的に1（中卒），2（高卒），3（大卒）というような数字を割り当ててデータを保存するが，これはたとえば「中卒が－2.5，高卒が1，大卒が5.8」のようなでたらめな数字であっても(学歴の場合順序さえ正しければ)かまわないはずである．しかし質的変数に便宜的に割り当てられているこれらの数値を X_i の値としてそのまま使うと，どのような数値の組合せを使うかによってモデル式の係数の推定値が異なり，具合が悪い．

そこで，質的変数を一般線形モデルに組み込むには，ある工夫が必要になる．それが，変数を(一般に複数個の)**ダミー変数**(dummy variable)に変換することである．

ダミー変数とは0と1の2つの値しかとらない，特殊な変数である．値が2つということは，1つの変数につき2つのカテゴリーを区別できるということである．たとえば，性別という質的変数は女性と男性という2つのカテゴリーしかもたないので，たとえば女性に0，男性に1を割り当てれば，1つのダミー変数で性別という情報を過不足なく表せる．

値カテゴリーが3つ以上ある場合は，1つのダミー変数だけではすべてのカテゴリーを区別できない．この場合は，ダミー変数を複数個使う．たとえば学歴の場合，「高卒ならば1，それ以外（中卒か大卒）なら0」という1個目のダミー変数（＝高卒ダミーD_1）と，「大卒ならば1，それ以外（中卒か高卒）ならば0」という2個目のダミー変数（＝大卒ダミーD_2）を作ってみる．このとき，表1からわかるように，中卒の人はD_1もD_2も0，高卒の人はD_1が1でD_2が0，大卒の人はD_1が0でD_2が1なので，2つのダミー変数の値を組み合わせれば，学歴の3つのカテゴリーを区別できる．一般に，k個のカテゴリーをもつ質的変数を表すには，$k-1$個のダミー変数を使えばよい．学歴の場合，値カテゴリーが3つだから，$3-1=2$個のダミー変数で足りる．

表1　学歴3分類のダミー変数化

	高卒ダミーD_1の値	大卒ダミーD_2の値
中卒の人	0	0
高卒の人	1	0
大卒の人	0	1

ところで，ダミー変数は普通，値が1となるカテゴリーの名前をつけてよぶ．たとえば高卒が1になるダミー変数を高卒ダミーとよぶ．したがって，どれか1つのカテゴリーは，それを表すダミー変数をもたないことになる（上の例では「中卒」）．この特別なカテゴリーを，**基準カテゴリー**（base-line category），または参照カテゴリーという．

2……質的変数のみの一般線形モデル：分散分析

線形モデルにある質的変数をダミー変数化したもの（たとえば高卒ダミーD_1と大卒ダミーD_2）だけを投入すると，

$$\hat{Y} = b_0 + b_1 D_1 + b_2 D_2 \tag{8.1}$$

となる．各カテゴリーと2つのダミー変数の値との対応（たとえば中卒の人はD_1

$= D_2 = 0$)を踏まえると,式(8.1)は実質的には学歴カテゴリー別に

中卒:$\hat{Y} = b_0$, 高卒:$\hat{Y} = b_0 + b_1$, 大卒:$\hat{Y} = b_0 + b_2$

という3本の式を考えていることなる.ここでb_0, $b_0 + b_1$, $b_0 + b_2$という3つの定数は,それぞれ中卒,高卒,大卒における従属変数Yのカテゴリー別平均の推定値に他ならないから,式(8.1)は前章で説明した分散分析そのものを意味している.

また,2つのダミー変数D_1, D_2の係数b_1, b_2は,それぞれのダミー変数が表しているカテゴリーの従属変数平均と基準カテゴリーの従属変数平均との差を表している.たとえば,b_1は高卒の人のYの平均($b_0 + b_1$)が中卒の人のそれ(b_0)と比べてどれだけ大きいかを表している.

3………量的変数と質的変数を両方投入した一般線形モデル:共分散分析

では,重回帰分析のように,量的変数と質的変数を組み合わせて一般線形モデルに投入するとどうなるだろうか.

たとえば「岩手調査」で,近所の知人数(Y)を,加入組織数(X_1)と学歴(高卒ダミーD_2,大卒ダミーD_3)で説明することを考える.ここで,加入組織数は量的変数,学歴は質的変数として扱う.一般線形モデルの式は

$$\hat{Y} = b_0 + b_1 X_1 + b_2 D_2 + b_3 D_3 \tag{8.2}$$

である.最小二乗法で係数を推定すると,$b_0 = 8.08$, $b_1 = 2.53$, $b_2 = -1.78$, $b_3 = -3.98$になる.

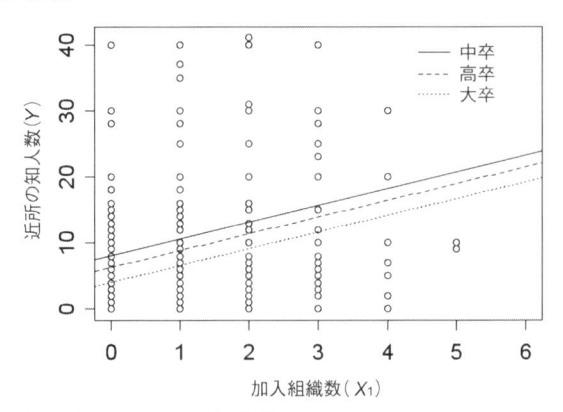

図1 学歴カテゴリーごとの回帰直線

先ほどと同様に学歴ごとのダミー変数の値を考慮すると，(8.2) 式は
中卒：$\hat{Y} = b_0 + b_1X_1 = 8.08 + 2.53X_1$，
高卒：$\hat{Y} = (b_0 + b_2) + b_1X_1 = 6.30 + 2.53X_1$，
大卒：$\hat{Y} = (b_0 + b_3) + b_1X_1 = 4.10 + 2.53X_1$

という3本の式に分解される．これらは，傾きb_1が共通で切片だけが異なる3本の平行な直線，すなわち学歴カテゴリーごとの近所の知人数（Y）の加入組織数（X_1）への回帰直線を表している（図1）．

もし独立変数として加入組織数（量的変数X_1）だけを投入するならば（＝回帰分析），すべての学歴で共通の1本の回帰直線が推定されるだろう．また，独立変数として学歴（質的変数D_2とD_3）だけを投入するならば（＝分散分析），学歴カテゴリー別の平均，すなわち傾きが0の（水平な）直線が3本推定されるだろう．

加入組織数と学歴の両方を投入した場合は，この2つの効果をあわせもつ予測式，すなわち0ではない傾きをもつ複数本の直線を推定できるので，予測の精度は当然上がることになる．このように，量的変数と質的変数を一緒に投入した一般線形モデルを，**共分散分析**（analysis of covariance；ANCOVA）とよぶこともある．

表2 近所の知人数と加入組織数，学歴の一般線形モデル

	非標準化係数		標準誤差	t値
（切片）	8.08	***	0.88	9.18
加入組織数	2.53	***	0.32	7.78
学歴				
高卒ダミー	−1.78	†	0.92	−1.95
大卒ダミー	−3.98	***	1.07	−3.73

従属変数は近所の知人数．学歴の基準カテゴリーは中卒．
adj. R^2=0.083***，N=773．*** < .001，† < .1．

共分散分析の結果の示し方は，重回帰分析と基本的に同様である（表2）．質的変数はダミー変数に変換するので，何が基準カテゴリーなのかを欄外に明示した方がよい．

係数が有意であるかどうかの判定手続き（係数の推定値を標準誤差で割ったt値を標準正規分布にあてはめる）は，ダミー変数でも同じである．ただし，有意である場合の解釈は量的変数の係数とは異なる．たとえば「高卒ダミー」の係数は，基準カテゴリーである中卒との切片，つまり従属変数である近所の知人数の平均的水準，の差である．よって，5％水準では有意でないことは，「母集団に

おいては，中卒の人と高卒の人とで，近所の知人数の（加入組織数別の）平均水準は同じである（差が0である）」という帰無仮説を棄却できないことを意味している．それに対して，「大卒ダミー」の係数は5%水準で有意になっているから，母集団においても中卒と大卒とを比べれば，近所の知人数の平均水準が異なる可能性が高い，と判断することができる．

【Rによる実習】
Rにおける質的変数の取り扱い　Rにおいては，量的変数（**numeric**型）と質的変数（**factor**型）とは，厳密に区別して扱われる．**factor**型の変数の値は内部的には1から始まる整数で管理されているが，出力する際は特に指定しない限り，それぞれの値につけられているラベル（カテゴリー名）が表示される．カテゴリーの順序はデータ末尾の**Levels:** を見れば確認できる．下の例では中卒が1，高卒が2，大卒が3である．
```
> head(iwate$education_c)
[1] 高卒 大卒 高卒 大卒 大卒 大卒
Levels: 中卒 高卒 大卒
```
Rでは，特に明示的にダミー変数を作成しなくても，モデルに**factor**型の変数を投入すれば，自動的に質的変数としての適切な処理をしてくれる（これはSPSSにはない便利な機能である）．どのような処理が適切かは，モデルや変数の性質によって異なるが，Rではこれを対比（contrasts）とよぶ．カテゴリー間に順序を定義していない**factor**型変数のデフォルトの対比は「**contr.treatment**」であるが，これは値1つまり最初のカテゴリーを基準カテゴリーとするダミー変数化のことである．対比は**contrasts**関数で確認できる．この例では中卒を基準カテゴリーとして，高卒ダミーと大卒ダミーに相当する変数が定義されていることがわかる（本文表1に対応）．
```
> contrasts(iwate$education_c)
     高卒 大卒
中卒   0    0
高卒   1    0
大卒   0    1
```
何らかの理由で基準カテゴリーを変更したいときは，**relevel**関数を使う．
```
> releveled <- relevel(iwate$education_c, ref="高卒")
> head(releveled)
[1] 高卒 大卒 高卒 大卒 大卒 大卒
Levels: 高卒 中卒 大卒
> contrasts(releveled)
     中卒 大卒
高卒   0    0
中卒   1    0
大卒   0    1
```

一般線形モデル　以上より，一般線形モデルに質的変数を投入するときは，量的変数と同じように**factor**型変数の変数名を単に記述すればよい．推定に使う関数はやはり**lm**（linear modelという意味）である．本文の例のように近所の知人数（neighbors）を加入組織数（local_assocs）と学歴（education_c）で説明したいなら

```
> res <- lm(neighbors ~ local_assocs + education_c, data=iwate)
> summary(res)
```
（以下出力結果，5 行省略）
```
Coefficients:
                  Estimate Std. Error t value Pr(>|t|)
(Intercept)        8.0801     0.8798   9.184  < 2e-16 ***
local_assocs       2.5265     0.3249   7.776 2.41e-14 ***
education_c高卒   -1.7814     0.9158  -1.945 0.052119 .
education_c大卒   -3.9806     1.0679  -3.727 0.000208 ***
```
（以下略）

でよい．`education_c` の情報は 2 つのダミー変数として適切に表示されている．

【練習問題】

「岩手調査」において，市町村外の友人数（friends）を加入組織数（local_assocs）と学歴（education_c）で説明する一般線形モデルを作りなさい．
(1) 本文表 2 にならって結果をまとめなさい．
(2) 本文で解説した近所の知人数を説明するモデルと比較しつつ，市町村外の友人数と加入組織数，学歴との関係を解釈しなさい．

【参考文献】

青木繁伸，2009，『R による統計解析』オーム社．
Crawley, M. J., 2005, *Statistics: An Introduction using R*, John Wiley & Sons.（= 2008, 野間口謙太郎・菊池泰樹訳『統計学：R を用いた入門書』共立出版．）
Fox, J. and S. Weisberg, 2011, *An R Companion to Applied Regression*（2nd ed.），Sage.

1-9 　一般線形モデル②：交互作用

ある量的変数への原因変数の影響の仕方が
グループや条件ごとに異なるかを調べる

【キーワード】
交互作用項，一元配置分散分析，二元配置分散分析

1……… 一般線形モデルにおける交互作用：量的変数と質的変数の場合

1-1では，統制変数の導入によって2変数間の関連が変化する場合として，交互作用(interaction)の概念を説明した．そこでは，一般に近所の知人数(X)が多い人ほど地域愛着(Y)が強いが，つきあう相手を自分で決めるかどうか(C)を統制すると，自分で決める人はXとYとの関連が強いが，自分で決めない人はそれほど強くない，という例を挙げた．

一般線形モデルを使うと，独立変数や統制変数が量的変数であれ質的変数であれ，交互作用の効果を統一的に分析できる．まず，独立変数と統制変数がそれぞれ量的変数と質的変数である場合(逆でもよい)を考えよう．

「岩手調査」において，市町村外の友人数(Y)を，年齢(量的変数X)と居住地域(質的変数D)で予測することを考えよう．居住地域は，村落部($D=0$)か都市部($D=1$)の2つのカテゴリーに分けられているとする．

この2つを前章のように普通に一般線形モデルに投入すると

$$\hat{Y} = b_0 + b_1 X + b_2 D \tag{9.1}$$

となる．最小二乗法によるパラメータ推定値は，$b_0 = 7.76$，$b_1 = -0.08$，$b_2 = 0.75$と計算されるので，居住地域ごとの予測式は，

村落部：$\hat{Y} = \quad b_0 \quad + b_1 X = 7.76 - 0.08X$，
都市部：$\hat{Y} = (b_0 + b_2) + b_1 X = 8.51 - 0.08X$

である．市町村外の友人数は年齢が上がるにつれて少なくなるが，どの年齢でも都市部の方が村落部よりも平均的な友人数が多い，という解釈になる．幾何学的には，図1(1)のように2本の平行な予測直線が引かれることになる．

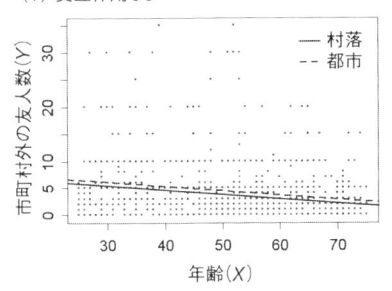

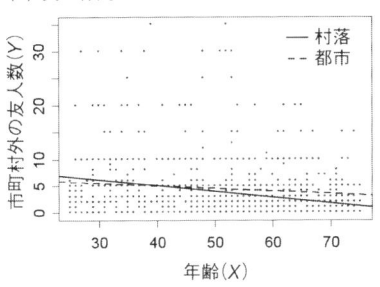

(1) 交互作用なし　　　　　　　(2) 交互作用あり

図1　年齢(X)と居住地域(D)による友人数(Y)の予測直線

これに対して，XとDとの間の交互作用を考えるときは，XDという変数をモデル式に追加する．

$$\hat{Y} = b_0 + b_1 X + b_2 D + b_3 XD \,. \tag{9.2}$$

XDは，ケースごとにXの値とDの値を掛け合わせた特殊な変数である．たとえば，年齢が39歳で($X=39$)都市に住んでいる人($D=1$)は$XD = 39 \times 1 = 39$であるし，年齢が62歳で村落に住んでいる人($D=0$)は$XD = 62 \times 0 = 0$である．ダミー変数Dの値は0か1しかないことに注意すると，XDは$D=0$のときは常に0，$D=1$のときはXの値をそのままとることがわかる．

式 (9.2) のパラメータ推定値をやはり通常の最小二乗法で求めると，$b_0 = 9.35$，$b_1 = -0.11$，$b_2 = -2.40$，$b_3 = 0.06$となる．いま説明したXDの特徴を踏まえると，式 (9.2) は

村落部：$\hat{Y} = b_0 + b_1X = 9.35 - 0.11X$，　　(9.3)
都市部：$\hat{Y} = (b_0 + b_2) + (b_1 + b_3)X = 6.95 - 0.05X$　　(9.4)

の2本に分解される．

先ほどの式との最大の違いは，Xの係数，つまり回帰直線の傾きが村落部と都市部で異なることである．村落部(-0.11)でも都市部(-0.05)でも年齢が上がるにつれて友人数は減少するが，村落部では都市部よりもその程度が激しい．つまり，年齢(X)と友人数(Y)との間の負の関連の強さが，居住地域(C)によって異なっているのであり，年齢(X)と居住地域(C)との間に交互作用が存在することが確認できる．幾何学的には，図1 (2) のように傾きの異なる2本の予測直線が引かれていると理解すればよい．

式 (9.3) と (9.4) を見比べると，この傾きすなわち関連の強さの差を生み出し

ているのは，b_3すなわち新たに導入したXDという特殊な変数の係数である．b_3の絶対値が大きいほどXとDとの間の交互作用は強い．逆に，もしb_3が0であればXとDとの間に交互作用は存在せず，式(9.2)は実質的に(9.1)と同じになる．このように，一般線形モデルにおいて，2つの変数の間の交互作用は，その2つの変数の値を掛け合わせた特殊な変数のパラメータ推定値によって表現することができる．この特殊な変数を**交互作用項**(interaction term)とよぶ．

一方，式(9.3)と(9.4)とのもうひとつの違いはb_2，すなわちダミー変数Dの係数である．(9.1)のように交互作用がない場合，2本の回帰直線の傾きは同じ(＝平行)であるから，これはXの値にかかわらず共通な，2つのカテゴリーにおける従属変数Yの平均の差を意味していた．これに対して交互作用がある場合，2本の回帰直線は平行ではないから，2つのカテゴリーのY平均の差は，Xの値に応じて変化する(場合によっては正負も途中で逆転する)．b_2は切片，すなわち$X = 0$という特殊な値におけるダミーカテゴリーと基準カテゴリーとの平均の差を表しているに過ぎない．よって，交互作用が存在する場合はダミー変数の係数b_2の大きさや有意性自体にはあまり意味はなく，交互作用項の係数b_3の大きさや有意性の方が重要である．

2……質的変数が2つの場合

つぎに，独立変数が2つの質的変数である場合の交互作用を考えよう．たとえば，近所の知人数(Y)をダミー変数化した学歴(高卒ダミーD_1，大卒ダミーD_2)と居住地域(D_3)で説明することを考える．

独立変数間の交互作用を考えるときにそれぞれの(ダミー)変数の値を掛け合わせた交互作用項を導入することは，先ほどと同じである．いまの場合，学歴は2つのダミー変数がセットになって表現されているので，学歴と居住地域の交互作用項はD_1D_3とD_2D_3の2つをセットで作成する必要がある．よってモデル式は

$$\hat{Y} = b_0 + b_1D_1 + b_2D_2 + b_3D_3 + b_4D_1D_3 + b_5D_2D_3, \qquad (9.5)$$

b_0からb_5までの推定値は順に 11.1, 0.6, -1.1, -2.0, -3.7, -2.4 となる．

学歴と居住地域との具体的な組合せに応じてD_iの値(0か1)を代入していけば，(9.5)の右辺は単なる定数しか残らない．これを整理したのが表1である．交互作用項の係数b_4とb_5の働きに特に注意してほしい．

表1 学歴と居住地域の組合せごとの近所の知人数の平均値

(1) 係数による式

学歴	居住地域	
	村落部	都市部
中卒	b_0	b_0+b_3
高卒	b_0+b_1	$b_0+b_1+b_3+b_4$
大卒	b_0+b_2	$b_0+b_2+b_3+b_5$

(2) 推定値

学歴	居住地域	
	村落部	都市部
中卒	11.1	9.1
高卒	11.7	6.0
大卒	10.0	5.5

(1) Rコマンダーの`plotMeans`関数

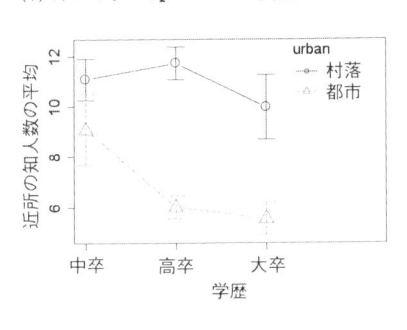

(2) `effects`パッケージの効果プロット

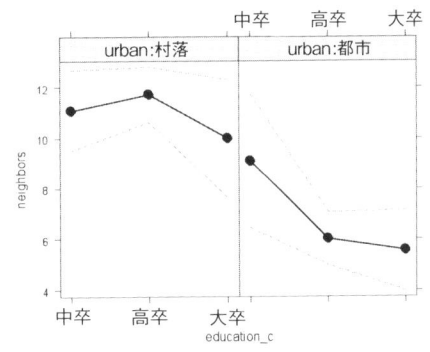

図2 学歴と居住地域ごとの近所の知人数の平均値の図示

　交互作用を解釈するときは，なるべく図示してみるとわかりやすい．図2はRで使える代表的な2つの方法を例示したものである(平均を表す6つの点が表1(2)の数値に対応していることに注意)．これを見ると，学歴ごとの近所の知人数平均の変化のパターンが，村落部と都市部で微妙に異なっていることがわかる．

　これに対して，もし交互作用を考えない場合は表1 (1) におけるb_4とb_5がなくなるので，学歴ごとの近所の知人数の変化は，村落でも都市でも共通のパターンにしかならない(b_1とb_2)．

　なお，このように2つの質的変数の組合せによって量的変数の平均を予測する(母集団においても予測力があるかどうかを検定する)分析を，**二元配置分散分析**(two-way ANOVA)ともいう．1-7で扱った分散分析は1つの質的変数だけを使うので，特に区別するときは**一元配置分散分析**(one-way ANOVA)とよぶ．

【Rによる実習】

一般線形モデルにおける交互作用項　これまで見てきたように，Rの`lm`関数（一般線形モデル）では，「`friends ~ age + urban`」のようなモデル式によって，従属変数と独立変数との関係を指定する．2つの変数の交互作用項をモデルに組み込むときは，その2つの変数をコロン（:）でつなげて表現する（それぞれの変数は量的変数（`numeric`）であっても質的変数（`factor`）であってもかまわない）．たとえば，年齢（`age`）と居住地域（`urban`）の交互作用項は`age:urban`と表せばよいので，それぞれの主効果（変数自体）とあわせて以下のように指定する．

```
> load("iwate.rda")
> res <- lm(friends ~ age + urban + age:urban, data=iwate)
> summary(res)
```
（以下出力結果，5行省略）
```
Coefficients:
                Estimate Std. Error t value Pr(>|t|)
(Intercept)      9.35135    0.96427   9.698  < 2e-16 ***
age             -0.10816    0.01722  -6.282 4.92e-10 ***
urban 都市      -2.40000    1.33268  -1.801   0.0720 .
age:urban 都市   0.06041    0.02475   2.441   0.0148 *
```
（以下略）

結果出力においても交互作用項の情報は「`age:urban 都市`」などのラベルで出力される．なお，2つの変数の主効果と交互作用項をすべて組み込む場合には「`*`」を使った簡略表記も可能である．つぎのモデル式は先ほどの式と全く同じ結果を返す．

```
> res <- lm(friends ~ age * urban, data=iwate)
```

交互作用の図示　2つの質的変数とそれらの交互作用を独立変数とする一般線形モデル（＝二元配置分散分析）の場合は，Rコマンダーの`plotMeans`関数か`effects`パッケージの`allEffects`関数が使える．

```
> library(Rcmdr)
> with(iwate, plotMeans(neighbors, education_c, urban,
+ error.bars="se", xlab="学歴", ylab="近所の知人数の平均", main=""))
> res <- lm(neighbors ~ education_c * urban, data=iwate)
> library(effects)
> plot(allEffects(res), ask=F)
```

`allEffects`関数は効果プロット（Fox 1987, 2003; Fox and Weisberg 2011）というアイディアをRに実装したもので，他のすべての変数を平均に固定したときにある変数が従属変数に与える影響（予測値）を計算してくれる．`allEffects`は，質的変数が2つという特定のモデルだけでなく，任意の数の量的変数と質的変数，および交互作用項の組合せにおいて使える便利な関数である．

【練習問題】

1.「岩手調査」において，近所の知人数（neighbors）を，年齢（age），学歴（質的変数；education_c），居住地域（urban），および学歴と居住地域の交互作用項で説明する一般線形モデルを作りなさい．
　（1）　回帰分析表の書式にしたがって結果をまとめなさい．
　（2）　効果プロットを図示しなさい．
　（3）　結果の解釈を文章でまとめなさい．
2.「岩手調査」において，市町村外の友人数（friends）を，世帯所得（11段階で測定し

た量的変数：Q38），年齢（age），居住地域（urban），および年齢と居住地域の交互作用項で説明する一般線形モデルを作りなさい．
(1) 回帰分析表の書式にしたがって結果をまとめなさい．
(2) 効果プロットを図示しなさい．
(3) 結果の解釈を文章でまとめなさい．

【参考文献】

Agresti, A. and B. Finlay, 2009, *Statistical Methods for the Social Sciences*（4th ed.），Pearson Educational International.

Fox, J., 1987, "Effects Displays for Generalized Linear Models," in C. Clogg ed., *Sociological Methodology 1987*（Volume 17），347-61, Sage.

Fox, J., 2003, "Effects Displays in R for Generalized Linear Models," *Journal of Statistical Software*, 8（15）: 1-27.

Fox, J. and S. Weisberg, 2011, *An R Companion to Applied Regression*（2nd ed.），Sage.

1-10　一般線形モデル③：情報量規準とモデル選択

複雑な因果関係の中から最も簡潔な原因の組合せを見つけ出す

【キーワード】
統計モデル，情報量規準，AIC，BIC，変数減少法，探索的研究，説明的研究

1……統計モデルの目的と評価基準

　これまで説明してきた回帰分析や分散分析などの一般線形モデルは，すべて統計モデルの一種である．**統計モデル**（statistical model）とは，複数の独立変数やそれらの交互作用を組み合わせた情報を使って，従属変数の値のばらつき（変動）を説明する数理モデルのことである．

　一般にモデルとは，複雑な現実の中に潜む本質的な特徴や因果メカニズムを理解するために，現実のごく一部の側面を取り出した（＝抽象化した）ものである．たとえば，飛行機は高度に複雑な物体であり，その特徴を簡単に把握することは容易ではないが，プラモデルというモデルを作ればその形状を理解するのに役立つし，紙飛行機というモデルを作ればそれがなぜ飛ぶのかというメカニズムを理解するのに役立つ（土場ほか編 2004）．

　統計モデルの場合も，従属変数の値の現実の変動をもたらしている無数の要因の一部を独立変数という形で取り出すことによって，因果の構造をなるべく単純な形で理解することを目的としている．したがって，無数に考えられるモデルの中からどれを選択すべきかは，つぎの相反する2つの基準のバランスをとりながら考えていく必要がある．

　モデル選択の第一の基準は，現実とよく似ていることである．精巧さに欠ける安物のプラモデルは買った人をがっかりさせるだろうし，せっかく紙飛行機を作っても飛ばなければ意味がない．これを統計モデルにあてはめると，現実のデータによりよくあてはまるモデル，つまりモデルによる従属変数の予測値と実測値とのズレの総和（＝残差平方和）がなるべく少ないモデルがよいモデルである．具体的には，誤差減少率（たとえば回帰分析であれば決定係数R^2）の大きいモデルがよい．

モデル選択の第二の基準は，単純であることである．現実の飛行機の細部を精巧に再現しようとするあまり，部屋に入りきれないくらい大きなプラモデルを作ってしまっては意味がないだろう．回帰分析の調整済み決定係数のところで説明したように，一般に統計モデルにおいては，独立変数やその交互作用など，使われる変数（＝**パラメータ**）の数を増やせば増やすほど，誤差減少率は上昇する．現実のデータに最もよく（完全に）あてはまるモデルは，ケース数と同じ数のパラメータを使うモデルである．しかし，それならばわざわざ抽象的なパラメータ（変数名等）に翻訳しなくても，データの値自体をじっくり観察した方が素直であろう．統計モデルにおけるパラメータの数はなるべく少ない方がよく，モデルの内部構造もなるべく単純にした方が（たとえば交互作用のあるモデルよりもないモデルの方が），因果構造の本質を理解するという統計モデルの目的にかなう．

2………モデルのよさを表す指標：情報量規準

　以上より，ある従属変数を説明するための複数の統計モデルの良し悪しは，あてはまりのよさとパラメータ数の少なさを考慮して判断することになる．重回帰分析の場合，1-5で説明した調整済み決定係数はこの2つの要素を両方考慮して定義されているから，複数のモデルを比較するときの単純な目安として使うことはできる．

　もっと一般的に，一般線形モデルでも次章以降で説明する二項ロジスティック回帰分析などでも，ほとんどすべての統計モデルで使えるように定義されたモデルのよさの指標を，**情報量規準**(information criterion)という．

　情報量規準はいろいろ存在するが，伝統的に最もよく使われてきたのは，赤池弘次の考案した**AIC**（Akaike's information criterion）である[1]．

$$AIC = -2 \times 最大対数尤度 + 2 \times パラメータ数 . \qquad (10.1)$$

最大対数尤度（maximum log likelihood）という言葉は初めて登場するが，さまざまな統計モデルにおけるモデルのあてはまりのよさを包括的に表現する概念である．最大対数尤度の値が大きいほど，モデルのあてはまりはよい．AICの定義ではこれに－符号がかかっており，第2項のパラメータ数も少ない方がよい

1　たとえば重回帰分析の場合，AICは具体的には
$$ケース数 \times \log\left(\frac{残差平方和}{ケース数}\right) + 2 \times (独立変数の数+1) と計算される．$$

のであるから，AICの値が小さいほどよいモデルである．

また，パラメータ数が増えることのデメリットをAICよりも厳しめに評価する **BIC**（Bayesian information criterion）という情報量規準も，近年よく使われるようになってきている．これも，値が小さいほどよいモデルである．

$$BIC = -2 \times 最大対数尤度 + \log(ケース数) \times パラメータ数 \quad (10.2)$$

3 ……… 変数の追加による説明力増加の有意性検定：F検定

モデル選択のもう1つの伝統的な基準は，ある変数（や複数の変数の組合せや交互作用項）を入れたモデルと入れないモデルとを比較し，変数の追加による説明力の増加が母集団でも有意といえるかどうかを調べることである．もし有意ならば，変数追加によるあてはまりのよさの増加というメリットが，パラメータ数の増加というデメリットを上回ると判断する．

一般線形モデルの場合，この検定は具体的には，パラメータを追加する前のモデル（A）と追加した後のモデル（B）における残差平方和から計算したF検定統計量

$$F = \frac{(モデルAの残差平方和 - モデルBの残差平方和)/増加したパラメータ数}{モデルBの残差平方和/(ケース数 - モデルBのパラメータ数 - 1)} \quad (10.3)$$

を，(10.3)式の分子分母の中のそれぞれの分母を2つの自由度とするF分布にあてはめておこなう（詳細はAgresti and Finlay 2009の13.4を参照）[2]．

4 ……… 変数減少法によるモデル選択

情報量規準やF検定に基づいて最良のモデルを選択する場合，具体的にどのように複数のモデルを比較していくのかという問題が生じる．たとえば，候補となる独立変数が5つある場合，それぞれの変数を入れるか入れないかは2通りずつあるので，理論的に可能なモデルの数は$2^5 = 32$個存在する．交互作用も考えると，組合せの数はさらに増える．これらのモデルのすべてでAICやBICの値を計算して値が最小のモデルを探したり，ましてや2つずつのモデル

---

[2] この検定は数学的には分散分析と全く同じ考え方である．つまり，分散分析とは単に複数の平均を比較する目的だけに使うものではなく，2つの統計モデルの説明力の差が有意であるかどうかを，誤差平均平方（つまり分散）の比に着目して調べる，汎用的な方法なのである．なお，追加する変数が1つの量的変数，または2つのカテゴリーをもつ（つまり1つのダミー変数で表現できる）1つの質的変数，またはこれらの交互作用項である場合，分散分析（F検定）の結果は，追加する項の係数の有意性のt検定の結果と一致する．

のペアを総当たりさせて F 検定をおこなうのは，現実的ではない[3]．

そこで伝統的によく用いられてきたのが，**変数減少法**（backward elimination procedure）とよばれる，つぎのような手続きである．(1) 候補となるすべての独立変数（場合によっては交互作用も）を投入したモデルを作成する．(2) もしそのモデルが何らかの基準（「どの 1 つの変数を取り除いても説明力が有意に減少する」や「どの 1 つの変数を取り除いても AIC の値が下がらない」）を満たさなければ，何らかの基準（たとえば「p 値が最大のもの」）に基づいてある 1 つの変数を削除し，(3) (2) の基準を満たすモデル（それ以上変数を減らせない最良のモデル）が見つかるまで何回でも続ける．

具体例で説明しよう．「岩手調査」で，市町村外の友人数を，年齢，学歴（量的変数扱い），一般的信頼[4]（量的変数扱い）およびこれらの 2 次の交互作用項で説明するモデルを考える（モデル 1 とよぼう）．

表 1　友人数の年齢，学歴，一般的信頼への回帰（モデル 1）

	係数		標準誤差	t 値	p 値
(切片)	2.58		4.61	0.56	0.58
年齢	−0.05		0.07	−0.75	0.46
学歴	4.16	**	1.52	2.73	0.01
一般的信頼	1.09		1.42	0.77	0.44
年齢×学歴	−0.03		0.02	−1.25	0.21
年齢×一般的信頼	−0.02		0.02	−1.20	0.23
学歴×一般的信頼	0.33		0.36	0.94	0.35

従属変数は市町村外の友人数．$N=1007$．** <.01．
$R^2=0.09336$, adj. $R^2=0.08792$, AIC=3314.362, BIC=3348.765．

結果は表 1 の通りである．交互作用項の係数はどれも有意でない．そこで，交互作用項のうち p 値が最も大きい，学歴と一般的信頼の交互作用項を削除したモデル（モデル 2）を検討してみよう[5]（表 2）．

---

[3] もっとも，コンピュータの処理速度が向上した現在では不可能なわけでもない．
[4] 「ほとんどの人は信頼できる」という質問に対する「そう思う」から「そう思わない」までの 4 件尺度での回答．
[5] 年齢や一般的信頼の主効果の方が p 値が高いが，交互作用項を残して主効果だけを削除するのは，特別な意図がない限りやめた方がよい．Fox and Weisberg (2011) の 4.4.4 を参照．

表2　学歴と一般的信頼との交互作用項を除去（モデル2）

	係数		標準誤差	t値	p値
(切片)	5.30		3.58	1.48	0.14
年齢	−0.07		0.06	−1.11	0.27
学歴	3.27	**	1.20	2.73	0.01
一般的信頼	2.14	*	0.87	2.45	0.01
年齢×学歴	−0.03		0.02	−1.23	0.22
年齢×一般的信頼	−0.03	†	0.02	−1.82	0.07

従属変数は市町村外の友人数。N=1007. **<.01, *<.05, †<.10.
R^2=0.09256, adj.R^2=0.08803, AIC=3313.25, BIC=3342.783.

モデル1と比較すると，決定係数（R^2）はたしかに小さくなっているが（0.09336 → 0.09256），調整済み決定係数（adj. R^2）は逆に若干大きくなっている（0.08792 → 0.08803）し，情報量規準であるAICやBICの値も下がっている．つまり，これらの数値から判断する限り，モデル2はモデル1よりもよいモデルであるといえる．

念のため，年齢と一般的信頼の交互作用項を入れないモデル（モデル2）と入れたモデル（モデル1）との間で分散分析をおこなってみると（10.3式を参照），F検定統計量は

$$F = \frac{(26716-26693)/1}{26693(1007-6-1)} = 0.8819$$

となり，5％水準で有意ではない．よって，この項は削除してもかまわない．

表3　4つのモデルの比較

	モデル1		モデル2		モデル3		モデル4	
(切片)	2.58		5.30		8.48	***	4.41	***
年齢	−0.05		−0.07		−0.13	**	−0.05	***
学歴	4.16	**	3.27	**	1.84	***	1.82	***
一般的信頼	1.09		2.14	*	2.19	*	0.59	**
年齢×学歴	−0.03		−0.03					
年齢×一般的信頼	−0.02		−0.03	†	−0.03	†		
学歴×一般的信頼	0.33							
R^2	0.09336		0.09256		0.09118		0.08791	
adj.R^2	0.08792		0.08803		0.08756		0.08519	
AIC	3314.362		3313.250		3312.780		3314.398	
BIC	3348.765		3342.783		3337.354		3334.057	

従属変数は市町村外の友人数．N=1007. *** <.001, ** <.01, * <.05, †<.10.

以下同様に，モデル2の交互作用項のうちp値が最も大きい年齢と学歴の交互作用項を除去したモデル3，モデル3から年齢と一般的信頼の交互作用項を除去したモデル4（交互作用項がすべてないモデル）を作成し，結果を1つの表に整理したのが表3である．

　モデルのよさにかんする4つの指標（R^2，adj. R^2，AIC，BIC）のそれぞれにおいて，最良のモデルと判断されるものを網掛けしてある．

　説明力だけに着目するR^2の場合，パラメータ数の最も多いモデル1が自動的に最良のモデルになる．このモデルではしかし，3つの交互作用項がすべて有意でなく，結果の解釈が困難である[6]．

　パラメータ数が増えたことによる影響を調整したときのモデルの説明力，つまりadj. R^2の場合は，モデル2が最良モデルになる．しかし，これもまだ有意でない交互作用項を含んでいる（一般にもadj. R^2はモデル選択の基準としてはあまり使われない）．

　情報量基準であるAICによればモデル3が，BICによればモデル4が最良と判定される．上述のようにBICはAICよりもパラメータ数が少ないモデルを好むが，実際このデータでもBICが選んだモデル4には5％水準で有意でない項が1つも含まれていないから，結果の解釈はしやすいだろう．

5 ……… 探索的研究 vs. 説明的研究

　以上のようなモデル選択の手続きは，**探索的研究**（exploratory research），つまりどのような変数が従属変数に影響を与えるかがよくわからない段階での分析には適した方法である．しかし社会学における多くの研究は，**説明的**（explanatory）もしくは**仮説検証的**（theory driven），つまりどのような変数が影響を与えそうかが先行研究や一般理論によってある程度事前に予想できる状態で，それが本当にデータと適合するかを検討するタイプのものである．

　AICやBICはモデル選択の1つの目安にはなるが，それに頼り切って，因果にかんする実質的な考察をおろそかにしてはならない．

---

[6] 年齢と一般的信頼の主効果も有意になっていないが，交互作用のある一般線形モデルの場合，主効果の係数は切片の値が0でないかどうかを問題にしているだけなので，それが有意でないからといって主効果自体が有意でないとは即断できない．主効果の有意性を調べるには，主効果およびそれが含まれる交互作用項をすべて除去したモデルと元のモデルを比較する必要がある．Rではこれは，**car**パッケージに含まれる**Anova**関数（標準パッケージの**anova**関数とは別のもの）が出力するType II分散分析表によって判断できる（Fox and Weisberg 2011）．

【Rによる実習】
モデルの修正と比較　Rに限らず，本章で説明したようなモデル選択をおこなう場合は，欠損値の扱いに注意が必要である．モデルに投入する変数の数が減るにつれて，分析されるケース，つまりすべての変数において1つも欠損値がないものの数は増えるからである．よって，最初に投入するすべての変数で欠損値のないケースからなる部分的なデータセットを作っておくとよい．

```
> load("iwate.rda")
> subdata <- na.omit(iwate[,c("friends", "age", "education",
+ "Q19B")])
```

すべての変数を投入したモデルの概要とAIC，BICをまず確認する．モデル式の「(a + b)^2」とは，変数a, bとその2次の交互作用項をすべて投入する場合の簡略表記である．**extractAIC**はモデルオブジェクトの自由度とAICを返す．「k=log(ケース数)」というオプションをつけるとBICを返す．

```
> mod.full <- lm(friends ~ (age + education + Q19B)^2,
data=subdata)
> summary(mod.full)
> extractAIC(mod.full)
> extractAIC(mod.full, k = log(nrow(subdata)))
```

つぎに，mod.fullの中でp値が最大の学歴（education）と一般的信頼（Q19B）との交互作用項を削除したモデルを **mod.rev** として作成してみよう．モデルの一部を修正するには **update** 関数を使う．第2引数の「. ~ .」は従属変数（~の前）と独立変数（~の後）として，とりあえず第1引数に指定したモデルを使うことを意味する．その後に，削除したい独立変数は「-」，追加したい独立変数は「+」をつけて記述していく．

```
> mod.rev <- update(mod.full, .~. -education:Q19B)
> summary(mod.rev)
> extractAIC(mod.rev)
> extractAIC(mod.rev, k = log(nrow(subdata)))
```

mod.revとmod.fullとの説明力の差が有意であるかどうかは，**anova**関数を使って確認できる．「**Pr(>F)**」がp値に相当する．

```
> anova(mod.rev, mod.full)
```

step関数による自動選択　本文の最後で注意したように，社会学における多変量解析ではなるべく上記のように1つ1つ意味を考えながら手動で変数を選択していくのが望ましいが，探索的に変数選択をしたい場合は**step**関数を使うことができる．デフォルトではAICを基準として，最良のモデル（どの変数を削除してもAICが減らないモデル）が見つかるまで修正を繰り返す．出力される途中経過の各モデルでは，最初にそのモデルのAICが示され，1つずつ変数を除去したときのAICが各行に表示される．**step**関数の変数選択によって最後に到達した最良モデルは，オブジェクトとして保存できる．

```
> mod.opt.aic <- step(mod.full)
Start:  AIC=3314.36
friends ~ (age + education + Q19B)^2

                 Df Sum of Sq    RSS    AIC
- education:Q19B  1    23.541  26716 3313.2
- age:Q19B        1    38.391  26731 3313.8
- age:education   1    41.384  26734 3313.9
<none>                         26693 3314.4
（以下略）
```

112

```
> summary(mod.opt.aic)
```
選択の基準として BIC を使いたい場合は，「**k=log(** ケース数 **)**」オプションをつける（途中経過の出力では「**AIC=**」と表示されるが，実際は BIC になっている）．
```
> mod.opt.bic <- step(mod.full, k = log(nrow(subdata)))
```

【練習問題】

「岩手調査」において，近所の知人数（neighbors）を，年齢（age），学歴（education），加入組織数（local_assocs），居住地域（urban），およびそれらすべての 2 次の交互作用項で説明する一般線形モデルを作りなさい．
(1) AIC および BIC の値の変化に注意しながら，変数減少法により手動でモデル選択をおこないなさい．結果は本文表 3 のようにまとめること．
(2) (1) で到達した最終モデルを，**step** 関数を使った場合と比較しなさい（AIC と BIC のそれぞれについて）．

【参考文献】

Agresti, A. and B. Finlay, 2009, *Statistical Methods for the Social Sciences*（4th ed.），Pearson Educational International.
Crawley, M. J., 2005, *Statistics: An Introduction using R*, John Wiley & Sons.（= 2008, 野間口謙太郎・菊池泰樹訳『統計学：R を用いた入門書』共立出版.）
土場学ほか編，2004，『社会を〈モデル〉でみる：数理社会学への招待』勁草書房．
Fox, J. and S. Weisberg, 2011, *An R Companion to Applied Regression*（2nd ed.），Sage.

1-11 二項ロジスティック回帰分析①：モデルの概要と係数の解釈

ある特性を持つかどうかの確率を別の変数から予測する

【キーワード】
ロジット，対数オッズ，二項ロジスティック回帰モデル，一般化線形モデル

1 ……… 2値変数を線形モデルで予測する：二項ロジスティック回帰モデル

これまで説明してきた一般線形モデルは，独立変数は量的変数でも質的変数でもよかったが，従属変数は量的変数でなければならなかった．しかし，社会学的研究においては，質的変数を説明したい場合がしばしばある．たとえば，1-2で分析した「地域愛着」は，感じるか感じないかで分ければ2値の（=2つの値をとる）質的変数になる．

2値変数が従属変数(Y)になる場合，個々のケースが現実にとれる値は2つ（通常ダミー変数と同様に0と1を割り当てる）しかない．n個の独立変数の情報を用いてその値を予測する場合，0になるか1になるかという二者択一ではあまりにも大雑把すぎるから，値1をとる確率（通常成功確率という）pがどの程度になるかを推測するのが妥当だろう．これを仮に一般線形モデルと同様の式に表すとすれば

$$\hat{Y} = \hat{p} = b_0 + b_1 X_1 + \cdots + b_n X_n \tag{11.1}$$

となる（この式は実際には使われない）．

ここで問題になるのは，pは確率なので，定義上0以上1以下の値しかとりえないことである．回帰分析であれ分散分析であれ，式(11.1)の右辺は，原理的にはマイナス無限大からプラス無限大までどんな値にもなりうる．しかし，たとえば「ケースiの従属変数Yの値が1になる確率の予測値は−4.572である」などと言われても，意味不明であろう．

この問題を解決するための工夫が，(11.1)の左辺を確率$\hat{p}$自体ではなく，**ロジット**（logit）とよばれる確率$\hat{p}$の関数に置き換えることである[1]．確率$\hat{p}$の

---

[1] ロジスティック変換（logistic transformation）ともいう．

ロジットはつぎの式で定義される[2]．

$$\hat{Y} = \text{logit}(\hat{p}) = \log\frac{\hat{p}}{1-\hat{p}}. \tag{11.2}$$

$\log$ の独立変数は $\frac{\hat{p}}{1-\hat{p}}$ であるが，これは成功（＝1をとる）確率 $\hat{p}$ の失敗（＝0をとる）確率 $1-\hat{p}$ に対する比，すなわち成功のオッズである．つまり，ロジットとは成功オッズの対数（**対数オッズ** log-odds）のことである．

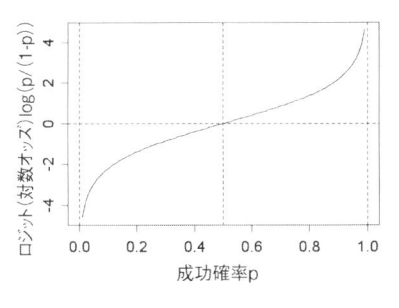

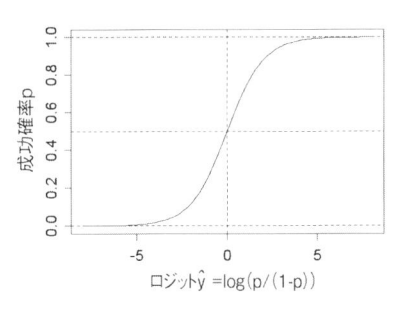

(1) 確率 → ロジット（式(11.2)）　　　(2) ロジット → 確率（式(11.3)）

図1　成功確率 p とロジット（対数オッズ）$\log\frac{p}{1-p}$ との関係

(11.2)式をグラフにしたもの，つまり横軸に成功確率 $\hat{p}$，縦軸に logit $(\hat{p})$ をとって両者の関係を表したのが図1(1)である．横軸（$\hat{p}$）の目盛は0から1までに限定されているのに対し，縦軸（logit $(\hat{p})$）の目盛はもっと広い範囲をカバーしている．数学的には logit $(\hat{p})$ はマイナス無限大からプラス無限大までの値をとりうるので，式(11.1)の左辺にもってきても先述の問題は生じない．

一方，ロジットがわかれば，(11.2)式を逆に解いてもとの成功確率 $\hat{p}$ を計算することもできる[3]．

$$p = \frac{\exp(\text{logit}(\hat{p}))}{1+\exp(\text{logit}(\hat{p}))} = \frac{\exp(\hat{Y})}{1+\exp(\hat{Y})}. \tag{11.3}$$

この式(11.3)，すなわちロジット（＝線形モデルの予測値 $\hat{Y}$）を横軸，従属変数の成功確率 $\hat{p}$ を縦軸にとると，図1(2)のグラフになる．ロジットのとりうる

2　log は対数（logarithm）関数である（1-12のコラム参照）．
3　$\exp(x)$ は正式には e^x と書くべきもので，印刷の都合上（上付きの式が見にくくなるので）このように表記することが多い．e は自然対数の底とよばれる数で，e^x は e を底とする指数（exponential）関数である（1-12のコラム参照）．

値はマイナス無限大からプラス無限大までだが，確率$\hat{p}$に変換すれば0から1までに収まることを確認しよう[4]。

以上より，2値変数を従属変数にする場合は，独立変数の線形式による予測値$\hat{Y}$を，従属変数が値1をとる確率pのロジットと解釈すればよいことがわかる。つまり，

$$\hat{Y} = \text{logit}(\hat{p}) = b_0 + b_1 X_1 + \cdots + b_n X_n. \tag{11.4}$$

(11.4)式で表現される統計モデルを，**二項ロジスティック回帰モデル**(binary logistic regression model)という。また，より一般的に，予測値が従属変数自体ではなく，それを何らかの関数で変換したものである線形な統計モデルを，**一般化線形モデル**(generalized linear model)という[5]。

2………二項ロジスティック回帰モデルによる予測値の意味

具体例で計算してみよう。「岩手調査」において，地域愛着(Y)を居住地域(村落=0，都市=1のダミー変数；D_1)，年齢(量的変数；X_2)，近所の知人数(量的変数；X_3)の3つの独立変数で説明する二項ロジスティック回帰モデルを考える。モデル式は

$$\hat{Y} = \text{logit}(\hat{p}) = \log\left(\frac{\hat{p}}{1-\hat{p}}\right) = b_0 + b_1 D_1 + b_2 X_2 + b_3 X_3 \tag{11.5}$$

である。

一般化線形モデルでは，係数は最小二乗法ではなく**最尤法**(最大尤度法；method of maximum likelihood)という方法で推定する。実質的にはソフトウェアがないと計算できない。

表1　地域愛着の居住地域，年齢，近所の知人数へのロジスティック回帰

	係数b (＝対数オッズ比)	$\exp(b)$ (＝オッズ比)
(切片)	−0.094	0.910
都市ダミー	−0.030	0.970
年齢	0.025	1.025
近所の知人数	0.050	1.051

上の例の場合，各係数b_iの推定値は表1の1列目のようになる。これを(11.5)式に代入すると

---

[4] 図1(2)のS字型の曲線をロジスティック曲線(logistic curve)という。
[5] これまで説明してきた一般線形モデル(general linear model)とは異なるので注意。

$$\text{logit}(\hat{p}) = -0.094 - 0.03D_1 + 0.025X_2 + 0.05X_3 \tag{11.6}$$

となる.

あるケースがそれぞれの独立変数で具体的にとっている値をこの式 (11.6) に代入すれば,一般線形モデルの場合と同様に,そのケースの予測値(=確率のロジット)が計算できる.たとえば,都市に住み ($D_1=1$),年齢が40歳で ($X_2=40$),近所に知人が3人いる ($X_3=3$) 人の場合,地域に愛着を持っている確率のロジット,つまり対数オッズは

$$\text{logit}(\hat{p}) = -0.094 - 0.03 \times 1 + 0.025 \times 40 + 0.05 \times 3 = 1.086$$

と予測される.これを式 (11.3) を使って確率 $\hat{p}$ に変換すれば

$$\hat{p} = \frac{\exp(\text{logit}(p))}{1 + \exp(\text{logit}(p))} = \frac{\exp(1.086)}{1 + \exp(1.086)} = 0.748$$

となる.つまり,この人が地域に愛着を持っている確率は0.748(74.8%)程度と推定することができる.

3……二項ロジスティック回帰モデルにおける係数の意味

つぎに,各独立変数の係数 b の意味を考えてみよう.

一般線形モデルの場合と同様に,複数の独立変数を含む線形モデルにおける各変数の係数は,他のすべての変数の値が変わらないという前提のもとで,その変数の値が1単位増えたときに,従属変数の値が何単位増えるかを意味している.

上の例の場合,たとえば年齢 X_2 の係数 b_2 は0.025であるが,これは他の2つの変数 D_1 と X_3 の値を固定したときに(つまりそれらの変数を統制したときに),年齢が1歳上がると,地域愛着 Y の予測値(=対数オッズ)が0.025増えることを意味している.先ほどの例では,その人の年齢がもし40歳ではなく41歳であれば,地域愛着の対数オッズは1.086ではなく1.111になる(確率で言えば0.748から0.752).

しかし,予測値の対数オッズという概念は,直感的にはやや理解しにくい.そこで,式 (11.5) の両辺の指数をとってみると

$$\frac{\hat{p}}{1-\hat{p}} = \exp(b_0) \times \exp(b_1 D_1) \times \exp(b_2 X_2) \times \exp(b_3 X_3) \tag{11.7}$$

という予測式が得られる.(11.5) の右辺が足し算だったのに対し,(11.7) の右辺は掛け算になっていることに注意しよう.

式 (11.7) の左辺は，従属変数の成功オッズになっている．したがって，先ほどと同様に，もし他の変数の値がすべて同じで年齢X_2だけが1歳上がったとすると，

$$e^{b_2(X_2+1)} = e^{b_2 X_2 + b_2} = e^{b_2 X_2} e^{b_2}$$

だから，左辺の成功オッズはもとの値$e^{b_2 X_2}$のe^{b_2}倍，すなわち$\exp(b_2)$倍になることがわかる．

上の例であれば，年齢が40歳のときに地域に愛着を持っているオッズは$\exp(1.086) = 2.962$だったものが，年齢が1歳上がって41歳になるとオッズは$\exp(b_2) = \exp(0.025) = 1.025$倍，すなわち$2.962 \times 1.025 = 3.036$になる．

独立変数が質的変数（ダミー変数）の場合は，この見方はさらに有益である．たとえば居住地域（D_1）が村落（$D_1 = 0$）から都市（$D_1 = 1$）に変わると，地域愛着のオッズは$\exp(b_1) = \exp(-0.03) = 0.97$倍になる．これは要するに，居住地域と地域愛着とでクロス表を作ったときのオッズ比であるが，年齢と近所の知人数を統制した上のものであることが，居住地域と地域愛着との単なるクロス表におけるオッズ比（＝単純関連）とは異なる．

このように，ロジスティック回帰の係数の推定値を解釈するときは，係数そのものよりもその指数（表1の2列目）を使った方がわかりやすい[6]．

【Rによる実習】
一般化線形モデル `glm`（generalized linear model）関数を使う．モデル式の書式や結果（モデルオブジェクト）の扱いは`lm`関数と同じである．ひとつだけ異なるのは，従属変数に仮定する誤差分布を指定することである．二項ロジスティック回帰分析の場合は，誤差成分に二項分布を仮定するので，`binomial`というオプションをつける．

```
> load("iwate.rda")
> res <- glm(q8a_d ~ urban+age+neighbors, data=iwate, binomial)
> summary(res)
（以下出力結果，6 行省略）
Coefficients:
             Estimate Std. Error z value Pr(>|z|)
 (Intercept) -0.093962   0.367585  -0.256 0.798244
 urban 都市  -0.030244   0.185575  -0.163 0.870538
 age          0.025330   0.006735   3.761 0.000169 ***
 neighbors    0.049915   0.012805   3.898 9.69e-05 ***
（以下省略）
```

---

[6] 量的変数の係数の指数は通常の意味での（つまりクロス表における）オッズ比とは異なるが，その量的変数の値が1単位増えたときと増える前のオッズを比較した比ではあるので，まとめてオッズ比とよぶのが慣例である．

係数の指数（＝オッズ比）を計算するには **exp** 関数を使う．**coef** は係数を取り出す．
```
> exp(coef(res))
```
たとえばつぎのように工夫すると，係数とオッズ比を見やすく並べて出力できる．
```
> round(cbind("b"=coef(res),"exp(b)"=exp(coef(res))),3)
                b exp(b)
(Intercept) -0.094  0.910
urban 都市   -0.030  0.970
age          0.025  1.026
neighbors    0.050  1.051
```

【練習問題】

「岩手調査」において，地域愛着(q8a_d)を，年齢(age)，学歴(education)，加入組織数(local_assocs)に回帰させるロジスティック回帰モデルを作りなさい．

(1) 地域愛着の対数オッズの予測式（式（11.6）に相当）を示しなさい．
(2) それぞれの変数のオッズ比を計算し，係数とあわせて表1の様式でまとめなさい．
(3) 年齢が40歳，学歴が大卒（education=3），加入組織数が2個の人が地域愛着を持っている確率の予測値を計算しなさい．
(4) 年齢と学歴を統制したとき，加入組織数が1個増えると地域愛着を持つ確率のオッズは何倍になるか．

【参考文献】

Agresti, A. and B. Finlay, 2009, *Statistical Methods for the Social Sciences*（4th ed.），Pearson Educational International.
Fox, J. and S. Weisberg, 2011, *An R Companion to Applied Regression*（2nd ed.），Sage.
藤井良宣，2010,『カテゴリカルデータ解析』共立出版．
太郎丸博，2005,『人文・社会科学のためのカテゴリカル・データ解析入門』ナカニシヤ出版．

1-12 二項ロジスティック回帰分析②：係数とモデルの検定

社会全体でもそれぞれの変数が
ある特性を持つ確率の予測に役立つかを調べる

【キーワード】
Wald 検定，尤度比検定，尤度比統計量，逸脱度分析，疑似決定係数

1 ……… 係数の信頼区間

二項ロジスティック回帰分析においても，データが標本から得られたものである場合は，母集団における係数の信頼区間や検定が問題になる．

まず係数の信頼区間については，回帰分析の場合と同様に，各推定値の標準誤差の情報を用いることになる．具体的には，95％信頼区間であれば，「推定値 ± 1.96 × 標準誤差」と計算すればよい[1]．

分析例として，「岩手調査」において，地域愛着を従属変数，居住地域（都市ダミー），年齢，近所の知人数を独立変数とする二項ロジスティック回帰分析の結果を見てみよう（表1）．たとえば，都市ダミーの係数 b の推定値は -0.030，標準誤差は 0.186 であるから，95％信頼区間の下限は $-0.030 - 1.96 \times 0.186 = -0.395$，上限は $-0.030 + 1.96 \times 0.186 = 0.333$ と計算される．

表1　地域愛着の居住地域，年齢，近所の知人数への二項ロジスティック回帰

	係数 b	標準誤差	bの信頼区間 下限	bの信頼区間 上限	exp (b)	exp(b)の信頼区間 下限	exp(b)の信頼区間 上限
（切片）	−0.094	0.368	−0.812	0.631	0.910	0.443	1.879
都市ダミー	−0.030	0.186	−0.395	0.333	0.970	0.674	1.396
年齢	0.025	0.007	0.012	0.039	1.026	1.012	1.040
近所の知人数	0.050	0.013	0.026	0.076	1.051	1.026	1.079

ところで前章で説明したように，二項ロジスティック回帰分析における各変数の係数は，その変数の値が1増えたときの従属変数の予測値の対数オッズの

---

[1] この方法で求めた信頼区間を厳密には Wald 信頼区間という．一般化線形モデルにおける係数の信頼区間を求めるもう1つのやり方は，尤度比統計量を用いることである．特にサンプルサイズが小さいときは，後者の方がよいとされる（Agresti 2007: 84）．

変化量，つまり対数オッズ比を表す．対数オッズは直感的にはわかりにくいので，できればオッズ比の信頼区間を示した方がわかりやすい．オッズ比の推定値が係数bの推定値の指数（$= \exp(b)$）として計算されたのと同様に，オッズ比の信頼区間の下限と上限も，対応する対数オッズ比，つまり係数bの信頼区間の下限と上限の指数をとればよい．たとえば都市ダミーの場合，対数オッズ比の95%信頼区間の下限は-0.395なので，オッズ比の信頼下限は$\exp(-0.395) = 0.674$，上限は$\exp(0.333) = 1.396$と計算される．

2 ……… 係数の検定（1）：Wald検定

一般線形モデルの場合と同様に，係数の信頼区間がわかれば，母集団における帰無仮説が棄却できるかどうかの検定もおこなうことができる．

多重（multiple）ロジスティック回帰分析，すなわち独立変数が2つ以上ある二項ロジスティック回帰分析において，特定の1つの変数の係数が有意であるかどうかを検定する際の帰無仮説は，母集団において（他のすべての変数を統制したときに）その変数が従属変数に影響を与えていない，つまり条件つき関連がない，という命題である．

係数b，つまり対数オッズ比は，条件つき独立のときに0になる．よってbの95%信頼区間で判断する場合は，それが0を含んでいなければ帰無仮説は5%水準で棄却される．これに対して，係数bの指数，つまりオッズ比は，条件つき独立のときに1になる．よって，$\exp(b)$の95%信頼区間で判断する場合は，それが1を含んでいなければ帰無仮説が5%水準で棄却される．

対数オッズ比とオッズ比は同じことの言い換えに過ぎないから，bで判断しても$\exp(b)$で判断しても結果は同じである．上の例の場合，都市ダミーは5%水準で有意でないが，年齢と近所の知人数は有意である．

この考え方に基づく検定は，わざわざ信頼区間を求めなくても，推定値から計算された検定統計量をある確率分布にあてはめれば実行できる．たとえば回帰分析の場合は，係数の推定値を標準誤差で割った値（t値）をt分布もしくは標準正規分布にあてはめて判断した（1-5を参照）．同じことを二項ロジスティック回帰分析の結果表で示すには，表2のように記述すればよい．

表2　表1の二項ロジスティック回帰分析の係数の有意性のWald検定

	係数b	標準誤差	Wald検定統計量		p値	
			z値	χ^2値$(=z^2)$		
(切片)	−0.094	0.368	−0.256	0.065	0.798	
都市ダミー	−0.030	0.186	−0.163	0.027	0.871	
年齢	0.025	0.007	3.761	14.145	0.000	***
近所の知人数	0.050	0.013	3.898	15.195	0.000	***

　3列目の「z値」とは，係数bを標準誤差で割った値である．この検定統計量は標準正規分布にしたがうから，両側検定をおこなえばよい．一方，4列目の「χ^2値」とは，先ほどのz値を2乗したものである．この検定統計量は自由度1のカイ二乗分布にしたがう．

　自由度1のカイ二乗分布は標準正規分布にしたがう確率変数の2乗がしたがう分布だから，この2つの検定は事実上同じことである（Agresti 2007: 11）．これを提唱者の名前にちなんで**Wald検定**（Wald test）という．したがって，論文等でWald検定統計量を示すときはz値でもχ^2値でもよいが（どちらか一方だけで十分である），二項ロジスティック回帰分析の場合はつぎに説明する尤度比検定との類比も視野に入れて，χ^2値で記載することが多い．

3………係数の検定（2）：尤度比検定（逸脱度分析）

　一般化線形モデルにおいて各独立変数，または複数の独立変数の組合せが，母集団でも従属変数に対する説明力があるといえるか，を判断するためのより一般的な検定が，尤度比検定である．

　回帰分析などの一般線形モデルにおいて，モデル全体の説明力，つまり従属変数の変動（平均からのズレ）のうちどの程度をモデルによる予測が解消したかを表す指標を誤差減少率（具体的には決定係数や相関比）といい，それが母集団においても0ではないかどうかを検定する際には，モデル分散と残差分散との比をF分布にあてはめて判断するのであった（分散分析）．従属変数の誤差が正規分布にしたがうとは限らない一般化線形モデルにおいても，基本的には同じ考え方で，モデル全体の説明力や特定の変数の説明力を検定することができる．

　前章で触れたように一般化線形モデルでパラメータを推定するときには最尤法という方法を使うが，これは直感的にいうとそのモデルがデータにどの程度あてはまっているか（＝もっともらしいか）の指標である尤度(likelihood)を最大にするようなパラメータ値の組合せを求めることである．

一般に統計モデルにおいては，パラメータの数を増やすほど，データへのあてはまりはよくなる．理論的には，ケース数と同じ数のパラメータを使えば，モデルによる予測はデータと完全に一致する（次章の対数線形モデルを参照）．このようなモデルを**飽和モデル**(saturated model)という．

　飽和モデルに含まれるパラメータ（＝独立変数）を1つずつ減らしていくにつれて，モデルの尤度は小さくなっていく．おそらくその過程のどこかに，われわれがいま考えている複数個の独立変数を投入したモデルが位置するだろう．そして，そこからさらにパラメータを減らしていくと，最小のモデルは切片b_0のみで，つまり他の変数の情報を全く用いずに従属変数を説明しようとするものだろう．これを**零モデル**(null model)という．

　このように，あるモデルが別のモデルのパラメータのすべてを含んだ上で1つまたは複数個のパラメータを追加したものであるとき，2つのモデルは互いに**階層的**(hierarchical)な関係にあるという．一般に互いに階層的な関係にあるモデルA（パラメータ数a）の尤度をL_A，モデルB（パラメータ数b）の尤度をL_Bとしたとき（$a > b$），それらの尤度の比の対数に-2をかけたもの，すなわち

$$G^2 = -2\log\left(\frac{L_B}{L_A}\right) = -2\bigl(\log(L_B) - \log(L_A)\bigr) \tag{12.1}$$

を，**尤度比統計量**(likelihood ratio statistic)という[2]．

　母集団では$L_A = L_B$であるという帰無仮説をおくとき，この尤度比統計量は，自由度$a - b$（つまり2つのモデルにおけるパラメータ数の差）のカイ二乗分布にしたがうことが知られている．よって，この尤度比統計量の値が当該自由度のカイ二乗分布に照らして十分に大きいとき（たとえばp値が0.05未満であるとき），上の帰無仮説は棄却され，母集団においても$L_A > L_B$，つまりモデルAはモデルBよりもデータにあてはまっている，あるいはモデルAで追加した1つまたは複数個の独立変数は従属変数に対する説明力をもっている，と判断することができる．この検定を，**尤度比検定**(likelihood ratio test)という．

---

[2]　(12.1)式からわかるように，尤度の比の対数は対数尤度（尤度の対数をとったもの）の差と同じであるから，モデルAの対数尤度に-2を掛けた値（$-2LL_A$）とモデルBの対数尤度に-2を掛けた値（$-2LL_B$）をあらかじめ計算しておけば，尤度比統計量は$G^2 = 2LL_A - 2LL_B$と簡単に計算できる．

表3　表1の二項ロジスティック回帰分析の尤度比検定と疑似決定係数

	モデルN		モデルM-1		モデルM	
	係数b		係数b		係数b	
(切片)	1.526	***	0.195		−0.094	
都市ダミー			−0.237		−0.030	
年齢			0.029	***	0.025	***
近所の知人数					0.050	***
−2×対数尤度(−2LL)	851.3		827.9		809.6	
自由度(N−パラメータ数)	906		904		903	
モデルMとの−2LLの差	41.7	***	18.4	***		
モデルMとの自由度の差	3		1			
p値	0.000		0.000			
Nagelkerke R^2			0.042		0.074	

従属変数は地域愛着. $N=907$. *** < .001.
注)網掛け部分の情報は,普通はモデルMの列に記載する.

　この考え方を使うと，まず今考えているモデルが全体として説明力を持っているかどうか（一般線形モデルにおける誤差減少率の検定に相当）は，今考えているモデルMと零モデルNとの間で尤度比検定をおこなえばよいことがわかる．

　そこで表3でモデルNとモデルMの尤度を比べてみると，−2×対数尤度の差は851.3 − 809.6 = 41.7である[3]．この2つのモデルの自由度の差，つまりモデルMの独立変数の数は3であるから[4]，自由度3のカイ二乗分布にあてはめればよい．5％限界値は7.815であるから，尤度比統計量は5％水準で有意である．つまり，このモデルに投入されている居住地，年齢，近所の知人数という3つの変数をあわせた情報は，地域愛着に対する説明力を母集団でも持っているといえる．

　同様に，モデルの中の1つまたは複数の独立変数の組合せが母集団において有意な説明力を持つかどうかも，尤度比検定によって確認できる．たとえば表3のモデルM−1は，モデルMの独立変数から近所の知人数だけを取り除いたものである．この2つのモデルの−2×対数尤度の差は827.9 − 809.6 = 18.4であり，自由度の差は1であるから，自由度1のカイ二乗分布にあてはめればよい．5％限界値は3.841なので,尤度比統計量はやはり5％水準で有意である．これは，いま取り除いた近所の知人数という独立変数が，母集団において地域愛着に対する説明力を持っていることを意味しており，表2のWald検定で近所の知人

---

[3]　モデル全体の説明力を表すこの尤度比統計量を尤度比 χ^2 またはモデル χ^2 などとよぶ．
[4]　なお，独立変数に質的変数が含まれているときは，ダミー変数の数だけパラメータ数が増えることに注意．質的変数の関係する交互作用項があるときも同様．

数が有意であったことと対応している.

このように,尤度比検定はモデルないし独立変数の組合せの(追加的)説明力を評価するものであり,一般線形モデルにおける分散分析(analysis of variance)に相当するものである.一般に尤度比統計量を逸脱度(deviance)とよぶため,この検定を**逸脱度分析**(analysis of deviance)とよぶこともある.

4………モデルのあてはまりの指標:疑似決定係数

最後に,一般線形モデルにおける誤差減少率,つまり回帰分析における決定係数や分散分析における相関比のような指標は,一般化線形モデルではどのように定義されるだろうか.

平方和がきれいに分解できる一般線形モデルと異なり,一般化線形モデルではいろいろな定義の仕方が存在するが,最もよく使われるのは**Nagelkerkeの疑似決定係数**(Nagelkerke pseudo R^2)であろう.これは当該モデルと零モデルとの尤度比を用いて定義されるもので,原理的には決定係数と同様に0から1までの値をとり,値が大きいほどモデルの説明力が大きいと判断する[5].

表3を見ると,モデルMのNagelkerke R^2は0.074,モデル$M-1$のNagelkerke R^2は0.042であるから,近所の知人数という変数は地域愛着に対して相対的に大きな説明力をもっていることがわかる.

5………分析結果の表示例

以上を踏まえて,二項ロジスティック回帰分析の結果を論文等で過不足なく示すには,たとえば表4のようにすればよい.分析例は,表1のモデルに居住地域と近所の知人数の交互作用を加えたモデルである.

表4 表1のモデルに居住地域と近所の知人数の交互作用を加えたモデル

	係数	標準誤差	オッズ比	
(切片)	0.239	0.387	1.271	
都市ダミー	−0.580	0.246	0.560	*
年齢	0.024	0.007	1.024	***
近所の知人数	0.021	0.014	1.021	
都市ダミー×近所の知人数	0.107	0.033	1.113	**

$-2LL$=791.1, モデルχ^2=54.18 ***, Nagelkerke R^2=0.095.
従属変数は地域愛着.N=907.* < .05,** < .01,*** < .001.

---

5 詳しい定義はLong (1997: 102-106)などを参照.なお同書106ページで$R^2_{C\&U}$とよばれているものが,Nagelkerke R^2に相当する.

【R による実習】
信頼区間と Wald 検定 本章では複数のモデルを比較するので，1-10 で説明したように最初に欠損値を取り除いた分析用の部分データセットを作っておこう．

```
> load("iwate.rda")
> subdata <- na.omit(iwate[,c("q8a_d", "urban", "age",
+ "neighbors")])
```

表 1 のモデルをまず **glm** 関数で作成する．係数，標準誤差，p 値，Wald 検定の結果は，通常の **summary** 出力で把握できる．

```
> mod.m <- glm(q8a_d ~ urban + age + neighbors, data=subdata,
+ binomial)
> summary(mod.m)
（以下出力結果，5 行分省略）
Coefficients:
            Estimate Std. Error z value Pr(>|z|)
(Intercept) -0.093962   0.367585  -0.256 0.798244
urban 都市  -0.030244   0.185575  -0.163 0.870538
age          0.025330   0.006735   3.761 0.000169 ***
neighbors    0.049915   0.012805   3.898 9.69e-05 ***
（2 行分省略）
    Null deviance: 851.27  on 906  degrees of freedom
Residual deviance: 809.56  on 903  degrees of freedom
AIC: 817.56
```

係数の信頼区間を求めるには **confint**，オッズ比を求めるには **coef** で係数を取り出してから **exp**，オッズ比の信頼区間を求めるには **confint** と **exp** を組み合わせればよい．

```
> confint(mod.m) # 係数 b（対数オッズ比）の 95% 信頼区間
> exp(coef(mod.m)) # exp(b)（オッズ比）
> exp(confint(mod.m)) # オッズ比の 95% 信頼区間
```

尤度比検定 尤度比検定をおこなうには，まず比較したい 2 つのモデルを準備する．たとえば上で作成した本文でいうモデル M と切片のみの零モデル N とを比較するには，**update** 関数などを使って零モデルを作成する．「~」の右の「**1**」は，切片の意味である．

```
> mod.null <- update(mod.m, .~ 1)
```

2 つのモデルの比較をおこなうには，一般線形モデルと同じく **anova** 関数が使える．

```
> anova(mod.null, mod.m)
Analysis of Deviance Table
Model 1: q8a_d ~ 1
Model 2: q8a_d ~ urban + age + neighbors
  Resid. Df Resid. Dev Df Deviance
1       906     851.27
2       903     809.56  3   41.712
```

出力結果の 2 行目と 3 行目で，比較している 2 つのモデルの中身が確認できる．その下にある「**Resid. DF**」はそれぞれのモデルの自由度，「**Resid. Dev**」はそれぞれのモデルの −2LL つまり対数尤度の −2 倍，「**DF**」は 2 つのモデルの自由度の差，「**Deviance**」は −2LL の差つまり尤度比統計量を表す．いまの例では，尤度比統計量が 41.712，自由度の差が 3 であることがわかる．これがカイ二乗分布に照らして有意であるかどうかを検定するには，カイ二乗分布の p 値を計算する **pchisq** 関数を使えばよい．5% 水準で十分有意であることが確認できる．

```
> pchisq(41.712, df=3, lower.tail=F)
```

        [1] 4.618337e-09
なお，このようにモデル全体の尤度比検定をおこなうことはよくあるので，わざわざ零モデルを別に作成して**anova**関数を使わなくても，もとのモデルの結果出力（前頁参照）の最下部に，零モデルの$-2LL$と自由度（**Null Deviance**）と当該モデルのそれら（**Residual Deviance**）は表示されている．なので，これらの数値を使って手計算で尤度比統計量と自由度の差を求めて**pchisq**関数に投入してもよい．

逆にこのような丸めた数値ではなく厳密に計算したい場合は，つぎのようにしてもよい．
```
> pchisq((mod.null$deviance - mod.m$deviance),
+ (mod.null$df.residual - mod.m$df.residual), lower.tail=F)
```
一方，零モデルとの比較ではなく1つまたは複数個の独立変数を取り除いたモデルとの比較をおこなう場合は，そのようなモデルを作成し，少なくとも$-2LL$の値は把握しなければならない．たとえば近所の知人数を取り除いたモデル $M-1$ ともとのモデル M を比較するには，以下のようにすればよい．
```
> mod.m1 <- update(mod.m, .~. -neighbors)
> anova(mod.m1, mod.m)
> pchisq((mod.m1$deviance - mod.m$deviance),(mod.m1$df.residual
- mod.m$df.residual), lower.tail=F)
```
Nagelkerke R^2 **glm**関数では残念ながら計算してくれないが，**Design**パッケージの**lrm**関数を使えば出力される．「R2」という項目がそれである．
```
> library(Design)
> lrm(q8a_d ~ urban + age + neighbors, data=subdata)
```

【練習問題】

「岩手調査」の問19bでは，「ほとんどの人は信頼できる」と思うかどうかをたずねている．また問30(1)では，同じ市町村と違う市町村のそれぞれについて，よく飲みに行く友人の数を聞いている．そこで，よく飲みに行く人が多いほど人を信頼するかどうかを確かめたい．

(1) 縦軸を一般的信頼ダミー（q19b_d：思わない[基準カテゴリー]，思う），横軸を違う市町村のよく飲みに行く友人数（q30s1_b_u50）とする散布図を描きなさい．

(2) 従属変数を一般的信頼ダミー，独立変数をよく飲みに行く違う市町村の友人数（q30s1_b_u50）として二項ロジスティック回帰分析を行いなさい．独立変数のオッズ比とその95%信頼区間も計算し，係数，標準誤差とともに表1のような様式にまとめなさい．

(3) 従属変数を一般的信頼ダミー，独立変数をよく飲みに行く違う市町村の友人数（q30s1_b_u50）とよく飲みに行く同じ市町村の友人数（q30s1_a_u50）の2つとする二項ロジスティック回帰分析を行い，(2) と同様にまとめなさい．

(4) 2つのモデルの$-2LL$，モデルχ^2，Nagelkerke R^2 を求め，表4を拡張して2つのモデルを並列して表示しなさい．それをもとに，2つのモデルの違いを解釈しなさい．

【参考文献】

Agresti, A., 2007, *An Introduction to Categorical Data Analysis* (2nd. ed.), John Wiley & Sons.
Fox, J. and S. Weisberg, 2011, *An R Companion to Applied Regression* (2nd ed.), Sage.
藤井良宜，2010，『カテゴリカルデータ解析』共立出版．
Long, J. S., 1997, *Regression Models for Categorical and Limited Dependent Variables*, Sage.

COLUMN 指数と対数……堀内史朗

漫画『ドラえもん』に，どんな物体も 5 分ごとに 2 倍に増殖する「バイバイン」という薬の話が出てきます．のび太くんは一つしかなかった栗まんじゅうにバイバインをかけて，大量に増殖した栗まんじゅうに大満足．ところがつい栗まんじゅうを食べ残してしまい，残った栗まんじゅうは大変な勢いで増殖してしまいます…．

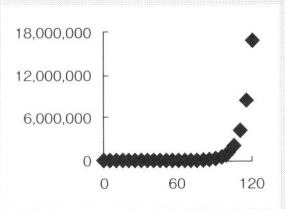

この話のオチは皆さんで確認していただくとして，なぜ栗まんじゅうの増殖に手がつけられなくなるのかを図で確認してみましょう．右の図は，横軸が時間（単位は分），縦軸が栗まんじゅうの個数を表しています．初めはゆっくりと増殖する栗まんじゅうですが，2 時間が経過するころには 1,600 万個を超えてしまいます．

時間と栗まんじゅうの関係は以下の**指数関数**で理解できます．
$n = 2^t$ として，t は経過した時間（単位は分）を 5 で割った整数値，n は栗まんじゅうの個数です．5 分経過して t が 1 増えるにつれ，n が 2 倍になります．120 分後には，$t = 120 / 5 = 24$ なので，$n = 2^{24}$ となります．2 を 24 回かけ合わせた値は 1600 万を超えることを，実際に電卓などで計算してみてください．
では逆に，栗まんじゅうの数が，たとえば世界の人口である 60 億を超えるのにはどのくらいの時間が必要でしょうか．この答えを知るためには，

$$6{,}000{,}000{,}000 \geq 2^{t-1} \text{ かつ } 6{,}000{,}000{,}000 < 2^t$$

を満たす t を求めればよい．答えは

$$t-1 \leq \log_2 6{,}000{,}000{,}000 < t$$

を解く事で得られます（答えは $t = 33$，つまり 165 分後です）．一般化して，栗まんじゅうの個体数が n になるのに必要な t は以下の**対数関数**

$$t = \log_2 n$$

として理解できます（指数関数における t, n との対応関係に注意）．

以上では，指数関数，対数関数どちらについても**底**を 2 としていました．底をネイピア数 e とすることで得られる，以下の関数

$$y = e^x, \quad y = \log_e x$$

を使うのが一般的です．左図が指数関数，右図が対数関数の曲線をあらわしています．ネイピア数 e はおおよそ 2.718 です．底を e とする対数を**自然対数**と呼びます．e は非常に重要な数であり，様々な重要公式（$e^{i\pi} + 1 = 0$ など）が発見されています．

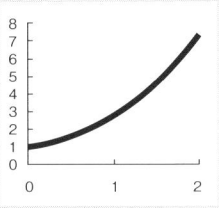

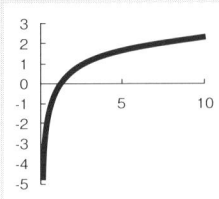

COLUMN　アドルノ他『権威主義的パーソナリティ』……赤堀三郎

　文明の発達とともに人類の幸福も増していく．かつて，そう信じられていた時代があった．だが20世紀前半を通じて，二度の世界大戦が，そしてホロコーストと呼ばれる大量虐殺が起こり，このような楽観主義は粉々に打ち砕かれていった．文明が進めば進むほど，かえって野蛮で悲惨な事態を招いてしまうのはなぜなのか．この問題の答えを執拗に追い求めたのが，ドイツのフランクフルト社会研究所に結集した人々，すなわちフランクフルト学派と呼ばれる研究者たちである．

　1930年代を通じ，ドイツではナチスの支配が進み，フランクフルト学派の人々の多くは迫害を逃れるために国を離れた．やがて社会研究所は，一時的に米国に拠点を移すことになる．フランクフルト学派の一員であるテオドール・W・アドルノもまた，英国を経て米国に移住した．ここで彼は，カリフォルニア大学バークレー校の研究グループとの共同研究に従事する．フランクフルト学派の理論的・思弁的研究と，米国流の経験的・実証的研究は，水と油と言ってもいいほど相性が悪い．だが両者は，ファシズムという共通の敵の前で一致団結し，奇跡のコラボを実現させた．その成果が本書『権威主義的パーソナリティ』である．

　民主主義が実現したはずのドイツにおいてナチスが権力を掌握できたのはなぜか．人々の性格の研究が，その答えの鍵を握るとアドルノたちは考えた．これを踏まえて本書では，権威主義的な性格傾向を測定するために，調査票調査および自由回答型の面接調査，心理学的な面接調査，そして面接記録の質的分析など，多面的なアプローチ法がとられている（ただし邦訳は原著の全訳ではなく部分訳である）．この中で特筆すべきは，調査票の一連の質問項目から構成される「ファシズム尺度」（F尺度，Fスケール）である．F尺度によって測定されるのは，強い者にはこびへつらうくせに弱い者には威圧的に振る舞い，迷信を信じ，偏見に凝り固まり，反省することは少ない性格類型，つまり「権威主義的パーソナリティ」である．民主的であるかのように見える米国においても，人々の間で権威主義的パーソナリティが広く浸透していた．よって，ファシズム的な宣伝が効果的に行われれば，多数の米国人がそれに同調してしまう潜在的危険性もあるということになる．このような衝撃的な研究成果は，大きな議論を巻き起こした．

　本書は理論研究として，また経験研究として，満足のいく水準に達しているのか．また，理論研究と経験研究との融合はうまくいっているのか．こういったことに関しては，問題点が多々指摘されてきている．たとえば調査票調査の標本サイズは2,000ケースほどだったが，ランダムサンプリングではないなど，調査方法への批判も少なくない．だが幼少時よりピアノに親しみ，一時はウィーンに行き作曲家を目指してもいたアドルノにとっては，権威主義という主題をさまざまに変奏させ，相異なる背景をもつ研究者たちの「セッション」で作り上げたという意味では，この『権威主義的パーソナリティ』も一種の音楽作品なのではなかろうか．そう考えると，本書の味わいもますます深まることであろう．

【文献】
Adorno, Theodor W., Else Frenkel-Brunswik, Daniel J. Levinson and R. Nevitt Sanford, 1950, *The Authoritarian Personality*, New York: Harper and Brothers. (= 1980 [部分訳]，田中義久・矢澤修次郎・小林修一訳，『権威主義的パーソナリティ』青木書店．)

1-13　ログリニア分析

複数の質的変数同士の関連の構造を探索的に分析する

【キーワード】
対数線形モデル，飽和モデル，均一連関モデル，条件つき独立モデル

1 ……… クロス表のセル度数を一般化線形モデルで予測する

本章では，3つ以上の質的変数同士の関連の構造を分析するための洗練された手法であるログリニア分析を紹介する．これを使うと，1-2で説明した三元クロス表のエラボレーションのような作業が簡単にできるようになる．

まず単純な例として二元クロス表，つまり2つの質的変数同士の関連を考えてみよう．1-2で登場した，岩手調査における居住地域(村落，都市)と地域愛着(感じる，感じない)との関連を再掲する(表1)．

表1　居住地域と地域愛着の二元表

(1) 観測度数

居住地域(X)	地域愛着(Y)		計
	感じる	感じない	
村落	541	93	634
都市	440	106	546
計	981	199	1,180

(2) 2変数が独立な場合の期待度数

居住地域	地域愛着		計
	感じる	感じない	
村落	527.1	106.9	634
都市	453.9	92.1	546
計	981	199	1,180

表1の(1)は観測度数，(2)は2つの変数(居住地域と地域愛着)が独立であると仮定したときに予測される各セルの度数(期待度数)を表している．

2変数が独立である場合の各セルの期待度数は，「周辺度数の積を全体度数で割ったもの」になるのであった[1]．たとえば表1(2)の左上のセル，つまり「村落」に居住していて地域愛着を「感じる」人の期待度数は

　「村落」の人数×「感じる」の人数÷全人数 = 634 × 981 ÷ 1180 = 527.1 人

と計算される(網掛けを参照)．

---

[1]　「周辺比率の積に全体度数をかけたもの」と計算しても同じことである．

表2　クロス表と対数線形モデルで使われる記号の一覧

(1) 度数の予測値と周辺度数の記号

変数X	変数Y		
	値1	値2	計
値1	$\hat{\mu}_{11}$	$\hat{\mu}_{12}$	n_1^X
値2	$\hat{\mu}_{21}$	$\hat{\mu}_{22}$	n_2^X
計	n_1^Y	n_2^Y	N

(2) 対数線形モデルのパラメータ

変数X	変数Y		
	値1	値2	計
値1	λ_{11}^{XY}	λ_{12}^{XY}	λ_1^X
値2	λ_{21}^{XY}	λ_{22}^{XY}	λ_2^X
計	λ_1^Y	λ_2^Y	λ

同様の計算により，表1 (2) の4つのセルの期待度数はつぎの4本の式で表現できる(記号の対応関係は表2 (1) を参照).

$$[527.1 =] \ \hat{\mu}_{11} = n_1^X \times n_1^Y \div N \ [= 634 \times 981 \div 1180] \tag{13.1}$$

$$[106.9 =] \ \hat{\mu}_{12} = n_1^X \times n_2^Y \div N \ [= 634 \times 199 \div 1180] \tag{13.2}$$

$$[453.9 =] \ \hat{\mu}_{21} = n_2^X \times n_1^Y \div N \ [= 546 \times 981 \div 1180] \tag{13.3}$$

$$[92.1 =] \ \hat{\mu}_{22} = n_2^X \times n_2^Y \div N \ [= 546 \times 199 \div 1180] \tag{13.4}$$

ここで，これらの式の両辺の対数をとってみよう[2]（[ ] 内に記入した数値は，対数線形モデルによる具体的なパラメータ推定値である）．

$$[6.267 =] \ \log \mu_{11} = \lambda_1^X + \lambda_1^Y - \lambda \ [= 0.075 + 0.798 + 5.395] \tag{13.5}$$

$$[4.672 =] \ \log \mu_{12} = \lambda_1^X + \lambda_2^Y - \lambda \ [= 0.075 - 0.798 + 5.395] \tag{13.6}$$

$$[6.118 =] \ \log \mu_{21} = \lambda_2^X + \lambda_1^Y - \lambda \ [= -0.075 + 0.798 + 5.395] \tag{13.7}$$

$$[4.523 =] \ \log \mu_{22} = \lambda_2^X + \lambda_2^Y - \lambda \ [= -0.075 - 0.798 + 5.395] \tag{13.8}$$

(13.1) 〜 (13.4) 式の右辺が3つの項の積の形になっていたのに対し，(13.5) 〜 (13.8) の右辺は3つの項の和になっている．これは対数の演算規則の特性によるものである．

複数のパラメータからなる右辺の線形式から左辺の値を予測する統計モデルは，数学的には一般化線形モデルの一種として処理することができる．1-11と12で説明した二項ロジスティック回帰分析は2値変数のロジットを左辺におく一般化線形モデルであったのに対し，いま考えているモデルはクロス表のセル度数の対数を左辺においている．このように，クロス表の各セルの度数の対数を各変数の周辺度数や交互作用項によって予測する一般化線形モデルを，**対数線形モデル**(log-linear model)とよぶ[3]．

(13.5) 〜 (13.8) 式の右辺に登場する計5個のパラメータを最尤法によって

---

[2] λ はローマ字の l (エル) に相当するギリシャ文字で，ラムダと読む．
[3] SSM 調査（コラム参照）等を用いて社会移動を研究する日本の社会学者の間では，このモデルを用いた多重クロス表の関連構造の分析は伝統的に**ログリニア分析**とよばれてきた．

推定すると，以下のようになる[4]．

$\lambda_1^X = 0.075, \lambda_2^X = -0.075, \lambda_1^Y = 0.798, \lambda_2^Y = -0.798, \lambda = -5.395.$

これらを(13.5)〜(13.8)式に代入すれば，左辺の推定値，つまりクロス表の各セルの期待度数の対数が計算できる．たとえば(13.5)の $\log \hat{\mu}_{11} = 6.267$ は1行1列(＝左上)のセル，つまり「村落」に居住していて地域愛着を「感じる」人の期待度数の対数である．$\exp(6.267) = 526.9$ だから，丸め誤差を無視すれば，たしかに居住地域と地域愛着が独立である場合のこのセルの期待度数(表1(2)を参照)を予測できている．

これに対して，2つの変数が独立でないと仮定する場合は，(13.5)〜(13.8)式の末尾に λ_{ij}^{XY} という項を追加する．

$$6.293 = \log \hat{\mu}_{11} = -\lambda + \lambda_1^X + \lambda_1^Y + \lambda_{11}^{XY} \tag{13.9}$$

$$4.533 = \log \hat{\mu}_{12} = -\lambda + \lambda_1^X + \lambda_2^Y + \lambda_{12}^{XY} \tag{13.10}$$

$$6.087 = \log \hat{\mu}_{21} = -\lambda + \lambda_2^X + \lambda_1^Y + \lambda_{21}^{XY} \tag{13.11}$$

$$4.663 = \log \hat{\mu}_{22} = -\lambda + \lambda_2^X + \lambda_2^Y + \lambda_{22}^{XY} \tag{13.12}$$

λ_{ij}^{XY} は，2つの変数が独立であると仮定したときの期待度数とクロス表の実際の観測度数との差を調整するための，各セルに固有の項である．これらの項を追加したときに(13.9)〜(13.12)式が予測する左辺のセル度数は，クロス表の観測度数と一致する．たとえば(13.9)の $\log \hat{\mu}_{11} = 6.293$ の指数をとると $\exp(6.293) = 540.8$ になるが，これは丸め誤差を無視したときの左上のセル，つまり「村落」に居住していて地域愛着を「感じる」人の観測度数(541人，表1(1)を参照)に一致している．

2………複数のモデルのあてはまりのよさを比較する

二元表で2つの変数が独立であるときの期待度数を予測するだけならば，わざわざ対数線形モデルを使わなくても(13.1)〜(13.4)のような計算をすれば十分である．対数線形モデルのメリットは，変数間の関連について異なる仮定をおいた複数のモデルのうち，どれが適切であるかを比較できることにある．対数線形モデルは一般化線形モデルの一種なので，1-12で説明した尤度比統計

---

[4] λ_1^X と λ_2^X など，同じ変数の複数の値のパラメータの和が0になっていることに注意しよう．これはパラメータを推定するときの制約のおき方の1つの方法であるが，これ以外の制約のもとでパラメータを推定してもかまわない．制約条件が違えば具体的なパラメータ推定値は異なるが，セル度数の対数(＝左辺)の推定値は同じになる．

量や1-10で説明した情報量規準(AICやBIC)を使えるからである.

先ほどのような二元表の場合，考えられるモデルは2変数が独立な場合(式(13.5)〜(13.8))と，独立でない場合，つまり交互作用項を考える場合(式(13.9)〜(13.12))の2通りしかない．交互作用を考えるモデルによる予測は，実際のセル度数つまりデータに完全に一致するから，1-12で説明した**飽和モデル**(saturated model)に相当する．したがって，尤度比統計量 G^2 は0である．

これに対して，交互作用を考えないモデル，つまり2変数が独立であると仮定したモデル(**独立モデル** independence model)の予測値は，(2変数が本当に独立でない限り)実際のセル度数とは異なる.

たとえば上の居住地域と地域愛着との関連の場合，独立モデルの尤度比統計量 G^2 は4.698と計算される．式(13.5)〜(13.8)と(13.9)〜(13.12)を比べると，モデルに追加されたパラメータは λ_{ij}^{XY} 1つだけなので，飽和モデルと比較したときの尤度比統計量 G^2 の差 4.698 − 0 = 4.698 は，自由度1のカイ二乗分布にしたがう．この分布の5%限界値は3.841であるから，独立モデルは5%水準で有意である．つまり，独立モデルの実際のデータ(=飽和モデル)からのズレ(あてはまりの悪さ)は，母集団でも存在すると判断してよい．よって，独立モデルよりも飽和モデルの方が，母集団を説明するモデルとして適切である[5].

3 ……… 三元クロス表における関連の構造

変数間の関連が独立であるかないかの2通りしかない二元表に対し，3つ以上の変数からなる多元クロス表における変数間の関連の構造は，はるかに複雑になる．たとえば三元表の場合，考えられる関連のパターンは全部で9種類存在する(表3).

表3　三元表における3変数 X, Y, Z の関連のパターン

No.	名称	表記	備考
1	飽和モデル	[XYZ]	X, Y, Z間の3次の交互作用項あり
2	均一連関モデル	[XY][XZ][YZ]	
3	条件つき独立モデル	[XY][XZ]	YとZが条件つき独立
4		[XY][YZ]	XとZが条件つき独立
5		[XZ][YZ]	XとYが条件つき独立
6	1変数独立モデル	[XY][Z]	ZがXともYとも独立
7		[XZ][Y]	YがXともZとも独立
8		[X][YZ]	XがYともZとも独立
9	独立モデル	[X][Y][Z]	

飽和モデル (No.1) はセルの数と同数のパラメータを使うもので，各セルの観測度数に完全に一致する．よって，尤度比統計量G^2は必ず0である．これに対して独立モデル (No.9) は，どの2つの変数間にも，単純関連も（第三変数を統制したときの）条件つき関連も全く見られない場合である．このとき，クロス表の各セルの期待度数は，3つの変数の周辺度数と総度数のみから説明される．

(1) 1変数独立 (Zが独立)　　(2) 条件つき独立 (XとYが条件つき独立)

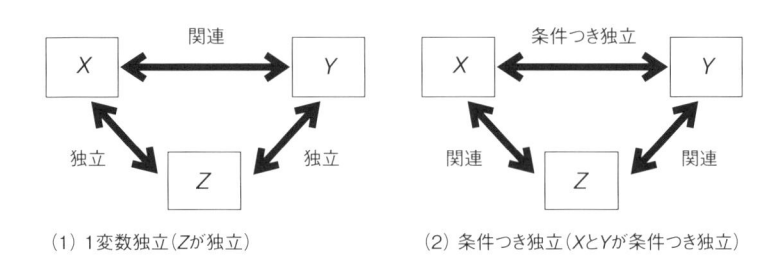

図1　1変数独立モデルと条件つき独立モデル

　1変数独立モデルは，ある変数が他の2つの変数のどちらとも独立になっている場合である．たとえば，表3のNo.6は，Zが独立になっている（図1 (1)）．このとき，XとYとの間には関連があるが，XとYとの単純関連はZを統制したときの条件つき関連と等しい．

　条件つき独立モデル (conditional independence model) は，ある2つの変数のペアのみが，他の変数を統制したときに条件つき独立になる場合である．たとえば表3のNo.5は，XとYのペアのみが条件つき独立になっている（図1 (2)）．つまり，XとYとの間に単純関連は見られるものの，第三変数Zを統制するとその関連が消える（＝条件つき独立）というものであり，このときXとYとの関係は疑似関係であるか媒介関係であるかのどちらかである．

　均一連関モデル (homogeneous model：No.2) は，どの2つの変数の間にも条件つき関連が見られる場合，つまり第三変数を統制しないときの単純関連とは異なる条件つき関連が見られる場合であり，このとき条件つき関連の強さはすべて同じになる．

5　二元表の場合，以上の結論（＝2変数が母集団において独立でない）は，いわゆる独立性のカイ二乗検定をおこなった場合と同じである．実際，上のデータにおけるピアソンのχ^2統計量（各セルの観測度数と期待度数との差の2乗を期待度数で割った値の総和）は4.711であり，自由度1のカイ二乗分布にあてはめると，やはり5％水準で有意である．一般に，ピアソンχ^2と尤度比統計量G^2はほぼ同じ値になる．

4………対数線形モデルによるモデル選択

そこで，1-2で分析した居住地域(U)と地域愛着(T)と年齢(A：55歳以上と54歳以下に2分割)との3変数間の関連について，上の9パターンのうちどれが最も妥当かを，対数線形モデルで検討してみよう(表4)．

表4 居住地域(U)，地域愛着(T)，年齢(A)の対数線形モデル

No.	モデル	G^2	自由度	p値	AIC	BIC
1	[UTA]	0.0	0	1.000	16.0	54.8
2	[UT][UA][TA]	0.1	1	0.791	14.0	47.9
3	[UT][UA]	15.1	2	0.001	27.1	56.2
4	[UT][TA]	7.2	2	0.027	19.2	48.3
5	[UA][TA]	3.0	2	0.223	15.0	44.1
6	[UT][A]	23.7	3	0.000	33.7	57.9
7	[UA][T]	19.6	3	0.000	29.6	53.8
8	[U][TA]	11.6	3	0.009	21.6	45.8
9	[U][T][A]	28.1	4	0.000	36.1	55.5

p値とは，尤度比統計量G^2を対応する自由度のカイ二乗分布にあてはめたときの上側確率であり，モデルが(母集団においても)データにフィットしているかどうかを表している．

通常の仮説検定においては，実際に証明したい命題とは反対の命題を帰無仮説として設定するので，p値が5%よりも小さい場合に帰無仮説が棄却され，本来主張したかった調査仮説が支持される．つまり，p値は小さい方がよい．

これに対して，今のようにデータによくあてはまるモデルを探索的に探しているときは，データとの乖離はむしろ少ない方がよい．対数線形モデルの場合，データとの乖離度は尤度比統計量G^2によって表現されている．表4の数値例で見ると，飽和モデル(No.1)が$G^2 = 0$つまりデータと完全一致しているのに対し，独立モデル(No.9)はG^2が最も大きい．つまりデータから最もズレている．ただし，一般に統計モデルにはパラメータの数が多いほどデータにあてはまりやすくなる性質があるから，パラメータ数が減った効果は調整する必要がある．そこで，G^2を自由度の異なるカイ二乗分布にあてはめて実質的な乖離度を測ったのがp値である．

したがって，対数線形モデルによるモデル選択においては，基本的にp値は大きい方がよい．具体的には，少なくとも0.05よりは大きいこと(つまり5%水準で有意でないこと)が望ましい．しかしながら，逆にp値があまりに大きすぎ

るモデル，典型的にはそれが1である飽和モデルは，少ないパラメータでデータをよりよく予測するという統計モデルのもう1つの要求を満たさない．よって，0.05よりは大きく，かつ1よりは小さいモデルの中から，最適なものを選んでいくことになる．表4の例の場合，この条件を満たすモデルは均一連関モデル(No.2)と居住地域(U)と地域愛着(T)との条件つき独立モデル(No.5)である．

このようにp値が上の条件を満たすモデルが複数ある場合は，その中からさらに最適なものを選ぶことになる．目安として役立つのが1-10で説明した情報量規準，つまりAICやBICである．表4を見ると，AICが最小なのはNo.2，BICが最小なのはNo.5である．

先ほどのp値の情報ともあわせて総合的に考えると，このデータの場合モデルNo.5が最もよいと判断することができるだろう．つまり，居住地域と地域愛着と年齢について，年齢と他の2変数との間には条件つき関連が残るが，居住地域と地域愛着との関連のみは，年齢を統制すれば条件つき独立だということであり，1-2の条件つきオッズ比での分析結果が支持されたことになる．このときの居住地域と地域愛着との関係を，年齢とこれらの変数との間の因果の向きから疑似関係と解釈できるのは，1-2と同様である．

5………対数線形モデルとロジスティック回帰分析との関係

対数線形モデルとロジスティック回帰分析は，どちらも一般化線形モデルの一種なので，数学的には非常に親近性が高い．よって，データの性質や分析目的に応じてうまく使い分けていくことが望ましい．

対数線形モデルは，3つ以上の質的変数間の関連の構造を探索的に調べていくのに適している．よって，変数間に明確な因果関係を事前に想定しないときや，従属変数が2つ以上ある場合は，すべての変数間の交互作用を一括して扱える対数線形モデルが便利である[6]．

一方，ロジスティック回帰分析は，因果仮説がはっきりしていて従属変数が1つだけ存在する場合に，対数線形モデルよりも結果の解釈がしやすい．本書で説明したのは従属変数が2値の場合，つまり二項ロジスティック回帰分析のみであるが，ロジスティック回帰分析は，3つ以上の値をもつ従属変数(＝多項ロジットモデル)や，値に順序性のある従属変数(＝比例オッズモデル)にも容易

---

6 このような分析がおこなわれる代表的な例として，社会移動にかんする時代比較や国際比較研究が挙げられる．社会移動研究におけるログリニア分析の有用性については，吉田・近藤（2010）の解説がわかりやすい．

に拡張することができる[7]．さらに，対数線形モデルはすべての変数が質的変数でなければならないが（量的変数の場合はいくつかのカテゴリーに分割して扱う必要がある），ロジスティック回帰分析では量的変数をそのまま独立変数として投入できるのも利点である．

【Rによる実習】
対数線形モデル 対数線形モデルでもモデル選択が中心になるので，まず岩手調査のデータのうち分析に関係する変数のみを含む部分データセットを作っておこう．

```
> load("iwate.rda")
> subdata <- na.omit(iwate[,c("q8a_d","urban","age_d")])
```

Rで対数線形モデルを分析するときは，標準パッケージに含まれる**loglin**関数（藤井 2010）や**glm**関数（Fox and Wesberg 2011）を使うこともできるが，総合的に見ると**MASS**パッケージの**loglm**関数が一番使いやすい．

loglm関数は個票レベルデータを直接分析できないので，**xtabs**関数を使ってまず多元クロス表を作成してから**loglm**関数に投入する．

```
> (tbl.U.T.A <- xtabs(~ urban + q8a_d + age_d, data=subdata))
```

loglm関数では，**lm**や**glm**と同様のモデル式を使える．「~」の左側には本来セル度数に相当する変数名がおかれるべきであるが，**loglm**関数の場合は省略できる．最初に飽和モデルを指定してみよう．飽和モデルは3変数間にすべての（=3次までの）交互作用項があるモデルであるが，Rのモデル式で表すときはすべての変数を「*」でつなげばよい．

```
> library(MASS)
> (mod.UTA <- loglm(~ urban * q8a_d * age_d , data=tbl.U.T.A))
（以下出力結果，3行省略）
Statistics:
                  X^2 df P(> X^2)
Likelihood Ratio   0   0     1
Pearson            0   0     1
```

Likelihood Ratioの行の**X^2**が尤度比統計量G^2，**df**が自由度，**P(> X^2)**がp値である．このモデルのAICやBICを求めるには，**extractAIC**関数を使う．出力結果の1番目の数値が自由度，2番目の数値がAICもしくはBICである．

```
> extractAIC(mod.UTA) # AIC
[1]  8 16
> extractAIC(mod.UTA, k=log(sum(tbl.U.T.A))) # BIC
```

他のモデルの諸指標を同様に確認していくには，**update**関数を使って不要な交互作用項を順次削除していけばよい．たとえば均一連関モデルは飽和モデルから3次の交互作用項（urban:q8a_d:age_d）を取り除いたモデルなので，以下のように作成する．

```
> (mod.UT.UA.TA <- update(mod.UTA, .~. -urban:q8a_d:age_d))
```

なお，**loglm**で作成したモデルを探索的に選択していくときにも**step**関数が使える．たとえばBICを基準にすれば，本文のように[UA][TA]モデルが選択される．

```
> mod.opt.bic <- step(mod.UTA, k=log(sum(tbl.U.T.A)))
```

---

[7] 詳しくは太郎丸（2005）やFox and Weisberg（2011）を参照．

【練習問題】

「岩手調査」の問 19 の C では「私は，少なくとも人並みには価値のある人間である」と思うかどうかをたずねている．この変数（q19c_d）と，性別（male），学歴（education_c）との関連を調べたい．
 (1) これらの変数間の三元クロス表を作成しなさい．
 (2) これらの変数間で考えられる関連のすべてを対数線形モデルで分析し，本文表 4 にならって各種指標をまとめなさい．
 (3) どのモデルを採択すべきかを理由を含めて説明し，そのモデルを解釈しなさい．

【参考文献】

Agresti, A., 2007, *An Introduction to Categorical Data Analysis*（2nd. ed.）, John Wiley & Sons.
Fox, J. and S. Weisberg, 2011, *An R Companion to Applied Regression*（2nd ed.）, Sage.
藤井良宜，2010，『カテゴリカルデータ解析』共立出版．
太郎丸博，2005，『人文・社会科学のためのカテゴリカル・データ解析入門』ナカニシヤ出版．
吉田崇・近藤博之，2010，「移動表の分析とログリニア・モデル」川端亮編，『データアーカイブ SRDQ で学ぶ社会調査の計量分析』ミネルヴァ書房，31-45.

COLUMN　SSM調査（社会階層と社会移動全国調査）……佐藤嘉倫

　SSM (Social Stratification and Social Mobility) 調査は1955年から10年毎に実施されている，日本社会学界を代表する調査の1つである．第1回SSM調査は，国際社会学会から社会階層と社会移動の国際比較プロジェクトへの協力依頼があり，日本社会学会の事業として行われた．その後は，安田三郎・西平重喜（1965年），富永健一（1975年），直井優（1985年），盛山和夫（1995年），佐藤嘉倫（2005年）が研究代表者となり，継続的に調査が実施された．社会階層に関するほぼ同じ質問を50年にわたり6回も尋ねている調査は世界に類がなく，長期にわたる社会階層構造の変動や社会移動パターンの時系列的変化の有無を検証することができる．

　もちろん，6回の調査すべてにおいて社会階層と社会移動が中心テーマになっているが，各回毎の特色もある．1955年調査では祖父の職業も尋ねているので，祖父から父親を経由して本人にいたる世代間移動を分析することができる．1965年調査では，代表者の安田三郎が自ら開発した開放性係数（通称：安田係数）を用いて，詳細な世代間移動分析を行った．1975年調査では，出身背景から学歴，初職を経て現職にいたる地位達成過程を厳密に分析できるパスモデルが用いられるようになった．1985年調査では，初めて女性が調査対象になり，女性の社会移動やジェンダー格差の分析が可能になった．また対数線形モデルやイベントヒストリー分析のような高度な統計手法による研究も進められた．1995年調査では，バブル経済とその崩壊を受けて，「豊かさの中の不平等」を中心的なテーマとした研究が行われた．2005年調査では，労働市場の流動化によって生じた格差問題を正面から取り上げるとともに，SSM調査としては初めて韓国と台湾でも調査を行い，3ヶ国の比較が可能になった．さらに，労働市場の流動化の影響をもっとも受けている若年層を対象とした調査も行った．

　このように，SSM調査では，最先端の統計手法を用いながら，社会階層と社会移動に関する研究を推進してきた．しかし，2005年調査では，SSM調査が焦点を当ててきた職業階層だけでなく，正規雇用と非正規雇用という従業上の地位も格差を生み出す大きな要因であることが明らかになった．このことを踏まえて今後は分析枠組の再構築が期待される．

回	実施年	代表者	主な成果
第1回	1955年	日本社会学会	『日本社会の階層的構造』
第2回	1965年	安田三郎・西平重喜	『社会移動の研究』
第3回	1975年	富永健一	『日本の階層構造』
第4回	1985年	直井優	『現代日本の階層構造』全4巻
第5回	1995年	盛山和夫	『日本の階層システム』全6巻
第6回	2005年	佐藤嘉倫	『現代の階層社会』全3巻

【文献】
原純輔，1998，「SSM調査の歴史と展望」，『よろん』，82: 74-86．
佐藤嘉倫，2008，「2005年社会階層と社会移動調査の概要」，『よろん』，102: 53-55．
佐藤嘉倫，2010，「現代日本の階層調査」，日本社会学会社会学事典刊行委員会（編），『社会学辞典』，378-379, 東京：丸善．

1-14 多くの変数の中から回答パターンの似ているものをグループ分けする

数量化Ⅲ類

【キーワード】
対応分析,数量化Ⅲ類,布置図,テキストマイニング

1 ……… 数量化Ⅲ類,対応分析とは何か

和食を好む人は日本酒を,洋食を好む人はワインを,中華料理を好む人は紹興酒を飲む.そしてビールは誰もが飲む.このような関係を頭に浮かべることはないだろうか.この点について,調査データを用いて解析しようとすると,食事の好みについての質的変数と,ふだん飲むお酒についての質的変数を扱うこととなる.この2変数によるデータをこれまで学んだ手法で分析するためには,二元クロス表を作成し独立性の検定 (χ^2検定) を行うこととなる.しかし,2変数の関連の有無は分析できたとしても,具体的な値と値の間の関連を分析することはできない.対応分析は,このような質的変数間の関連を,値の関連を含めて分析することを可能にする.

数量化Ⅲ類 (quantification method type Ⅲ),あるいは**対応分析** (correspondence analysis)[1] の目的は,本来であれば数量として表すことができないため分析することの難しい質的変数について,少ない要素に情報を縮約することで,変数間の関係を空間的に把握することを可能にすることにある.この手法を用いることで,2つの質的変数の関連の有無を分析する独立性の検定に比べて,各値の関係性については把握することができるため非常に多くの情報を引き出すことができる分析が可能となる.

対応分析の発想を理解するために,まず,対応分析の分析結果を見てみよう.図1は岩手調査において,年賀状をもらう枚数についての質的変数 (順序尺度) と,従業上の地位 (名義尺度) を,対応分析を用いて分析した結果である.図1をみると多くの年賀状をもらう「経営者・役員」,中程度の「自営業」,もらう枚

---

[1] 本手法はほぼ同時期に別の数学者がそれぞれ開発してきた経緯から,数量化Ⅲ類,交互平均法など様々な呼ばれ方をしている.本章では対応分析という表現を中心に用いる.これらはいずれも数学的に同等である.

数の少ない「パート」「派遣社員」の3つに分かれ，「正社員」が中間に位置しており比較的「自営業」に近接していることがわかる．

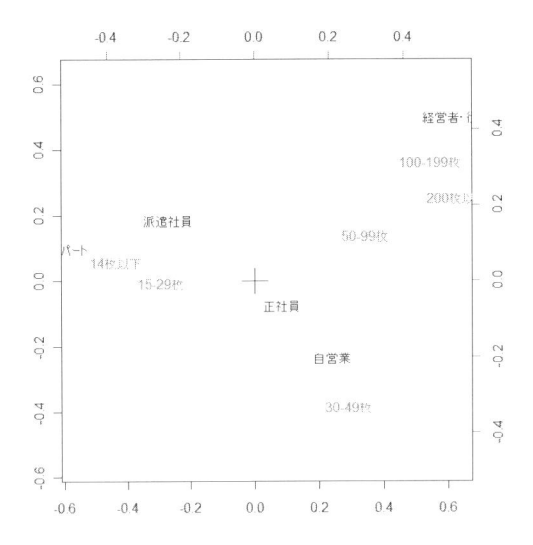

図1　対応分析の出力結果[2]（布置図）

対応分析を用いれば，変数間の関連だけでなく，個々の値の関係をも考察することができる．

2………対応分析のメカニズム

対応分析は，(1)二元クロス表で表現されたデータか，(2)すべてがダミー変数（2値変数）で構成されるデータのいずれかであれば分析できる．なぜこれらが同一のものと考えられるかを簡単に説明する．

表1は図1で用いたデータの二元クロス表である．表1は表2のように記述しなおすことができる．回答者1は正社員で15-29枚の年賀状をもらう人であり，正社員と15-29枚の値に1が入る．この人は，正社員で15-29枚の年賀状をもらっている68人のうちの1人である．これが618人分続く．表2は，ダミー変数が列ごとに並んだデータと同形であることがわかるだろう．

2　Rでの出力では一方の変数に赤色がつく．

表1 従業上の地位と年賀状をもらう枚数の二元クロス表

	14枚以下	15-29枚	30-49枚	50-99枚	100-199枚	200枚以上
経営者・役員	6	5	6	18	11	3
正社員	79	68	79	71	25	7
派遣社員	14	16	3	10	1	2
パート	54	36	10	11	5	0
自営業	13	16	25	15	6	3

表2 表1を変換したデータ表

回答者	従業上の地位					年賀状をもらう枚数					
	経営者・役員	正社員	派遣社員	パート	自営業	14枚以下	15-29枚	30-49枚	50-99枚	100-199枚	200枚以上
1	0	1	0	0	0	0	1	0	0	0	0
2	0	0	0	0	1	0	1	0	0	0	0
3	1	0	0	0	0	0	0	0	0	1	0
…	…	…	…	…	…	…	…	…	…	…	…
618	0	0	0	1	0	0	0	1	0	0	0

　対応分析は，ここで得られた0と1で構成される表2を行列とみなし，その相関係数を最大化することでデータを縮約し，少数の次元へとデータをまとめる手法である．数学的な詳細は説明しないが，対応分析を行うことで，抽出する次元分の固有値と，各次元における個々の値の数量化得点が得られる[3]．2つの次元を抽出することで，図1のような布置図を作成することができる．一般的に，2つの次元で解釈が可能である．

　なお，対応分析は行と列を入れ替えても図の向きが変わるだけで，位置関係は変わらない．値の順番もどのような組み合わせでも構わない．

　対応分析を実施する際の注意点とし，**外れ値の問題**が指摘できる．対応分析における外れ値は，行または列のカテゴリーの小計（列合計，行合計）の値が非常に小さいことを意味する．すなわち，ほとんど選ばれていない選択肢やほとんどいない属性がある場合である．このような場合，可能であれば分析から除外する．

3………対応分析の結果の読み解き方

　対応分析の結果は，基本的に図1のような**布置図**(configuration)を用いて示す．

---

[3] 詳細は，柳井（1994），Calusen（1998）を参照．より高度な多重対応分析（Multiple correspondence analysis）については Roux&Rouanet（2010）に詳しい．

変数の各値が，似たものは近くに，異なるものは遠くに配置される．すなわち回答パターンが似ている選択肢が近くに配置される．布置図の中心（図内の＋がある点）には，度数の大きさではなく，対応する各値の比率がほぼ同じ程度になる値が入る．解釈をする際には，布置図の両端にプロットされた変数の値から2つの軸の解釈を行う．図1では横軸は従業時の地位について，縦軸は年賀状の枚数の多さから社交性についての軸と考えることができる．また，布置図をみてプロットされたまとまりに名前を付けて特徴を抽出するとよい．

用いる変数次第だが，1～3程度のまとまり（成分）を抽出するとよい．抽出した成分には明確な特徴があれば名前をつけるとよりわかりやすくなる．

4 対応分析の応用：テキストマイニングと対応分析

対応分析は，近年，テキストマイニングの分析手法としても用いられている．テキストマイニングとは，自由記述形式の大量データを統計的に処理することで，知りたい情報を取り出す分析のことである．テキストマイニングでは，形態素解析という言語学の手法を用いて，文章を形態素と呼ばれる「意味の最小単位」にまで分割する．この手法を用いることで社会調査データのテキスト分析も可能となる．たとえば，自由記述形式で質問した「幸せの理由」についてのテキストデータ分析するとしよう．表3の形で，回答者の属性と，形態素解析を用いて抽出した「幸せの理由」で用いられている言葉（形態素）の出現回数のクロス表を作成することができる．この表を対応分析を用いて分析することで，人々の属性と幸せの考え方の関係を分析することができる[4]．

表3 「幸せの理由」の自由記述における単語の出現数（架空データ）

属性	結婚	恋人	子ども	家庭	時間	健康	…
20代	35	10	3	2	28	20	…
30代	38	12	10	12	13	23	…
40代	12	2	25	25	12	24	…
50代	5	0	20	42	16	58	…

---

[4] 日本語テキストの形態素解析はMeCabという無料で使用できるソフトウェアがある．また，RでMeCabを用いるためのパッケージRMeCabも公開されている．RMeCabの作成者である石田によるRを用いたテキストマイニングの入門書も参考になる（石田 2008）．

【Rによる実習】
対応分析　ここではクロス表から対応分析を行う手法を紹介する[5]。まず、岩手調査のデータを読み込み、扱う変数の欠損値を **na.omit** を用いて削除したサブデータセットを作成する。

```
> load("iwate.rda")
> data.ca <- na.omit(iwate[,c("Q33","Q42")])
> summary(data.ca)
```

出力結果をみると、これらの変数が量的変数となっていることがわかる。そこでカテゴリカル変数として認識させるために、数値をカテゴリー（因子）に変更する **factor** を用いて変換し、ラベルをつける。変更の結果は **summary** で確認できる（出力は省略）。

```
> data.ca$Q33 <- factor(data.ca$Q33, labels=c('14枚以下','15-29枚','30-49枚','50-99枚','100-199枚','200枚以上'))
> data.ca$Q42 <- factor(data.ca$Q42, labels=c('経営者・役員','正社員','派遣社員','パート','自営業','その他'))
> summary(data.ca)
```

出力から、その他がわずか4名であることがわかる。「その他」は解釈しにくく人数も少ないので **which** を用いて分析から除外する。!= はイコールノットを意味する。Q42がその他でなければ **data.ca2** に格納するという意味になる。

```
> data.ca2 <- data.ca[which(data.ca$Q42 != 'その他'),]
```

次に対応分析を行うために、クロス表を作成する。

```
> table <- xtabs (~ Q42 + Q33, data=data.ca2)
> table
             Q33
Q42           14枚以下  15-29枚  30-49枚  50-99枚  100-199枚  200枚以上
  経営者・役員       6        5        6       18        11         3
  正社員           79       68       79       71        25         7
  派遣社員         14       16        3       10         1         2
  パート           54       36       10       11         5         0
  自営業           13       16       25       15         6         3
  その他            0        0        0        0         0         0
```

その他は空行のため、この行をテーブルから削除したい。そこで以下のように記述する。**rowSums** は行の合計を返す関数であり、これが0でないもののみを残すという意味である。

```
> table2 <- table[rowSums(table) !=0,]
> table2
```

また、全体に占める比率を表示する場合は、**promp.table** を用いる。何も指定しないと小数点第6桁まで出力されるので、**round** 関数を用い、**digit** の部分で小数点の桁数を指定する。（出力は省略）。各値の比率がわかっていると、分析後の解釈において役立つ。

```
> round(100*prop.table(table2), digits=1)
```

クロス表を作成したら、対応分析を実行する。対応分析には **MASS** パッケージが必要となるため、事前に読み込みを行う。続いて **corresp** 関数を用いて対応分析を実施する。作成したクロス表をそのまま投入すれば実施できる。**nf** の部分ではカテゴリーを表現する次元を指定している。ここでは図示しやすいように **nf=2** と設定した。

```
> library(MASS)
> result <- corresp(table,nf=2)
```

---

[5] Rを用いた対応分析については藤井（2010）が参考になる。より発展させた多重対応分析の方法なども扱っている。

```
> result
First canonical correlation(s): 0.3279556 0.1854025
 Q42 scores:
                    [,1]              [,2]
経営者・役員      1.9144445         2.6909066
正社員            0.2614477        -0.4232211
派遣社員         -0.8279837         0.9927477
パート           -1.7172024         0.5270155
自営業            0.7366496        -1.2745498
 Q33 scores:
```
(以下7行省略)

　冒頭の `First canonical correlation(s)` は，指定した2つの次元の固有値と呼ばれる数字である．続いてクロス表の列と行それぞれの変数の数量化得点が表示される．この結果を **biplot** 関数を用いて布置図にプロットする．（結果の表は，表1と同一）

```
> biplot(result)
```

　横軸は結果の1行目，縦軸は結果の2行目に相当する．ただしプロットされる値は，それぞれの固有値と数量化得点を掛けたものであるため，出力結果とは一致しない．

　なお，複数回答項目の項目間の関係を分析する際には，列がそれぞれのダミー変数となるデータセットを作成して，**corresp** 関数に投入すれば分析できる．データに，「その他」や非該当（あてはまるものはない，など）は含めてはならない．データセット作成の際には，すべてが0の行を取り除く必要があり，テーブルの0の行の削除と同じ方法でできる．

【練習問題】

1．岩手調査において，支持する政党を聞いている（Q11）．それぞれの値1〜5は，「自民党」「民主党」「公明党」「日本共産党」「社会民主党」に対応している．この変数と学歴（education）を用いて対応分析を行いなさい．
　　(1)　Q11の値にラベルをつけ，学歴とのクロス表（度数のものと行パーセントのもの）を作成しなさい．
　　(2)　対応分析を実施し，布置図にまとめなさい．
　　(3)　結果の解釈を文章でまとめなさい．

2．岩手調査において，加入団体についての質問があり，それぞれの変数は加入を1とするダミー変数となっている（Q35S1_1〜Q35S1_9）．それぞれの変数は，1から7までが「政治関係の団体」「業界団体・同業者団体」「ボランティアのグループ」「PTA」「市民運動・消費者運動のグループ」「スポーツ関係のグループやクラブ」「趣味や学習の会」であり，8は「その他」，9は「加入している会や組織はない」となっている．この1から7までをまとめて対応分析を行いなさい．
　　(1)　対応分析を実施し，布置図にまとめなさい．
　　(2)　結果の解釈を文章でまとめなさい．

【参考文献】

Calusen, S-E., 1998, *Applied Correspondence Analysis: An Introduction*, Sage.
藤井良宜，2010,『カテゴリカルデータ解析』共立出版.
石田基広，2008,『Rによるテキストマイニング入門』森北出版株式会社.
Le Roux, B. and H. Rouanet, 2010, *Multiple Correspondence Analysis*, Sage.
柳井晴夫，1994,『多変量データ解析法—理論と応用』朝倉書店.

1-15 観測データを生み出している見えない構造を見つけ出す

因子分析

【キーワード】
因子分析，潜在因子，因子負荷量，回転

1 ……… 潜在因子と因子分析

　質問紙調査において，私たちが観察することができるものは回答者による回答だけである．しかし，私たちが知りたいものを実際に観察できるとは限らない．たとえば，「地域への愛着」を考えてみよう．愛着は抽象的な概念であり，直接観察することは難しい．そこで，私たちは地域の清掃活動を頻繁に行っている人や，地元のお祭りに参加する人，できるだけ他の自治体に引っ越しをしたくない人などを「地域への愛着」を持っている人と判断しようとする．この場合，「地域への愛着」がある人は，上記のような意識を持ち，あるいは行動すると考えることができる．観察できない「地域への愛着」によって，観察される意識や行動を説明しているのである．

　この未知の要因によって実際に観察されるデータが影響を受けていると考えられるとき，未知の要因のことを**潜在因子**(latent factor)と呼ぶ．「地域への愛着」は潜在因子であり，直接観察することができない要因である．

　因子分析(factor analysis)は，複数の連続変数を少数の因子へと要約することによって，直接観察することのできない潜在因子を発見，分析し，見えない構造を明らかにする多変量解析の手法である．因子分析は，心理学を中心に様々な学問において用いられており，社会調査でも複数の変数を縮約する際に頻繁に用いられている．なお，因子分析は基本的に連続尺度の変数を用いるが，実際には分布が極端に偏っていない順序尺度の変数でも用いる[1]．

---

[1] どのようなデータであれば因子分析で扱えるかは松尾・中村（2002）を参照のこと．同書は数式を用いない因子分析の入門書として非常によくできている．

2………因子分析のモデル

　本章では，岩手調査の問26のうちの5項目を用いた因子分析を事例とする．問26は日ごろの人づきあいの仕方についての意見を聞いたものであり，「あてはまる」から「あてはまらない」までの4件法を用いている[2]．

　分析モデルを図1に示した．慣習的に，観察されていない潜在因子を楕円で，観察した変数を四角で囲んでいる．ポイントは，潜・在・因・子・(・因・子・)・か・ら・観・察・し・た・す・べ・て・の・変・数・へ・と・矢・印・が・伸・び・て・い・る・点である．これは，潜在因子が観察したすべての変数を説明していることを意味する．ただし，因子からの影響──因子負荷と呼ぶ──には強弱がある．そこで，分析結果から因子負荷が大きいものを太線で示している．e_i は誤差と呼ばれ，変数の独自の効果を表している．誤差も観察されないため丸で囲っている．四角で囲われた観察データから，楕円で囲われた潜在因子を抽出する作業が因子分析である．

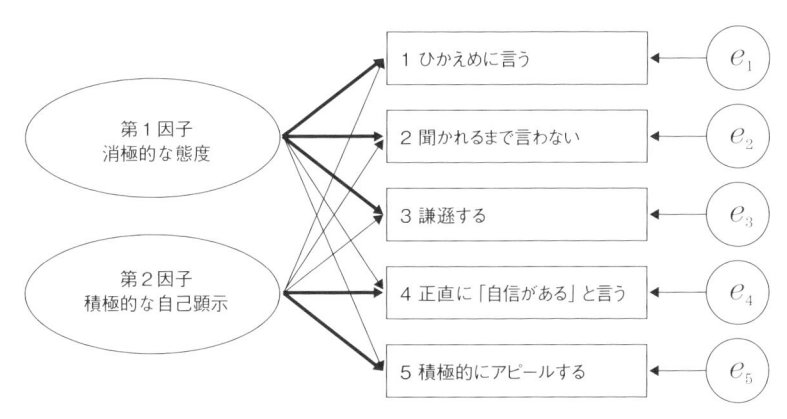

図1　因子分析のモデル　（e_i は誤差）

3………因子分析の流れ

　因子分析は，大きく以下の4つのステップを行う．
(1) **因子数の決定**　　　(3) **回転法の選択**
(2) **因子負荷量の計算**　(4) **抽出した因子の命名と解釈**

　まず(1)の**因子数の決定**である．因子数とは，抽出する因子の数のことである．

2　問26で使用した設問（A~C, E, F）を，本章では適宜短縮して示している．

因子分析を行うためには，抽出する因子の数を事前に決める必要がある．表1は5つの変数の相関係数の表である．いずれも有意な相関があるが，とくに相関が強い関係が1～3の間と，4と5の間の2グループあるとがわかる．

表1　岩手調査：問27C~Gの相関係数

	1	2	3	4	5
1 自身についてひかえめに言う					
2 聞かれるまで言わない	0.487**				
3 ほめられても謙遜する	0.424**	0.496**			
4 正直に「自信がある」と言う	−0.086**	−0.145**	−0.079**		
5 積極的にアピールする	−0.130**	−0.210**	−0.131**	0.638**	

* $p<.05$, ** $p<.01$

関連の強さの固まりを示すために，因子の標準化された変動量である**固有値**（eigenvalue）を用いる．固有値は，n個の項目について計算すると，n個の固有値が得られ，その合計はnとなる．この固有値から因子数を決める（詳細は章末のRでの実習を参照）．この事例では抽出する因子数は2となる．

（2）として，抽出する因子数に基づき，最尤法などの因子抽出法を用いて因子分析を実施し，**因子負荷量**（factor loadings）と**共通性**（communality）の計算をする．因子負荷量は因子ごとに各項目に計算される項目と因子との相関を表した数値であり，−1から1をとる．抽出する因子ごとに各項目について計算される（表2を参照）．因子負荷量が0.35か0.40以上であると，抽出した因子とのかかわりが強いと考える．共通性は，項目ごとに計算され，すべての因子によって説明される比率を示している．

つぎに，（3）の**回転法の選択**となる．因子分析は，因子を抽出しただけでは終わらない．抽出した因子を解釈しやすいように，因子負荷量をプロットした空間の軸を回転させて，因子負荷量の高いものと低いものを明確に区分けし，より解釈のしやすい配置を探す作業を行う．これを**因子軸の回転**（rotation）と呼ぶ．回転は必ず原点を中心に行う．表2には回転後の因子負荷量を，図2には，回転なしで因子分析した際の因子負荷量を2つの因子をそれぞれ軸としてプロットしたものと，回転した軸（太線と破線）を示した．表2から，回転後の因子負荷量が，因子ごとに明確に分かれることがわかる．太線は，軸が直角に交わるという制約のもとで回転させたものである．この回転を直交回転と呼び，代表的な回転法として**バリマックス回転**（varimax rotation）がある．破線は，それぞれの軸を制約なく回転させたものであり，斜交回転と呼び，代表的な回転

法として**プロマックス回転**(promax rotation)がある．これらの使い分けに明確
な基準はないため，データをうまく説明できる回転を選べばよい[3]．

表2　回転なし，および，各回転後の因子負荷量

	回転なし		バリマックス回転		プロマックス回転	
	第1因子	第2因子	第1因子	第2因子	第1因子	第2因子
1 自身についてひかえめに言う	−0.335	**0.552**	**0.642**	−0.067	**0.649**	0.017
2 聞かれるまで言わない	**−0.448**	**0.610**	**0.743**	−0.145	**0.745**	−0.048
3 ほめられても謙遜する	−0.337	**0.565**	**0.655**	−0.064	**0.663**	0.022
4 正直に「自信がある」と言う	**0.685**	0.265	−0.053	**0.733**	0.018	**0.739**
5 積極的にアピールする	**0.828**	0.264	−0.115	**0.862**	−0.032	**0.862**

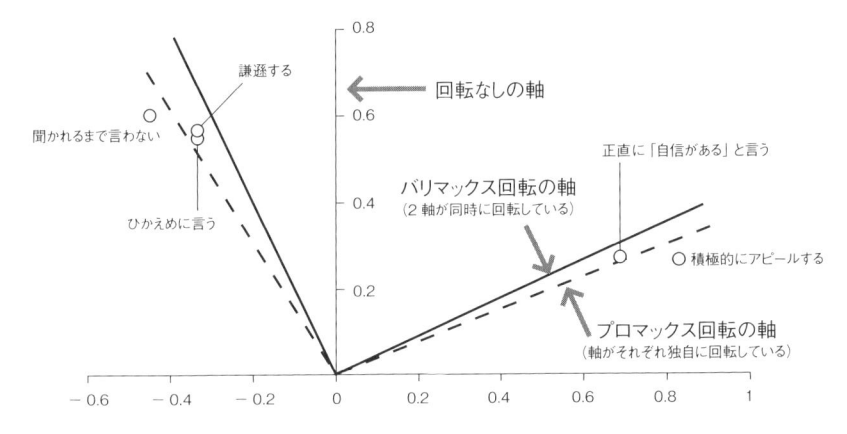

図2　因子分析の結果のプロットと軸の回転

　最後に，(4) の因子負荷量から，因子の特徴を把握した上でそれぞれの因子
に名前をつける．この事例では，2つの因子が抽出され，第1因子は「消極的な
態度」，第2因子は「積極的な自己顕示」とした．以上の4ステップが因子分析と
なる．この後，結果を解釈して議論を展開する．

4 ……… 因子の妥当性の確認，レポートへのまとめ方

　解釈できる結果が判明したものの，抽出した因子が妥当なものかはわから
ない．そこで，同じ因子とされた個々の項目が同じような回答傾向を持つか

---

[3] 因子分析の因子抽出法や回転法などの詳細は，柳井・前川・繁桝・市川 (1990) に詳しい．

チェックする．そこで，同一因子内での項目間の相関を**内的整合性**（internal consistency）と呼び，内的整合性の有無を妥当性の指標とする．内的整合性の検証には，**クロンバックのα係数**（Cronbach's alpha coefficient）を用いて確認することが多い．この α 係数が0.70以上（社会調査データでは0.60以上でひとまず許容できる）であれば内的整合性があるといえる．基準より小さい場合は，因子としてひとまとめにせずに個別に分析したほうがよいだろう．

レポートにまとめる際には，因子抽出法（Rの初期設定は最尤法），回転方法を示したうえで，表3のような形でまとめる．各因子の負荷量が大きい順に並べ，因子負荷量が0.35ないし0.40以上のものを太字にするとわかりやすい．

表3 因子分析の結果

	第1因子 消極的な態度	第2因子 積極的な態度	共通性
得意だと思うことも，聞かれるまで言わない	**0.743**	−0.145	0.573
ほめられても謙遜する	**0.655**	−0.064	0.433
自身についてひかえめに言う	**0.642**	−0.067	0.416
正直に「自信がある」という	−0.115	**0.862**	0.756
積極的にアピールする	−0.053	**0.733**	0.540
寄与率	1.583	1.136	

因子抽出法:最尤法,回転法：バリマックス回転,0.40以上を太字にした

5……因子分析の応用

因子分析は，複数の変数を少数の因子へと要約するだけでなく，様々な応用が可能である．因子分析の結果から**因子得点**（factor score）という数値を因子ごとに各ケースに計算できる．因子得点は他の分析で連続変数として用いることができる．詳細は高田によるコラム（154ページ）を参照してほしい．

また，ここまで説明してきた因子分析の手法は，**探索的因子分析**（explanatory factor analysis）と呼ばれ，潜在因子の発見を目的としている．これに対して，潜在因子の構造が明らかな場合，**確証的因子分析**（confirmatory factor analysis）と呼ばれる分析を行う．同じ因子分析という名前だが，実質的には別の手法であり，**共分散構造分析**（covariance structure analysis）と呼ばれる方法を用いる．この点は，神林によるコラム（155-156ページ）を参考にしてほしい[4]．

【Rによる実習】
因子分析 因子分析は，多岐にわたる様々な手法を内包する．そのため詳細は類書を参考にしてほしい[5]．また因子分析を行う際には **psych** パッケージを用いることが多いので，事前にインストールしておくとよい．まず，岩手調査のデータを読み込み，扱う変数の欠損値を **na.omit** を用いて削除したサブデータセットを作成する．

```
> load("iwate.rda")
> data.fa <- na.omit(iwate[,c("Q26A","Q26B","Q26C","Q26E",
+ "Q26F")])
> summary(data.fa)
```

次に，相関係数を求める．有意確率を求める際には，個々の値の組み合わせごとに **cor.test** 関数を用いて計算する．これらの結果が表1となる．

```
> cor(data.fa)
```

固有値の計算は，相関係数の結果を用いて行う．

```
> eigen(cor(data.fa))
$values
[1] 2.1452768 1.4395509 0.5758633 0.4808749 0.3584341
$vectors
            [,1]       [,2]       [,3]        [,4]         [,5]
[1,]   0.4679991 0.3288667  0.73222869 -0.369347638 -0.015717491
(以下 4 行省略)
```

values が固有値であり，変数の数だけ計算される．固有値による因子数の決定にはいくつか基準がある．固有値が前の値から大きく落ち込むところまでを採用する．固有値が1以上の因子数を採用する．などがある．ここでは，2番目と3番目で変化しており，1以上は2つであることから，2因子を抽出することが適切である．**vector** は，固有ベクトルと呼ばれる数値である．

因子数を決めたら，因子分析を実行する．因子分析を行う関数はいくつかあるが，一般的な **factanal** 関数（因子抽出法は最尤法）について紹介する．分析する変数を設定し，**factors** で抽出する因子数を指定する．**rotation** は回転の種類を選択する部分であり，回転なしは **none**，バリマックス回転は **varimax**，プロマックス回転は **promax** と指定する．**rotation** を書かないと，自動的にバリマックス回転が実行される．出力結果をそのまま表示すると因子負荷量が0.1未満のものが空白になるため，**print** 関数を用いるとよい．

```
> va.out <- factanal(data.fa, factors=2,rotation="varimax")
> print(va.out, cutoff=0)
Call:
factanal(x = data.fa, factors = 2, rotation = "varimax")
Uniquenesses:
 Q26A  Q26B  Q26C  Q26E  Q26F
0.584 0.427 0.567 0.460 0.244
Loadings:
      Factor1 Factor2
Q26A   0.642  -0.067
Q26B   0.743  -0.145
Q26C   0.655  -0.064
Q26E  -0.053   0.733
```

---

4 共分散構造分析を構造方程式モデルとも呼ぶ．詳しい説明は豊田（1998）を参照のこと．
5 Rを用いた因子分析の手法の紹介としては，中村（2010）があげられる．

```
Q26F   -0.115    0.862
                Factor1 Factor2
SS loadings       1.409   1.310
Proportion Var    0.282   0.262
Cumulative Var    0.282   0.544
Test of the hypothesis that 2 factors are sufficient.
The chi square statistic is 0.08 on 1 degree of freedom.
The p-value is 0.778
```

出力の **Uniquenesses** は各変数の独自性を示している。この値から1を引いたものが各変数の共通性であり、結果の表に記載する。独自性が著しく高いものがある場合は、除外して再分析したほうがよい。**Loadings** は、因子負荷量を示す。0.35 か 0.40 以上の因子負荷量を基準にしてそれぞれの因子を解釈する。第1因子については A, B, C が、第2因子については E, F が高いことがわかる。実際の分析では、回転を変えるなどして、解釈にかなう因子構造を抽出することが大切である。

つづく項目は、抽出した因子についての統計量である。**SS loadings** は因子寄与を示し、因子負荷の平方和を意味する。この数値を結果に記載する。**Proportion Var** は因子寄与率を、**Cumulative Var** は累積寄与率を示している。累積寄与率が 54.4% なので、全体の 54.4% を潜在因子で説明できているといえる。

最後の3行は「適合度の検定」と呼ばれる検定であり、帰無仮説は「分析モデルと観測したデータが適合する」となる。ここでは有意確率が大きく帰無仮説が棄却できないので、モデルとデータが適合する妥当な分析といえる。検定結果が有意である場合には、分析モデルを考えなおす必要がある。

因子分析の結果をプロットする場合には以下のようにする。ラベルは変数名がつくので、変数の内容を明示したい場合には事前に変数名を変更しておくとよい。

```
> plot(va.out$loadings[,1],fa.out$loadings[,2], asp=1)
> abline(h=0, v=0)
> text(va.out$loadings[,1:2],colnames(data.fa[,1:5]),pos=2)
```

内的整合性の確認は、**psych** パッケージの **alpha** 関数を用いる。各因子ごとに、因子負荷量が大きい変数のみの行例を投入する。以下は、第1因子の例である。

```
> library(psych)
> f1 <- data.fa[,c("Q26A","Q26B","Q26C")]
> alpha (f1)
Reliability analysis
Call: alpha(x = f1)
  raw_alpha std.alpha G6(smc) average_r mean   sd
       0.73      0.73    0.64      0.47  1.9 0.59
```

結果の **raw_alpha** がクロンバックの α 係数である。内的整合性の基準については、0.70 以上がよいとされるが、社会調査データでは 0.60 以上を一つの目安にしてもよい。

【練習問題】

岩手調査の問 20 の A ～ E (Q20A ～ Q20E) では、日ごろの考えについて以下の5項目の意見を、「1 そう思う」「2 どちらかといえばそう思う」「3 どちらかといえばそう思わない」「4 そう思わない」とする4件法にて聞いている。

A. よい生活を手に入れるためには、他の人よりもすぐれたことを成し遂げなくてはならない。
B. よい生活を手にいれるためには、他の人と足並みをそろえて協力することが何よりも大切だ。

C. 幸せな生活を送るには，身の周りの人や環境に合うよう，自分を変える必要がある．
D. 自分で自分のことをどう思うかよりも，ほかの人にどう評価されるかが重要だ．
E. 状況によっては本心と異なる行動をとってもしかたがない．

この5つの変数を用いて因子分析を行いなさい．
(1) 5項目の固有値を求め，因子分析における因子数をいくつにするべきか検討しなさい．
(2) 因子軸を回転なし，バリマックス回転，プロマックス回転とした因子分析を行い，その結果をプロットしなさい．そのうえで，どのモデルを採用するか選択しなさい．
(3) 抽出した因子の内的整合性について確認し，因子に名前を付けなさい．

【参考文献】

松尾太加志・中村知靖，2002，『誰も教えてくれなかった因子分析』北大路書房．
中村永友，2010，『多次元データ解析法』，共立出版．
豊田秀樹，1998，『共分散構造分析 [入門編]』朝倉書店．
柳井晴夫・前川真一・繁桝算男・市川雅教，1990，『因子分析—その方法と理論』朝倉書店．

COLUMN 因子得点を使って分析する……高田 洋

　因子分析の目的は，各変数への概念の寄与を求めることである．だから，負荷量を検討することが第一の検討事項である．しかし，概念であるからには，指標のように扱い，他の変数との関係を調べたい．もちろん共分散構造分析でそれは検討が可能であるが，因子数や解法が多くあり，他の変数との関係や誤差相関の許容の判断など，様々な選択肢が存在する．分析の条件を細かく設定できるのがこの分析法の強みであるが，そのたびに推定パラメータが変化する．コンピュータの能力が低い時代には，その作業は意を決して行なわなくてはならなかったし，現在でもかなり繊細な作業であることに変わりはない．

　共分散構造分析が開発期の時代には，測定モデルと構造モデルに分離して2段階で分析が行なわれていた．測定モデルとは，検証的因子分析であり，概念を変数によって推定することであった．このモデルによって概念を確定しておき，その概念間の関係を構造モデルで分析するという2段階の推定が行なわれていた．フルモデルの前に，因子分析の測定モデルによって因子（概念）を確定することが必要だったのである（例えば，Bollen, 1980; Kohn and Schooler, 1983）．

　この測定モデルという考え方は現在でも有用である．測定モデルによって推定された概念の推定値を指標のように各ケースに与えることができれば，変数として様々な分析に応用可能となるからである．探索的な分析であっても，因子数と変数を決めてしまえば検証的因子分析と同じである．例えば，因子数を2つとし，第1因子と第2因子の2つの概念が指標とするようにできる．

　この指標つまり各ケースの因子の推定値を因子得点という．こうすることによって，例えば，クラスター分析によって各ケースを分類したり，分散分析によってカテゴリー間の平均値の差を検定したりすることができる．また，因子を指標化しておけば，細かな設定によって変化する共分散構造分析の繊細さをある程度緩和することができるという有用性もある．

　因子得点の推定の代表的なもの3つを取り上げれば，回帰推定法は真の因子と因子得点の誤差を最小にし，バーレット法は独自性を最小にし，アンダーソンとルビン法はバーレット法に直交の条件を加える．後ろの2つの方法は，因子分析で求めた独自性を再度求めるというような手続きであり，因子がひとつの場合には最初の分析と一致するが，2つ以上の場合は一致しない．分析の目的によって異なるが，一般的には回帰推定法が用いられる．また，因子分析が主成分法である場合には，因子負荷量がそのまま重み付けとなる．

　例えば，高田（2002）においては，職業に対する人びとのイメージに関する8つの項目を因子分析し3つの因子を求め，推定された因子得点を基に職業を8つに分類している．このように様々な他の分析に変数として扱うことができるので，因子得点を用いる方法は簡単で有用な方法である．

【文献】
Bollen, Kenneth A. 1980. "Issues in the Comparative Measurement of Political Democracy." *American Sociological Review* 45: 370-390.
Kohn, Melvin L. and Carmi Schooler. 1983. *Work and Personality: An Inquiry into the Impact of Social Stratification*. Norwood: Ablex.
高田洋，2002，「職業イメージによる職業威信評定基準の分析」『東京都立大学人文学法』第329号，65-87．

▼▼▼ COLUMN パス解析と共分散構造分析……神林博史

人々の政治的関心（「政治にどの程度関心があるか」という質問への回答）を従属変数とし，教育年数，職業威信スコア[1]および個人収入を独立変数とする重回帰分析を考えてみよう．標準化した重回帰式は「政治的関心＝β_1教育年数＋β_2職業威信＋β_3個人収入＋e」となる．

この式では，3つの独立変数が他の変数と関連を持たずに，個別に従属変数に影響を与えることが仮定されている．これを図で表現すると，図1のようになる．変数をつなぐ矢印は，変数間の因果関係を示す．たとえば，教育年数から政治的関心への矢印は，教育年数が政治的関心に影響することを意味する．矢印についている標準化偏回帰係数（β）が，それぞれの独立変数の影響力の強さを表す．また，政治的関心の右側にある「e」は，誤差（残差）を示す．

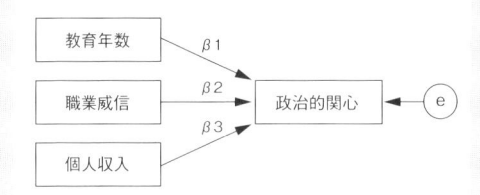

図1　重回帰分析のイメージ

しかし，厳密に考えれば，3つの独立変数の間にも因果関係が存在する．たとえば，教育年数は就ける職業に影響するし，収入は教育年数および職業の影響を受ける．こうした変数の関係を，考えうる因果関係に沿って整理すると，図2のようになる．

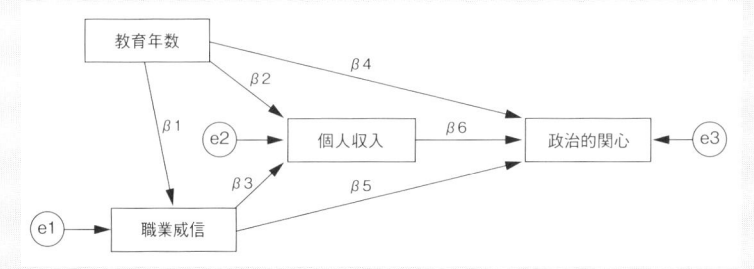

図2　パス解析の例

このモデルは複雑に見えるが，実際は「職業威信＝β_1教育年数＋e_1」，「個人収入＝β_2教育年数＋β_3職業威信＋e_2」，「政治的関心＝β_4教育年数＋β_5職業威信＋β_6個人収入＋e_3」という3本の重回帰式からなっている．このように，重回

1　職業を連続変数として扱うために，様々な職業に対する人々の評価を点数化したもの．その職業の評価（威信）が高いほど値が大きくなる．

帰式を組み合わせてモデル化することで，変数間の関係を分析する手法のことを「パス解析」と呼ぶ．また，パス解析のモデルを表現する重回帰式のセットのことを「構造方程式」と呼ぶ．

ここで，因子分析における共通因子のように複数の観測変数から合成された変数（潜在変数）をパス解析に組み込むことができれば，変数の関係をより柔軟に分析することができる．モデル内に潜在変数を取り入れたパス解析のことを「共分散構造分析」（あるいは「構造方程式モデル」）と呼ぶ．

たとえば，さきほどの政治的関心に「政治について議論する頻度（政治的議論）」，「政治的行動に参加する頻度（政治行動参加）」を加えて因子分析すれば，総合的な「政治的関心」という潜在変数（因子）を作ることができる．同様に，先の重回帰式における3つの独立変数から「社会経済的地位」という潜在変数を作ることができる．図3は，「社会経済的地位」と「政治的参加」という2つの潜在変数の関係をモデル化した共分散構造分析の例である．

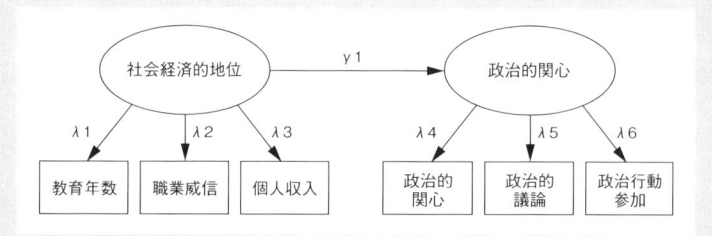

図3 共分散構造分析の例　　　　　　　　　　　　　　　　　注：誤差項の表示は省略した．

四角で囲まれた変数は観測変数，楕円で囲まれた変数は潜在変数である．潜在変数から観測変数へ伸びる矢印は，「共通因子が観測変数に影響する」という因子分析のモデルを表現しており，係数 λ が因子負荷量に相当する．2つの潜在変数をつなぐ矢印および係数 γ は，「社会経済的地位」から「政治的関心」への影響を示す．

このように，潜在変数を用いることによって，変数の関係をより自由にモデル化して分析することが可能になる．こうしたモデル構築の柔軟性の高さが，共分散構造分析の大きな特徴である．

【文献】
神林博史．2006．「3つ以上の変数の因果関係をモデル化し関係の強さを調べる―パス解析，構造方程式モデル」，与謝野有紀他編，『社会の見方，測り方』勁草書房．
豊田秀樹・前田忠彦・柳井晴夫，1992，『原因をさぐる統計学―共分散構造分析入門』講談社．

2-0 シラバス

G科目
(社会調査の実習を中心とする科目)

　社会調査士の資格を認定している社会調査協会によると，G科目は「調査の企画から報告書の作成までにまたがる社会調査の全過程をひととおり実習を通じて体験的に学習する」科目である．実施するのは「量的調査でも質的調査でもいい」とされている．その中で扱う内容は，「調査の企画，仮説構成，調査項目の設定，質問文・調査票の作成，対象者・地域の選定，サンプリング，調査の実施（調査票の配布・回収，面接），インタビューなどのフィールドワーク，フィールドノート作成，エディティング，集計，分析，仮説検証，報告書の作成」とされ，90分×30週で履修することがもとめられている．

　したがってG科目では，これまでAからE科目（またはF科目）までで学んだことを応用して，実際に自分たちで何らかの調査をおこなうことになる．調査は量的でも質的でもよいが，本書では量的調査の場合について解説する．15の章を設定した．2-7章までが準備と調査実施，2-8章からが実施後の分析と報告書作成になる．（　）内は，社会調査協会がもとめている内容である．通年で授業をする場合，2-7または2-8までが前期，2-8または2-9から後期となる．

2-1. 調査を企画する
　　（調査の企画，対象者・地域の選定）
2-2. テーマを設定する
　　（調査項目の設定）
2-3. 仮説をたてる
　　（仮説構成）
2-4. 質問をつくる
　　（質問文・調査票の作成①）
2-5. 調査票を作成する
　　（質問文・調査票の作成②）
2-6. サンプリングをする

(サンプリング)
2-7. 調査を実施する
    (調査の実施)
2-8. データを入力する
    (エディティング)
2-9. 集計する
    (集計)
2-10. 平均を比較する
    (分析①)
2-11. 相関係数をもとめる
    (分析②)
2-12. 回帰分析をする
    (分析③)
2-13. 仮説を検証する
    (仮説検証)
2-14. インタビューする
    (インタビューなどのフィールドワーク)
2-15. 報告書を作成する
    (報告書の作成)

　実施される調査は多様であろうし，多様であるべきだ．その中で，郵送調査は調査対象者と直接は接触せず安全に実施できるので，実習にむいている．また，予算がかぎられている（またはまったくない）場合，授業内で学生を対象とした集合調査を実施することがしばしばあろう．これをクラス調査とよぶ．**本書では郵送調査を中心に解説し，クラス調査について補足的に説明する**．なお，大学間の比較調査とインタビュー調査の実施方法については，コラムを参照してほしい．

　以下では，成蹊大学Ｇ科目授業で実施された「2010年地域と生活に関する武蔵野市民調査」（**武蔵野調査**とよぶ）を事例とする（履修者は3年生27名，報告書は小林盾・渡邉大輔編『成蹊大学社会調査実習2010年度報告書』）．調査票や報告書の一部が巻末に掲載されている．クラス調査の事例には，成蹊大学Ｄ科目授業で実施された「2011年成蹊大学学生生活調査」（**成蹊クラス調査**とよぶ）を

2-0　シラバス…159

用いる（履修者は2年生39名，3年生2名）．調査票と速報が巻末にある．それぞれの調査の概要と，武蔵野調査の日程は以下のとおりである．

2010年地域と生活についての武蔵野市民調査（武蔵野調査） 調査の概要

調査方法：郵送調査（匿名で回収）
調査期間：2010年7/8〜8/13，返送期限7/20，督促状発送7/15
母 集 団：2010年12/31時点で満22〜69歳の武蔵野市民男女
抽出方法：二段無作為抽出法（人口規模を考慮して6丁を地点として系統抽出，
　　　　　各地点50人を住民基本台帳から系統抽出）
計画標本，有効回収数，有効回収率：300人，188人，62.7%
謝　　礼：500円の図書カード（調査票に同封し先渡し）

武蔵野調査　日程

日程	調査の進行
4月	（前期授業開始）調査を企画する，テーマを設定する
5月	仮説をたてる，質問をつくる
6月	調査票を作成する，サンプリングする（6/24市役所にて）
7月	調査を実施する（7/8調査票発送，7/20返送期日）
8月	データを入力する
9月	（後期授業開始）集計する
10月	平均を比較する，相関係数をもとめる
11月	仮説を検証する，インタビューする
12月	報告書を作成する
1月	報告書完成，合同発表会

2011年成蹊大学学生生活調査（成蹊クラス調査） 調査の概要

調査方法：集合調査（授業中に配布，匿名で回収）
調査期間：2011年5／17〜23
母 集 団：成蹊大学2年生男女
抽出方法：有意抽出法（文学部2，経済学部2，理工学部1クラス）
計画標本，有効回収数，有効回収率：約150人，147人，ほぼ100%
謝　　礼：なし

　実習は，かぎられた時間の中で報告書まで完成させる必要がある．そこで，

本書では「これだけは最低限やっておきたい」ことにしぼって解説した．高度な分析手法よりは，基本的なものをていねいに応用することを重視した．したがって，本書のすすめ方でなければならない，ということはまったくない．むしろ，「こういう実習もあるんだ」ととらえたうえで，授業の実際の状況にあわせて**柔軟に変更してほしい**．

　なお，社会調査にかんする良書は数多い．社会調査全般については盛山和夫『社会調査法入門』（2004年，有斐閣）がくわしく，百科事典のように参照できる．郵送調査については林英夫『郵送調査法』（2006年，関西大学出版部）が，インタビュー調査については桜井厚『インタビューの社会学——ライフストーリーの聞き方』（2002年，せりか書房）が参考になるだろう．岩井紀子・佐藤博樹『日本人の姿——JGSSにみる意識と行動』（2002年，有斐閣）はテーマえらびや分析の参考にしたい．

表　G科目の学習例		カリキュラム	
本章	協会の対応内容	標準（郵送調査）	クラス調査
2-1	調査の企画，対象者・地域の選定	1～2回目	○
2-2	調査項目の設定	3～4回目	○
2-3	仮説構成	5～6回目	○
2-4	質問文・調査票の作成①	7～8回目	○
2-5	質問文・調査票の作成②	9～10回目	○
2-6	サンプリング	11回目	
2-7	調査の実施	12～13回目	
2-8	エディティング	14～15回目	○
2-9	集計	16～17回目	○
2-10	分析①	18～19回目	○
2-11	分析②	20～21回目	○
2-12	分析③	22～23回目	○
2-13	仮説検証	24～25回目	○
2-14	インタビューなどのフィールドワーク	26回目	
2-15	報告書の作成	27～30回目	○

2-1　調査の企画，対象者・地域の選定

調査を企画する

【キーワード】　実習，実査，調査方法，調査の企画，母集団，標本，計画標本，調査地域，調査対象者
【用意するもの】　班分けずみ学生名簿，過去の報告書(あれば)
【出来上がるもの】　調査企画の表

1 ……… 目的と事例

　この章では，実習の出発点として，調査を企画する．**実習**とは，社会調査の学習の総決算として，実際に調査を実施して体験することだ．調査の実施は**実査**ともいう．体を動かすことで，知識を骨肉化できるだろう．**調査の企画**とは，(調査地域や調査対象者となる)母集団と計画標本，調査方法などをきめることをいう．

　調査地域における調査対象者のうち，年齢，性別などが該当するすべての人が**母集団**となる．そのうち調査対象者として計画された人が**計画標本**，実際に回答した人が**有効標本**(たんに標本ともいう)である．武蔵野調査では，以下の**調査企画の表**のとおりとした．計画標本300人のうち188人から回収できたので，回収率は62.7%となる．

調査企画の表

調査企画	内容
母集団	東京都武蔵野市在住の22〜69歳男女約9万人
計画標本	ランダムサンプリングされた300人
調査方法	郵送調査(匿名で回収)

2 ……… 調査企画のポイント

　実習では，1年間をかけて1つの調査を実施する．そのため調査の企画は，いわば家づくりの基礎工事にあたる重要な作業だ．
　どこで調査するのかという**調査地域**と，だれに調査するのかという**調査対象者**を最初に確定しておかないと，調査のイメージがぼやけてしまう．実習では，

全国調査などより**地域と対象者を狭く限定し**，その分その中での多様性を分析することが適しているだろう．たとえば，大学のある自治体や，近くの自治体が候補となるだろう．武蔵野調査では，成蹊大学のある東京都武蔵野市を調査地域とした．1つの自治体としておくと，サンプリングが楽になる．

いっぽう，**調査方法**には面接調査，留置調査，郵送調査，電話調査，集合調査，既存データの二次分析，インタビュー調査，フィールドワーク，テクスト分析，史料分析など，さまざまなものがある．ただし，実習という枠内では予算，日程，学生人数に制約があるので，量的調査であれば**郵送調査**か，学内または学外のクラスで実施する集合調査である**クラス調査**がおこないやすいだろう．質的調査であればインタビュー調査も多い（大学間の比較クラス調査とインタビュー調査については**コラム参照**）．

比較するとつぎのようになる．本書では郵送調査とクラス調査を中心に解説するが，ほとんどの作業は他の量的調査とも共通するだろう．

調査方法	調査の種類	ランダムサンプリング	主な費用
郵送調査	量的調査	できる	郵送，調査票印刷
クラス調査	量的調査	できない	調査票印刷
インタビュー調査	質的調査	できない	交通

3……調査企画の手順
① 班分けする

実習ではグループ作業が中心となるので，班分けが役立つ．班の人数は**3〜5人ほどが適当だろう**．学生の関心ごとに班分けすることもできるが，ともすると「いつもの仲良しグループ」でまとまりかねない．せっかく共同作業を学ぶ機会なのだから，男女や学年などのバランスを考慮しつつ，名簿順などで教員があらかじめ班分けするほうが望ましいだろう．

② 母集団，計画標本，調査方法をきめる

これらは，予算，日程，学生人数などを考慮して，授業開始前に教員がおこなっておく．クラス調査の場合，母集団は全国の大学生，計画標本は調査実施をするクラスの履修者となる．クラスごとの比較をするのか，学部間の比較をするのか，それとも大学間の比較をするのかに応じて，調査対象となるクラスをきめる．学年によって経験が異なるので，可能なら同じ学年としたほうがよい．

③ スケジュールをきめる

　調査方法がきまったら，役所でサンプリングをする日程，調査票を送付する時期，返信期日などをきめておく．「○月第△週」くらいおおまかでよい．

④ 調査名をきめる

　地域名をいれて「○○についての△△市アンケート」などとすることが多い．武蔵野調査では「第5回地域と生活についての武蔵野市民調査」とした．継続している場合は，第○回といれたほうが信頼感がます．クラス調査の場合，「○○についての△△大学学生アンケート」などとする．

4……… 計画標本人数の決定の手順

　計画標本の人数は**予算に依存する**．量的調査の場合，最低でも100人，できれば200人としたい．ただ，500人を越えると入力に時間がかかりすぎるかもしれない．クラス調査の場合，どのクラスで実施するかできまる．

① 固定費をもとめる

　郵送調査では，まず固定費として「調査票印刷」「封筒印刷」「報告書印刷」がかかる．外注するとそれぞれ約3万円，1万円，5万円ほどからで，合計9万円となる．調査票をプリンタで印刷し，報告書は手作りやインターネット公開とすれば，費用はほとんどかからない．

② 変動費をもとめる

　これに，変動費として「郵送費」と「謝礼」がかかる．武蔵野調査では，対象者1人あたり郵送費330円(調査票送付140円，返送140円，督促状50円)，謝礼500円(図書カード)で880円となる．武蔵野調査では，300人を計画標本とした．

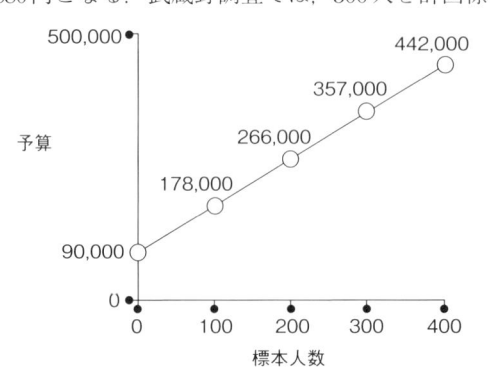

【ヒント】

1. 教員は調査予定地域でサンプリングが可能かを，授業開始前に確認する必要がある．まれに，自治体から調査を断られることがある．申請書類の作成もはじめる．クラス調査の場合，教員はどのクラスで実査するかをきめておく．必要なら他の教員に調査協力を依頼しておく．

2. 実習では，課題や宿題を発表するとき，（パワーポイントなどの）スライドより紙の配布資料のほうが勝手がよい．手もとに資料がのこるので，細かい表現や数字をていねいに検討できる．

【練習問題】

1. 調査のエッセンスは，調査票に凝縮されているものだ．そこで，付録の武蔵野調査の調査票に回答して，実習のイメージをつかもう．もし過去の報告書があれば，どこか1つの章を読むとよい．

COLUMN 大学間の比較調査……相澤真一

　私は社会調査実習（G科目）の授業でいくつかの大学の学生を比較する質問紙調査を行ってきました．その経験から，大学間の比較調査の留意点をご紹介しましょう．

　大学間の比較調査で重要なこと，それは「調査対象の大学の学生のことをよく知ろうとし，その大学の学生の立場になって考えてみるようにすること」です．

　まず，調査をする前には，その大学についてよく調べておきましょう．いつ頃できた大学か，何学部があるのか，どこにキャンパスがあるのか，などを確認しましょう．『大学ランキング』(朝日新聞出版)や高校生向けの大学選びの本も手に取ってみると発見があるかもしれません．また，その大学に「もぐる」ことも効果的です．例えば，大学生のファッションに興味があるならば，『大学ランキング』の中にファッション雑誌に掲載された読者モデル数の大学別ランキングが載っています．比較する大学の順位を確認した上で，それぞれの大学のキャンパスを歩いてみると，より調査内容が深められるのではないでしょうか．

　調査の前には，仮説を立てます．「○○大学に通う人は，××大学に通う人よりもお昼ご飯にお金をかけるだろう．なぜならば，△△だからだ．」というような形で仮説を考えると思います．この時に大切なのは，△△の部分です．皆さんの高校時代を思い出してみましょう．皆さんの友達はさまざまな進路に進んでいることが多いはずです．その友達と皆さんと何か違うことはあったでしょうか．大きく違わないかもしれません．それでも大学間に違いが出るならば，何に由来するのでしょうか？もしかしたら，それは大学の違いではなく，学部や学年の違いによるものかもしれません．このように，大学間の違いはなぜ生じるかを考えながら，調査を企画することが必要です．

　例えば，ゼミ中心の少人数の授業の多い大学もあれば，大講義の多い大学もあります．少人数の授業が多ければ，授業は休みにくいでしょう．すると，一週間の間に授業に行く日数，アルバイトをする日数などが変わってくるでしょうし，学生生活の中身も変わってくるはずです．

　調査を実施する時にも，できれば積極的に皆さん自身がそれぞれの大学に行ってみましょう．自分たちで前に立って調査の内容を説明したり，調査票の回収や配布にまわってみたりすると，見知らぬ学生がどんなふうにアンケートを答えてくれているかが，よくわかります．

　データが集まって，分析を開始してみると，仮説とは違う結果もたくさん出て，ショックを受けるかもしれません．でも，それを乗り越えて，もう一歩考え抜いてみてください．すると，皆さん独自のデータと分析から各大学の学生像が浮かび上がってくるでしょう．そうしたら，調査に協力してくれた学生の皆さんや先生方に感謝の気持ちを込めて，アンケートに答えた対象者として報告書を読んだ時の気持ちになって，報告書をまとめましょう．

　このように大学間の比較調査を実践してみると，別の大学の学生生活を想像し，調査をしてみることは，社会を想像して，調査研究を行う社会学の第一歩となっていくことがわかるでしょう．

COLUMN インタビュー調査……轡田竜蔵

　筆者が担当するG科目では，約20名の参加学生が「地方の若者の生活と世界観」をテーマとし，1人の対象者あたり約2時間のインタビュー調査を2人分行っている（その成果は参考文献を参照）．データは全員で共有し，KJ法等の質的データ分析の技法を活用し，ケースごとの分析と質問項目ごとのテーマ分析を行う．この科目を担当して7年になるが，いつも悩むのは，学生への教育効果を上げることと，調査研究としての質の確保をすることが，どうやったら両立するかということである．

　インタビューの方法と言えば，「めったに自己を語ることのない人が，自分の言葉を発見し，語るに値しないと思われる人生の断片が『声』となって〈物語世界〉を構築する」（桜井厚）ことを狙った「ライフストーリー・インタビュー」が有名だ．だが，相手の信頼を獲得し，人生の「語り」を引き出すというのは，かなり高等な技である．学生による共同調査でこれを試みる場合，データの質にかなりの差が出てしまう．

　だから，調査後に各ケースの比較分析をするには，自由スタイルのナラティブ・インタビューよりも，半構造化インタビューが適切だと考えた．そして，用意する「インタビュー・ガイド」（全員共通で行う質問を記録したもの）は懇切丁寧なものにする．そうすれば，調査員は，書いてある順に質問をこなすだけでも，ある程度ポイントを押さえた情報を聞き出せる．調査員には，質問の意図を理解し，自然な会話の流れを作るための工夫をすることが求められる．回答は自由な言葉で表現されるため，インタビュアーは，時にはインフォーマントの豊かな「意味世界」が溢れ出す，想定外の事態に驚くだろう．それこそが選択肢型の質問紙調査にはない，インタビュー体験の醍醐味だ．

　しかし，せっかくインタビューを体験するなら，上手に話を引き出すテクニックも学びたいところだ．そのためには，状況に応じて，さらに一歩前に進んで聞き出す，補助的質問のパターンに慣れておくのが望ましい．こうした質問には，「探索的質問」（「具体的には？」「その他には？」）や「明確化質問」（「そのときどう思われました？」），そして「解釈的質問」（「つまり，××ということですか？」）等がある．

　だが，学生たちには，こうした技法のストックが少ない．だから，筆者のクラスのインタビュー・ガイドは，全部で69問ある導入質問の他に，ほぼ同数の補足質問も書き込み，A4で8枚ほどの分量になっている．特に，後の分析で詳細な情報が必要となる質問に関しては，細かい指示をしておく．例えば，「将来の結婚相手は，どのような人であったらいいですか？」という導入質問のあとに，「結婚相手の方は，どのような仕事の人であったらいいですか？」と続けるように．学生たちは，こうした指示に従ってインタビューの事前練習を行う．このような基本技法の確認と習得によって，インタビュー技術は磨かれる．そうやって，インタビュー・ガイドの導入質問に関連づけ，臨機応変に追加質問を繰り出す「半構造化インタビュー」の勘所をつかんだら，より自由度の高いインタビューもこなせるようになっていく．

【文献】
轡田竜蔵，2011，「過剰包摂される地元志向の若者たち―地方大学出身者の比較事例分析」，樋口明彦他編『若者問題と教育・雇用・社会保障』法政大学出版局，183-212．
桜井厚，2002，『インタビューの社会学』せりか書房．

2-2 調査項目の設定

テーマを設定する

【キーワード】 全体テーマ，班テーマ，ブレーンストーミング，フィールド
【用意するもの】 過去の報告書(あれば)
【出来上がるもの】 班テーマ一覧

1………目的と事例

この章では，全体テーマと班テーマを設定する．**全体テーマ**とは，実習全体のテーマをさす．調査を実施するなら，漠然とあれこれ質問するより，「今年の実習はこれをテーマとしましょう」とある程度関心を絞ったほうが，深く探求できる．時事問題，地域の話題，仕事，結婚や家族など，学生の関心の高いものが候補になるだろう．武蔵野調査では「食生活」を全体テーマとした．

全体テーマを参考にして，班ごとに「好き嫌い」「結婚願望」「地域でのショッピング」「小学生時代」などテーマを設定する．これが**班テーマ**だ．ただ，全員が全体テーマに従う必要はなく，調査票のある程度が関連していれば十分だ．武蔵野調査では，つぎの**班テーマ一覧**のようになった．郵送調査でも，クラス調査でも，この章の作業は**共通**である(2-5章まで同様)．

班テーマ一覧

班	班テーマ
1	成蹊学園との関わり
2	武蔵野市の歴史
3	健康
4	給食
5	好き嫌い
6	恋愛

2………テーマ設定のポイント

班テーマを絞りこむとき，班メンバーが1年間モチベーションを維持して楽しめることが，何より肝要だ．無理をして真面目ぶったテーマを選ぶ必要はまっ

たくない．以下の点に注意したうえで，班のキャラクターにあわせてテーマえらびをしよう．

① **過去の実習，先行研究のテーマを参考にする**

たとえば以下の『日本人の姿』の節構成は，探求すべき班テーマの参考になるだろう（表現をかえたものがある）．

分類	テーマ
家族	幸福感，結婚，女性の仕事，夫の家事，高齢者
少子化	少子化，理想の子ども数，シングルライフ，離婚
仕事	非典型労働，自営業，仕事の満足度，若者の働き方
転職，失業	長期継続雇用，失業，女性のキャリア
不平等	世代間移動，地域差，中意識，ジェンダー，学歴
政治	支持政党，政府，国民と政治
犯罪	治安，人間の本性，少年法，死刑制度，性意識
情報	新聞・テレビ・本，教養講座，パソコン
余暇	幸福感，ストレス，旅，ギャンブル，飲酒と喫煙，ペット
死生観	宗教，安楽死，墓

② **調査地域と対象者（母集団）に合わせる**

まず，**調査地域の特性によって**，質問しやすいこと，しにくいことがあるかもしれない．武蔵野調査では，武蔵野市に吉祥寺という街があるので，ショッピングや飲食について質問しやすかった．一方，農家がほとんどなく内陸でもあるので，農林業や水産業について質問することはできなかった．

同様に，**調査対象者の特性を意識する**ことも大切だ．武蔵野調査の場合，対象者を22〜69歳としたので，学生向けの質問は回答を期待できない．住民の年齢，職業，所得などの分布は，自治体ウェブページでわかることもあるので，調べておこう．クラス調査の場合，対象者が学生に限定されることに注意する．

③ **仮説，質問，インタビュー，報告書をイメージする**

そのテーマでどのような仮説をたてられるか，本当に質問をつくれるか，だれにインタビューできるか，報告書でどう書くかまでイメージしよう．

④ **年齢などの属性はテーマとしない**

年齢や職業などの属性については，どの班でも分析に利用する．武蔵野調査

では，属性として年齢，性別，教育，婚姻状態，家族構成，職業，世帯収入などを質問した．

3……テーマ設定の手順
① ブレーンストーミングする
それでは，**班テーマの候補を3つ**あげてみよう．全体テーマに関連したもの，地域に関連したもの，最後の1つは自由とする．他の班と重複してよいし，今後変更してもよい．

班の中でブレーンストーミングして，それぞれ10ほど候補をあげよう．**ブレーンストーミング**とは，頭の中に嵐をおこすようにして，グループでアイデアをだす1つの方法だ．他人の意見を決して否定しないで，とにかく大量にアイデアを書きだす．突拍子もないこと，実現不可能にみえることでも提案してみて．**この調査でしかしらべられないこと**にぜひチャレンジしよう．

② 全体でテーマを調節する
テーマ候補を考えたら，すべての班のテーマを板書してみよう．

```
1班  好き嫌い，成蹊学園との関わり，初恋
2班  ラーメン，武蔵野市の歴史，高校の部活動
 ⋮
```

テーマがあまりにバラバラだと，回答者は「何を調べたいのかな」と困惑するかもしれない．しかし，あまりに同じようなものばかりだと，分析のときにふくらみがでない．目安としては，1/3から半分くらいが全体テーマに関連すると，**一貫性と多様性のバランス**がとれるだろう．

また，地域についてのテーマがあると，回答者のモチベーションがあがるだろう．武蔵野調査では毎年，成蹊大学のイメージや吉祥寺でのショッピングなどを2〜4問いれるようにしている．

4……フィールドにいく
テーマがきまったら，関連した**フィールド**（現場）にいくことで，理解を深めよう．可能なら**インタビュー**もする．

テーマが特定の場所なら，そこへいく（駅がテーマならその駅へ，役所利用がテーマなら役所へ）．テーマが健康など一般的なことなら，店や学校などへいく．武蔵野調査ではたとえば，給食については市の給食センターを見学し，栄養士にインタビューした．

　インタビューされる人からすると，「その大学の代表者」とみなすので，礼儀を大切にしたい．たとえば，歴史など基本的な情報はあらかじめ調べておくべきだ．終わったらお礼の葉書をだそう．

【ヒント】
1. 班テーマの候補を，教員が提案してもよい．たとえば武蔵野調査では，「好き嫌い」「コーヒーと紅茶の好みの違い」「子どものころの食生活」などを教員が提案した．

【練習問題】
1. フィールドにいったら，統計，歴史などの資料があれば2部もらってくる（1部は教員用，1部は班用）．もし関係者に話しをききそうなら，現状，課題，将来の展望などをインタビューしよう．その人たちの個人的な意見でよい．「調査をするので，何か知りたいことはありませんか」ときいて，質問作成に役立ててもよい．

2-3 仮説構成

仮説をたてる

【キーワード】 仮説, 仮説構成, 検証, 原因と結果, 因果関係
【用意するもの】 班テーマ一覧
【出来上がるもの】 仮説一覧

1 ……… 目的と事例

この章では, 班テーマを仮説の形にする. **仮説**とは,「男性ほど給食が好きだろう」など, 正しいかもしれないし間違っているかもしれないことをいう. 社会調査では, あらかじめ「理論的にこうなるはずだ」と仮説をたてる. これを**仮説構成**という. 仮説が正しかったかどうかは, 調査結果で確かめる. この作業を**仮説の検証**という.

調査をしてみたら, 予想どおりかもしれないし, 予想とちがうかもしれない. 実査のあとで, もっとよい仮説を思いつくこともある. それでよいのだ. 仮説はあくまで仮のものであり, いつでも軌道修正してよい. たとえば, 武蔵野調査報告書第4章では, つぎの**仮説一覧**のように2つの仮説を, 理由とともにたてた.

仮説一覧

班	仮説	内容
4	1	男性ほど, 活発に動いてお腹を空かせていたので, 給食が好きだったろう. 若い人ほど, 近年給食がおいしくなってきたので, 給食が好きだったろう
	2	給食が好きだった人ほど, みんなで楽しく給食を食べたため, 現在でも食べることが好きだろうし, 食育を必要だと考えているだろう
⋮		

2 ……… 仮説構成のポイント

仮説はどのような形をとるだろうか. 最もシンプルな仮説は,「若い人ほど給食が好きだろう」のように, 増減について「**○○ほど△△だろう**」という形に

なる．仮説はいくらでも複雑にできるが，実習では**「増えるだろう」**と**「減るだろう」**の2種類に絞るほうがよい．○○や△△は変数となる．

仮説は散布図における楕円としてグラフ表現できる．横軸が原因（○○ほど），縦軸が結果（△△だろう）だ．増加であれば右上がり，減少であれば右下がりになる．「若い人ほど給食が好きだろう」は減少のグラフとなる．

この形の仮説を検証するなら，調査結果は「増えた」「減った」「差がなかった（無関係だった）」の3種類しかない．もし仮説どおりの増減であれば，仮説は**支持された**ことになる．もし差がなかったり，逆の関連があれば**支持されなかった**ことになる．

実習では，**原因Aからテーマへと，テーマからその結果Bへの2つの仮説を**たてるとよい．合わせると，「○○な人が△△して，その結果××」といった1つのストーリーになる．各仮説に理由も考えよう．ただし，AからBの関係は考慮しなくてよい．実習では，原因，結果は2つずつだとちょうどよいかもしれない．

原因A（2つ） ⟶ テーマ ⟶ 結果B（2つ）
　　　　仮説1　　　仮説2

ここでテーマを「○○と思う」など意識にすると，その結果を想定するのが難しくなる．そのため，**意識より行動や経験とする**ほうが，仮説はたてやすいだろう．なお，この段階での仮説は，調査の結果変わることがある．むしろ，ほ

とんどの仮説が別物になると思ったほうがよいだろう．

3……仮説構成の手順
① 原因Aを2つ考える
　まず，ある現象がおこるのはなぜかを想像する．ここで，原因Aは本来なら何でもよいが，実習では**属性**である「男性（または女性）ほど」「若い人（または年配の人）ほど」「未婚者（または既婚者）ほど」のどれかに限定し，そのうち2つとするとよいだろう．そのうえで，仮説1の候補セットをブレーンストーミングして，5個ほどあげよう．クラス調査の場合，年齢や婚姻状態に差がないだろうから，「男性ほど」「○○学部ほど」「△△大学ほど」「高校が男女共学だった人ほど」などで考える．

② 結果Bを2つ考える
　つぎに，その結果どうなるかをイメージしよう．結果Bは，**自分の班のテーマ内**で検討してもよいし，**他の班のテーマ**とつなげてもよい．「給食が好きだった人ほど，現在でも食べることが好きで，食育を重要視するだろう」のように結果2つをセットにする．こちらも候補セットを5個ほどあげる．

③ 全員で検討する
　実際に仮説をたてたら，まとめて以下のように板書して，全員で検討しよう．

```
 ：
3班　女性，既婚者　→健康　　→熟睡，いつまでも恋愛
4班　男性，若い　　→給食好き　→食べること好き，食育重視
 ：
```

4……仮説構成のチェックリスト
①「○○した結果△△」という因果関係になっているか
　仮説1でも2でも，因果関係が必要だ．たとえば，「料理をよくする人ほど，女性だろう」は，相関関係ではあるが因果関係ではない（料理をした結果性別が変わったわけではない）．つねに，**逆の因果関係**を疑おう．

② 意外性はあるか（原因と結果に距離があるか）

さらに，当たり前なことは仮説にしない．たとえば，「女性ほど料理をよくするだろう」は，やや常識的だろう．「若い人ほど料理をする」や「料理をよくする人ほど生活に満足する」のほうが，**変数の間に距離がある**．

③ 理由づけできるか（原因と結果に距離がありすぎないか）

最後に，なぜそうなるのかを**理由づけ**できる必要がある．「若い人ほど料理をよくするだろう」と想定したとしても，そのメカニズムを推測できなければ，仮説とはいえない．また，「風がふけば桶屋が儲かる」のように，距離がありすぎてこじつけることも，不可である．

【ヒント】

1. No variance, no science といわれる（佐藤嘉倫氏による）．仮説にあらわれる変数は，それぞれがある程度ちらばっていなければならない．もし全員が給食好きだったら，「男性ほど給食が好きだろう」という仮説は肯定も否定もできない．

2. 学歴と収入は，仮説にいれないほうがよい．人によっては「高学歴な人ほど△△」「収入が多い人ほど△△」といった仮説に，不快感をもつかもしれない．

【練習問題】

1. 仮説をたてたら，それについて「すでに何がわかっているか」を，先行研究によって調べよう．また，身近な人10人にインタビューして，班の仮説が支持されるかどうか検証しよう．

2. 「風がふけば桶屋が儲かる」という諺がある．どうして風がふくと桶屋が儲かるのか．

2-4 質問文・調査票の作成①

質問をつくる

【キーワード】 質問, 質問文, 選択肢, 自由回答, サブクエスチョン, 単項選択と多項選択, 量的変数と質的変数, ダミー変数, ダブルバーレル, ワーディング
【用意するもの】 仮説一覧, 過去の調査票(JGSS調査, SSM調査の調査票でもよい)
【出来上がるもの】 質問一覧

1………目的と事例

この章では, 仮説を具体的な質問の形にする. **質問**とは, 調査票における問1, 問2などをさす.「あなたの体調について以下のことは当てはまりますか」といった**質問文**と,「体調がよい」「30分以内に眠れる」といった**選択肢**のセットからなる. 過去の調査票を参考にして作成すると効率的だ.

質問は, 仮説を検証するための手段である. 周到に準備したい. そのために, たとえば健康といった班テーマについて, 病気, ストレス, 主観的な健康感, 喫煙などさまざまな角度から質問することが重要だ. また, せっかくの機会だからできるだけオリジナルなものにしよう. **原則として1班は1問をつくる**が, 必要があれば2問以上のこともある. たとえば武蔵野調査では, 給食をテーマとした班はつぎの質問をした. 年齢など**属性についての質問は教員が作成する**. 生活満足度, ストレスなど, 皆で利用する質問も教員が担当する.

問11　あなたには,以下のことが当てはまりますか(○はいくつでも)

1	食べることが好き	:	
2	腹八分目を意識して,食事している	8	小さい頃,学校での給食が好きだった
3	栄養バランスを意識して,食事している	88	どれも当てはまらない

2………質問作成のポイント

どのような質問が, よい質問といえるのだろうか. 基本は回答者の立場にたってみて, 答えやすいことだ. よい質問は, **意味が明確**で, **回答者を迷わせない**. そのために, 実習ではつぎのような工夫が役立つだろう.

① 選択肢を用意して，自由回答はさける

「あなたの趣味は何ですか」といった**自由回答**からは，多様な意見や行動パターンを収集することができる．その一方，アフターコーディングをしても選択肢ごとの人数が少ないため，実際には分析することができない．そこで，いれるとしても全体で1問か2問までとしよう．回数など数をききたい場合でも，可能なら選択肢からえらんでもらうほうが，回答者の負担は少ない．

② サブクエスチョンは用いない

「現在結婚している方にうかがいます．していない方は問〇〇へ」といった**サブクエスチョン**を，調査で用いることがある．しかし，こうした分岐は調査票を複雑にし，回答者を混乱させる．その結果，とくに郵送調査では誤記入や無回答を増やす原因となる．そこで，サブクエスチョンをつかわず，配偶者について質問するなら「現在結婚していない」のように**非該当の選択肢をいれる**．

③ 量的変数より，多項選択の質的変数を利用する

「〇回」のように数値に意味がある**量的変数**と，「好きな季節」のように意味がない**質的変数**のどちらを用いてもよい．ただ，質的変数のほうが，0か1かの**ダミー変数**として処理すれば，変数の数がはるかに多くなる．

同じ理由で，回答を1つに絞る**単項選択**（単一回答）より，いくつでも選択できる**多項選択**（複数回答）が便利だ．武蔵野調査では，質的変数が属性質問を除いた問1〜21のうち17問，多項選択が11問だった．

④ 意識より，行動や経験を質問する

「結婚したいか」といった**意識**よりも「結婚しているか」「結婚したことがあるか」といった**行動や経験**のほうが，一般に信頼できる回答となる．そのため，どちらでも聞けるなら行動や経験について質問するほうがよい（調査唯物論）．もちろん，意識について調べたいなら意識を質問するべきだ．

3……質問作成の手順
① モデルとなる調査票を用意する

芸術は模倣からはじまるという．質問づくりも同じだ．よい調査票をまねることで，よい質問をつくることができる．日本版総合的社会調査（JGSS調査）や

社会階層と社会移動全国調査 (SSM調査) のように，継続的に実施されているものは，質問文も選択肢もよく練られているので参考にしたい（どちらの調査も**コラム参照**）．付録の武蔵野調査調査票でもよい．

② **参考とする質問をみつける**

武蔵野調査調査票などから，参考とする質問をみつけだす．そのうえで，質問文と選択肢を仮説にあわせて変更しよう．面倒でもすべての質問文の最後に，単項選択なら「○は1つ」，多項選択なら「○はいくつでも」といれると，誤解をさけられる．

③ **質問文と選択肢をつくる**

選択肢は，まずブレーンストーミングして20個ほどあげ，それを6～9個くらいにしぼっていくとよい．選択肢は意味が近いものをまとめたり，過去から現在へ，身近なものから地球規模へなど**流れをつける**と回答しやすい．つぎの表のようにまとめよう．ただし，このあと各班の質問を1つの調査票へとまとめた結果，バランスを考えて大幅に変更されるかもしれない．

選択肢の番号は，アフターコーディングの手間をはぶくために，「賛成」「反対」など選択肢が2個の場合，「1賛成」「0反対」など**1と0**とする（ダミー変数として利用する）．順序がある場合，「4希望がある」「1希望がない」のように**直感と一致するよう番号をふる**．非該当は**88**などとする．

	もとの質問		自分たちの質問
質問文	あなたの体調について,以下のことは当てはまりますか(○はいくつでも)	質問文	あなたのペットについて,以下のことは当てはまりますか(○はいくつでも)
選択肢	体調がよい,30分以内に眠れる,…,どれも当てはまらない	選択肢	犬を飼っている,猫を飼っている,…,ペットはいない

4……質問のチェックリスト
① **ダブルバーレル質問になっていないか**

ダブルバーレル質問とは，「韓国や中国は好きですか」のように論点が2以上あるものをさす．どちらか1つだけ好きな人は，回答に困る．

② **難解な言葉を使っていないか**

難解な表現をつかうと，誤解や知ったかぶりがおこる．中学生でも理解できるよう，シンプルでやさしい**ワーディング**（表現）を心がける．

③ 分布が偏らず，平均に差がでそうか

後の分析を考えると，多項選択の場合回答が偏らず，1つの選択肢に2割から8割くらいが当てはまるとよい．また，男女，年齢，未婚既婚などで平均に差がでると，平均の比較をしやすい．ダブルスコア以上だと理想的だ．

【ヒント】
1. 原則として1問を1班担当とするが，つぎのように質問を表にする場合，複数の班で相乗りしてもよい．

    あなたは現在,以下のことに希望をもっていますか（○はそれぞれ1つ）

		希望がある	やや希望がある	やや希望がない	希望がない
ア）	自分の未来	4	3	2	1
イ）	家族の未来	4	3	2	1

2. 教員が，自分の研究のための質問をいれてもよい．教員のモチベーションがあがるので，積極的にそうするべきだろう．

【練習問題】
1. 身近な人10人に班の質問に回答してもらう．質問のチェックリストを確認し，さらに選択肢が過不足なかったかをきこう．

2-5　質問文・調査票の作成②

調査票を作成する

【キーワード】 調査票，挨拶文，個人情報保護法，フェイスシート，プリテスト
【用意するもの】 質問一覧，過去の調査票
【出来上がるもの】 調査票

1 ……… 目的と事例

この章では，質問を調査票にまとめる．**調査票**とは，質問に挨拶やお礼の言葉をくわえて，1つの冊子にしたものである．調査をする側とされる側が，調査票を介して会話する．よい調査票をうけとると，何かを探求したいという気持ちがダイレクトにつたわり，「じゃあ協力しようかな」と思わず回答したくなるものである．

武蔵野調査では，A4サイズで8ページの冊子を用いた．1ページ目を挨拶，2～7ページ目を質問，最終ページは空白とした．継続して実習をするなら，年によって紙の色を変えるとわかりやすい．この年はオレンジ色とピンク色の紙を使用した．成蹊クラス調査では4ページの冊子だった（どちらの調査票も**付録参照**）．

2 ……… 調査票作成のポイント

質問づくりの基本は，回答者の立場にたって答えやすくすることだった．調査票も同じく，河が流れるようにスムーズに答えられることを最優先させよう．そこで，調査票の構成が大切となる．一般的な調査票は，つぎの3つの要素をもつ．武蔵野調査でもこれを踏襲した．

調査票の要素	内容
挨拶文	実施者,目的,サンプリング方法,記入方法など
質問	質問,フェイスシート項目(属性についての質問)
お礼	調査協力への感謝,意見の自由回答

回答者はつねに「なぜ自分が回答しなくてはいけないか」と疑問に感じなが

ら，回答するだろう．そのため，調査票のあちこちで**回答者のモチベーションをあげる**よう，工夫する必要がある．

そこで，最初のページには**挨拶文**をおく．調査票とは別の用紙とすることもあるが，実習では調査票に掲載するほうがよい．調査実施者（実習なら教員名）と連絡先を明記する．問い合わせできるよう，電話番号が必要だ（対応は週2日ほどでもよい）．調査目的は簡潔にまとめる．

回答者はまた，「なぜ自分が選ばれたのか」を知りたいだろうから，**サンプリング方法**を説明する．何を抽出台帳としたのか，どのような法律にしたがっているのか，具体的にどのように個人を抽出したのかなどを，丁寧につたえるべきだろう．「**個人情報保護法**にもとづいている」などプライバシー保護にも配慮する（個人情報保護法については**コラム参照**）．武蔵野調査は匿名でおこなったが，そうでない場合は「匿名でない」ことを明記するべきだ．

学齢や収入など属性についての**フェイスシート項目**は，回答者にとってどちらかといえば答えたくないものなので，調査票の後半におくほうがよいだろう．ただ，性別と年齢はどの分析でもつかうので，記入もれがあると致命的となる．そのため，この2つだけは冒頭においてもよいだろう．

最後にお礼とともに，「意見があれば自由に書いてください」と**自由回答欄**をもうけよう．回答者が調査にフラストレーションを感じても，ガス抜きの役割をはたすようだ．武蔵野調査では，毎年1〜2割の人が書いてくれる．

3……調査票作成の手順
① 総ページ数をきめる

総量をきめて，遵守する．回答者の負担を減らすため，**短いほどよい**．A3用紙を二つ折りしてA4サイズにするなら，ページが4の倍数となる．実習では**できれば8ページ**として，多くても12ページに収めたい．武蔵野調査では毎年8ページとしている（ただし最終ページは使用しないので実質7ページ）．クラス調査の場合，他の授業内でおこなうことになるので，より制約が厳しい．**できれば4ページ**とし，8ページが限界だろう．

② 質問を分類して見出しをつける

班ごとの質問を，内容によって大きく分類して「○○市について」「生活について」「食生活について」などと見出しをつける．**1〜2ページに1つは見出**

しがくるようにしたい．

③ 見出しごとに質問をならべる

まず，地域について，時事問題について，大学についてなど，身近で答えやすい質問からはいる．冒頭に「△△大学をきいたことがありますか」などの**導入質問**をおくと，スムーズに回答にはいれるだろう．多くの人がはいと回答できるようにするが，分析では用いない．武蔵野調査では「成蹊学園にきたことがありますか」と質問した．

つぎに，班の質問を**身近なものから**ならべていく．全体に流れを感じられるよう，見出しの配列を工夫しよう．「政治経済」「家族」「地域」という順番より，「地域」「家族」「政治経済」のほうがスムーズだろう．見出しの中の質問の配列も，自然となるようにする．

最後に全体をみわたしてみて，回答するとき単調にならないか確認しよう．長い質問と短い質問，表形式とそうでないもの，単項選択と多項選択などを組み合わせて，**メリハリ**をつけたい．

④ 挨拶，質問，お礼を1つにまとめて，レイアウトをととのえる

選択肢はページをまたがないほうがよいが，質問文と選択肢はそうなってもよい．とくに後半ではページ飛ばしを防止するため，あえてそうすることがある．

調査票の印象は，調査そのものの印象となる．そこで，できるだけ**レイアウトはゆったり**とさせる．文字を大きくし，明朝体ではないフォントを選ぶとよいだろう．武蔵野調査では12ポイントとし，丸ゴシック体をつかった．成蹊クラス調査では，ページ数を短くするために表を多用した．

4……… プリテストをおこなう

調査票が完成したら，印刷するまえにかならずプリテストをおこなう．**プリテスト**とは，実査前に少数の回答者に実施することで，問題点をみつけだすことをいう．プリテストの回数は多いほど，よい調査票ができる．労働価値説があてはまるといえる（永井史男氏による）．武蔵野調査では3回宿題として実施した．

プリテストは，**実際の調査対象者と同じ年代の人におこなう**．たとえば，学

生の親世代 (40～60代) に調査票をわたして,じっさいに記入してもらう.回答者の男女が半々となるようにする.収入などプライバシーにかかわる質問には,回答しなくてよい.また,自分の市町村によみかえてもらう.

　質問への回答とともに,流れはスムーズだったか,回答していてひっかかることはなかったか,全体的な印象はどうかなどをきく.クラス調査の場合は,友人の学生などにプリテストをおこなう.

【ヒント】
1. 調査票に大学のマークをいれる.教員の写真を掲載する.もし教員が調査地域の出身者なら「△△小学校出身」などと記載すると,回答者にとって親近感がますだろう.
2. 調査票の印刷はプリンタでもできるが,予算に余裕があれば印刷所に外注したい.仕上がりが格段によい.その場合,見積もり,入稿,校正,納品と時間がかかるので,少なくとも実査1か月前から動く必要がある.
3. 調査票の大きさはA4サイズが標準的だ.白色より色をつけたほうが,目立つのでよい.赤系でも青系でもよいだろう.武蔵野調査では,ページ飛ばし対策として外側をオレンジ,内側をピンクとした.また,めくりやすいよう,あえて右端を4ミリほどずらして作成した.

【練習問題】
1. プリテストの回答結果を,「どの選択肢に何人該当した」といった形で集計する.(該当者が1割以下や9割以上など) 回答に偏りがあった場合,担当者は質問を修正しよう.

COLUMN 個人情報保護法を正しく理解する……常松 淳

　情報技術の急速な発達により，個人情報を利用した電子商取引の活発化といったメリットと同時に，プライバシー情報の漏洩などデメリットも増大していたこと，また海外で進んでいた法整備などを背景として，日本でも「個人情報の保護に関する法律」が2003年に制定された．その目的は「個人情報の有用性に配慮しつつ，個人の権利利益を保護すること」（第一条）である．言わば個人情報を扱う際の"交通ルール"を定めて"事故"を未然に防ぐことが目指された法律なのである（岡村 2010: 35）．

　法律の前半は官民共通の基本的な理念や責務について述べ，後半は民間部門（個人情報取扱事業者）の具体的な義務を定めたものとなっている（公的部門については別に行政機関個人情報保護法などがある）．個人情報取扱事業者とは，過去六ヶ月以内に一度でも5,000人分以上の個人データを事業（自治会や同窓会のような非営利事業も含む）のために使用した民間事業者を指す．生存する特定個人を識別できる「個人情報」について，事業者は利用目的の特定・本人の同意なき目的外利用の禁止・不正な手段による取得の禁止・利用目的の本人への通知などの義務を課されている．個人情報がデータベース化されているときは更に，データ内容の正確性の確保・漏洩などを防ぐ安全管理・本人の同意なく第三者にデータを提供しない・本人の求めに応じてデータの開示や訂正を行う等の義務が加わることになる．

　また事業者は個人情報の取扱いに関する苦情を迅速に処理するよう努めなければならない．義務規定違反がある場合には，主務大臣が事業者に対して勧告・命令などを行うことができ，命令に違反した者は罰金・懲役の対象となることもある．ただ，個人の権利侵害という"事故"が生じてしまった後の被害者の救済は，従来通り，たとえば民法による損害賠償（不法行為責任）の枠組みで行われることになっている．メディアの報道活動や，大学の学術研究など憲法が保障する自由に関わる活動に限り上記の義務は適用されないけれども，安全管理や苦情処理などを適切に行う努力義務は課されていることを忘れてはならない．

　この法律の趣旨はあくまで個人情報の有用性に配慮しつつ個人の権利利益を保護することにあるので，ルールに従って取り扱われている限り，名簿など個人情報データベースの作成・利用それ自体が違法となることはない．法律の規定が抽象的であり，また先例が蓄積されていないためいわゆる"過剰反応・過剰保護"の問題（一部の公的部門が，この法律に名を借りて情報隠しをするなど）が生じている面は否定できない（岡村 2010：64）．今後は，個人情報を有効活用するメリットと権利の保護とをどのように両立させるかを考えていく必要がある．

【文献】
岡村久道，2010，『個人情報保護法の知識〈第2版〉』日本経済新聞社．
消費者庁ウェブサイト「個人情報の保護」(http://www.caa.go.jp/seikatsu/kojin/index.html)．

COLUMN ▼▼▼ 住民基本台帳と選挙人名簿抄本……山本英弘

　一般市民を対象とした標本調査においては，抽出台帳（サンプリング台帳）として住民基本台帳と選挙人名簿抄本が用いられることが多い．これらはいずれも市区町村ごとに管理されており，必要な手続きをとれば原則として閲覧可能である（ただし，住民基本台帳は有料である場合が多い）．以下では，実際にこれらの抽出台帳の閲覧とサンプリングの仕方について簡単に紹介しよう（詳しくは，大谷ほか 1999 などを参照）．

　まず，住民基本台帳であれば市民課や住民課などの住民登録を扱う部署，選挙人名簿抄本であれば選挙管理委員会に閲覧を申し出る．市区町村によっては閲覧申請書・誓約書等の書類のほか，研究計画書，質問の概要，調査票の添付などが必要な場合もある．また，調査後に報告書の提出を求められることもある．そのため，何が必要なのか事前に確認しておくようにする．

　サンプリング作業を効率よく行うためには，しっかりとした準備が必要である．多段抽出の場合は，第一次抽出単位となる地区や投票区をあらかじめ決めておくのは言うまでもない．大規模な市区町村では台帳が分冊化されている場合があり，対象となる地区や投票区が一冊に収まっているとは限らないことにも注意しなければならない．

　なお，台帳から情報を転記するための用紙（調査対象者原簿）を準備しておくと効率的に記入できる．郵送調査の場合には，市販のラベル用紙に住所と名前を記入することで，そのまま宛名ラベルとして使用する方法が考案されている（小松 2002）．この場合，性別と出生年月日はラベルの欄外に記入しておく．ラベル用紙をコピーして調査対象者原簿とし，郵送に必要なときは原簿からラベル用紙にコピーすることで，その後の転記の手間が省ける．

　サンプリング作業は，担当部局にアポイントメントをとったうえで，市区町村の役所に出向いて行う．役所の一部のスペースを借りて作業に当たることが多い．台帳の掲載順に注意しながら，サンプリングと転記作業を進めていく．

　抽出した調査対象者リストは厳重に管理しなければならない．訪問調査の調査員に渡すなどコピーが必要な場合でも，使用後はただちに回収してシュレッダー等を用いて廃棄処分する．

　ところで，近年は個人情報保護の観点から，住民基本台帳や選挙人名簿抄本の閲覧が認められなかったり，サンプリングが困難なようにリストが編成されているケースが増えている．そのため，必要に応じたサンプリングの工夫をしなければならない．（詳しくは，岩井・稲葉 2006 を参照）．同時に，個々の主体が有意義で適切な調査を行うことにより，社会調査に対する理解や信頼を高めていかなければならない．

【文献】
岩井紀子・稲葉太一, 2006,「住民基本台帳の閲覧制度と社会調査—JGSS-2005 での抽出からみた問題点と対応」大阪商業大学比較地域研究所・東京大学社会科学研究所編『日本版 General Social Surveys 研究論文集 [5] JGSS で見た日本人の意識と行動』161-176.
小松洋, 2002,「サンプリング台帳の活用法と注意点」『理論と方法』17(2): 227-236.
大谷信介・後藤範章・木下栄二・小松洋・永野武, 1999,『社会調査へのアプローチ』ミネルヴァ書房．

2-6 サンプリング

サンプリングをする

【キーワード】 サンプリング，ランダムサンプリングと有意抽出法，抽出台帳，系統抽出法，スタート番号，抽出間隔，地点
【用意するもの】 候補地点一覧，エクセルなど表計算ソフト，（以下個人サンプリング当日）地点一覧，虫眼鏡，付箋紙，クリップ，クリアファイル
【出来上がるもの】 標本一覧

1……目的と事例

この章では，標本をサンプリングによって抽出する．**サンプリング**とは，具体的な調査対象者を，母集団から標本として選ぶことをいう．

実習では，まず地点をサンプリングし，その中から個人をサンプリングする，という2段階のサンプリングをすると効率的である．地点サンプリングは教室でできるが，個人サンプリングは役所などでおこなうことも多い．

武蔵野調査では，まず地点として（すでに調査した地点をのぞいた）全21丁から6丁を系統抽出法でえらび，つぎに市役所にて住民基本台帳で各丁から50人ずつ300人を系統抽出した．その結果，つぎのような**標本一覧**が完成した．もし卒業生名簿など抽出台帳が手元にあるなら，地点サンプリングは不要だ．**クラス調査の場合**，集合調査なのでそもそもサンプリングしない．

標本一覧

標本番号	生年月日	性別	氏名	住所
1	S43.12.10	女	○○ ○○	○T△-△
2	S61.3.13	男	△△ △	○T×-×
⋮				

2……サンプリングのポイント

統計的な分析をするためには，ランダムサンプリングとなっていることが必要だ．**ランダムサンプリング**とは，個人が等確率でえらばれていることをさす（そうでない場合を**有意抽出法**という）．万が一サンプリングに失敗すると，統計

分析という量的調査最大の利点をいかせなくなるので，十分に注意したい．サンプリングのもととなる**抽出台帳**には，選挙人名簿か住民基本台帳をつかうことが多い（コラム参照）．

ランダムサンプリングをするための簡便な方法に，**系統抽出法**がある．これは，母集団から標本を等間隔に選んでいく方法である．

まず，1人1人に母集団番号を振ってから，**スタート番号**をランダムにきめて最初の標本とする．そのあとで，スタート番号から**抽出間隔**ごとに等間隔に，残りの標本を選ぶ．たとえば，スタート番号が3で，抽出間隔が4であれば，つぎのように母集団番号3，7，11，…が標本として選ばれる．この方法を，地点サンプリングと個人サンプリングの両方で用いる．

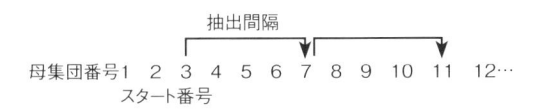

```
                抽出間隔
          ├──────┤├──────┤
母集団番号1 2 3 4 5 6 7 8 9 10 11 12…
          スタート番号
```

3……地点サンプリングの手順
① 地点の数をきめる
自治体の選挙人名簿を使用できる場合は投票区が，住民基本台帳の場合は丁などが単位となる．地域のばらつきを確保しつつ，個人サンプリングの手間をへらせるよう，**1地点の標本人数は15〜50人**ほどがよい．1地点の人数がきまったら，全体の標本人数から必要な地点数がもとめられる．武蔵野調査では，1地点50人として，標本人数が300人だったので，6地点をサンプリングした．

② 候補地点を一覧にする
地点ごとに，自治体などで調査対象者の人口をしらべ，累積人口をもとめる．累積人口がわかれば，個人の母集団番号をもとめることができる．そうして，つぎのような**候補地点一覧**を教員が用意しよう．武蔵野調査では，候補地点の22〜69歳人口の総数は32,837人であった．

候補地点一覧

候補地点番号	町丁目	22～69歳人口	母集団番号
1	東町1丁目	2,120	1～2,120
2	南町1丁目	1,634	～3,754
⋮			
21	桜堤3丁目	761	～32,837

③ 抽出間隔をもとめる

　間隔は，総数を地点数でわることでもとめられる（少数以下は四捨五入）．武蔵野調査では，総数32,837人から6地点選ぶので間隔5,473人だった．

④ スタート番号をきめて地点サンプリングする

　最初の間隔1～5,473から，スタート番号をランダムに選ぶ．エクセルなどで乱数を発生させる．スタート番号を母集団番号にふくむ地点が，最初の**地点**としてサンプリングされる．ここから，抽出間隔ごとに母集団番号をえらび，それがふくまれる地点を抽出する．武蔵野調査では，2,582がスタート番号だったので，これをふくむ南町1丁目が第1地点にえらばれた．つぎに抽出された母集団番号は8,055なので，御殿山2丁目が第2地点となった．

地点番号	抽出された母集団番号	候補地点番号	地点名
1	2,582	2	南町1丁目
2	8,055	5	御殿山2丁目
⋮			
6	29,947	19	境南町5丁目

4………個人サンプリングの手順

① 抽出間隔をきめる

　教員が事前におこなう．個人サンプリングでは，間隔は自由にきめてよい．実習では**すべての地点で共通**とする．あまり大きいと数える時間がかかるので，20から40がよいだろう．武蔵野調査では20とした．選挙人名簿をつかう場合，1ページの行数を間隔とすれば，作業が効率的になる．

② スタート番号を地点ごとにきめる

　教員がおこなう．地点の人口の中から，エクセルなどでランダムに選ぶ．番

号が後半の場合のために，末尾からの人数もかぞえて，つぎのような**地点一覧**を作成する．

地点一覧

地点番号	地点名	標本人数	スタート番号	(末尾からの人数)	間隔
1	南町1丁目	50	114	1,521	20
2	御殿山2丁目	50	1,089	719	20
︙					
6	境南町5丁目	50	243	2,023	20

③ **自治体などでサンプリング作業をする**

　転記シートが自治体で用意されている場合はそれをつかう．ない場合は準備する．地点ごとに，町丁まで印刷しておくと便利だ．

　対象外の人がいても，間隔にふくめて数える．もし対象外の人があたったら，その人からもう一度間隔を数えなおす（けっこうある）．地点の最後まで数えたら，冒頭から数える．最終的に**標本一覧**を作成する．

【ヒント】
1. 選挙人名簿や住民基本台帳の閲覧手続きには，時間がかかる．2か月以上前から自治体と連絡をとって準備したい．選挙人名簿のほうが個人サンプリングを効率的にできるので，可能ならこちらをつかう．
2. 転記シートを宛名シールのサイズにあわせて作成すれば，そのまま印刷して宛名にできる（石田光規氏のアイデア）．入力の手間をはぶけるし，手書きの宛名となるので一石二鳥といえる．

【練習問題】
1. 抽出された地点を地図にプロットしよう．さらに現地に足をはこび，印象を報告する．

2-7 調査の実施

調査を実施する

【キーワード】 実査，謝礼，督促状，問い合わせ，有効票と無効票
【用意するもの】 調査票，送付封筒，返信封筒，謝礼，督促状葉書，宛名シール（2セット），切手，切手貼付用スポンジ
【出来上がるもの】 実査セット，結果予想の表

1………目的と事例

この章では，いよいよ調査を実施する．調査を実施することを**実査**という．演劇でいえば公演にあたる，実習のハイライトである．実際に調査対象者とコンタクトをとることになるので，「えっそうなの？」といった想定外のこともおこる．とはいえ，ここまでの準備が十分できていれば，問題なく進行するはずだ．

武蔵野調査では，以下の**実査セット**を準備し，調査票を郵送した．返送期日を12日後に設定し，最後の調査票が返送されたのは36日後だった．**クラス調査の場合**は，授業内で調査票を配布し，その場で回収する．

実査セット	仕様
調査票	A3用紙2枚に両面印刷（外注）
送付封筒	「社会調査士課程室」名入り角2号，「武蔵野市民のみなさんへ　アンケートのお願いです」と印刷，切手と宛名貼付
返信封筒	課程室名入り角2号，返信先を印刷，「○日までにご返送ください」と印刷，切手貼付
謝礼	500円図書カード，封筒入り
督促状葉書	官製葉書

2………調査実施のポイント

郵送調査では，調査票と返信封筒を送付する．封筒に大学名が印刷されているとよい．可能なら記念切手をつかう．依頼状を事前におくることもあるが，実習では不要だろう．**謝礼**をわたすタイミングは，実習ではより高い回収率をめざして，調査票と同時に**先渡し**とするほうがよい．

督促状は，あってもなくてもよいが，それなりの効果は期待できる．武蔵野調査では1回おくっている．かもめ～るなど特別な葉書をつかうと，好印象を

190

あたえるだろう.

　準備段階で, 教員が留守番電話を用意し, **大学ウェブページ**での調査実施アナウンスを依頼する. また, **大学内の関連部署**（総務, 広報, 教務など）に, 問い合わせがあったら「たしかにそうした調査を実施しているので, 詳しいことは教員に連絡してほしい」と対応してもらうよう依頼しておく. クラス調査の場合, 対象となる授業で1〜2週間前にアナウンスし, 他の教員に協力してもらうなら同じころ確認しておこう.

3……… 調査実施の手順
① 準備する
　送付セットは回答者との唯一の接点だ. 少しでも失敗したら廃棄するようにする.

　送付封筒に切手と宛名シールをはろう. 返信封筒には切手だけ貼り, 2つ折りにする. ここまでできたら, 調査票, 返信封筒, 謝礼をきれいにかさねて, **送付封筒**にいれる. クラス調査の場合, クラスごとに調査票をわけて封入する. 必要なら協力してくれる教員に送付する.

　督促状にも宛名シールを貼る. 武蔵野調査は匿名で実施されたので, 督促状も全員におくった.

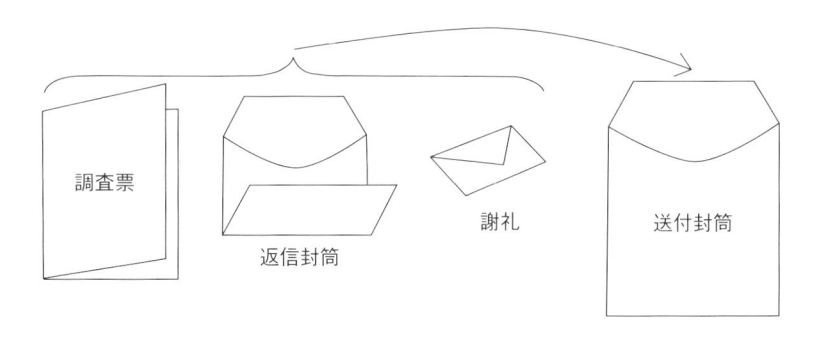

② 調査票を配布する
　準備がととのえば, 実施にはいる. 調査票の送付を木曜か金曜とすれば, 週末に回答してもらえる. 同じ理由で, 返信期日を月曜とする. 期間は, 実習では10日ほどがよい. ちょうど2回の週末をはさむことになる. 督促状は, 調査票送付の1週間後の木曜か金曜におくる.

クラス調査の場合，実施時期の影響をさけるため，1週間の間にすべて実施したい．配布時に「答えたくない質問には回答しなくてよい」ことを，口頭でつたえるべきだろう．

③ 問い合わせに対応する

実査の期間中，調査対象者から**問い合わせ**がくることがある．誠実に対応したい（**コラム参照**）．

④ 調査票を回収する

はやければ，発送した翌日から返信封筒が到着する．すぐに開封して，**有効票**であるかを確認しよう．有効票には，調査票の表に1から通しで**ID番号**をつける．

まったく回答してなかったり，「こうした調査には協力できません」などと手紙がはいっていることがある．これらは残念ながら**無効票**となる．一部だけ回答している場合は悩ましい．半分以上回答していれば，有効票としてよいだろう．

教員が回収状況を管理しよう．総回収数，うち有効回収数と無効回収数，問い合わせ数などを日付けとともに記録する．郵送調査だと，ときには1年後に有効票が返送されることがある．あらかじめ，たとえば月末や後期授業開始日までなどと**本当の期日**をきめておこう．

クラス調査の場合，調査実施と同時に回収できる．他の教員に依頼するときは，返送してもらうのか，とりにいくのかを，あらかじめつたえよう．

4 ……… 結果を予測する

調査票が回収されるまえに，班の質問について結果を予想し，つぎの**結果予想の表**を作成しよう．「その他」と「非該当」はのぞく．

① 集計の予想

選択肢のうち，回答が多そうなもの2つ．

② 平均の比較の予想

選択肢ごとに，男女，年齢（30代以下と40代以上など），未婚既婚で比較して，

どちらの中で比率が高いか，どちらの人数が多いかではない．

③ 相関係数の予想
相関係数の絶対値が最も高そうなもの2組．正の相関か負の相関かも明記する．

結果予想の表

選択肢	多い2つ	多いグループ			相関2組
1		男	30代以下	既婚	3と正の相関
2	○	女	40代以上	未婚	
⋮					

【ヒント】
1. 宅配業者によるメール便は安価であるが，ダイレクトメールなどと間違えられがちなので，郵便局を利用することをすすめたい．また，返信封筒を料金後納にすることもできるが，武蔵野調査ではあらかじめ切手を貼り「手間ひまをかけているな」という印象をあたえるようにした．
2. 準備作業は，いつもの班ではなく全員でおこなうと，よい気分転換になる．

【練習問題】
1. 実査がスタートしたら，「たくさん回収できますように」と毎日いのろう．
2. 横軸を調査開始からの日数，縦軸を有効回収数と有効回収率として，折れ線グラフを作成しよう．また，性別，年代別に（20代男性は○%のように）回収率をもとめる．

COLUMN 問い合わせにどう対応するか……保田時男

調査対象者からの問い合わせのなかには，説明の難しい質問やきつい苦情もあり，対応に苦慮することが少なくない．比較的ポピュラーな問い合わせをいくつかあげてみよう．

A「応募もしていないのに，なぜ家にアンケート用紙が届くのか．どうやって住所を調べたのか」
B「家に訪問してくるのは迷惑だ．電話や郵便にしてくれないか」
C「なぜこんなプライベートなことを答えないといけないのか．意図がわからない」
D「そちらで本当に調査をやっているのか．名前をかたった詐欺ではないか」

適切な対応をするためには，遠回りのようだが，相手がこの調査依頼をどのように「認識」しているのか，想像することが大切である．調査依頼に接した対象者は，協力するかどうかを決定するまでに，一定の迷いのプロセスをたどることがわかっている (Groves & Couper 1998)．突然の依頼を受けた人々は，まず，その依頼がいったいナニモノであるのか，自分の頭の中にある分類ボックスに押し込めようとする．ほとんどの人々の頭には「学術的社会調査」といった分類は存在しないので，最初は「ダイレクトメール」「宗教の勧誘」といった誤ったボックスに落ち込んでしまう．依頼状の文面でうまく社会調査であることを認識してもらえた場合でも，社会調査の分類ボックスはふつう偏ったイメージで作られている．企業の「市場調査」や，マスコミの「世論調査」のイメージが強く，すべての社会調査がそのようなものだと思い込んでいることが多い．

問い合わせをしてくるのは，このような理由から認識上の分類がうまくいかずに，自信をもった判断ができなかった人々である．Aは，応募型の市場調査のイメージで偏っているのだろう．Bは，これまで電話調査や郵送調査に接してきたにちがいない．Cは意識を調べる世論調査には慣れているが，社会的属性や行動を調べられることには慣れていないようである．Dは，協力したいのだけれども，あと一歩，分類の判断に自信がなく，最後の一押しを探しているといったことが予想される．

問い合わせをしてくるような人々は，それがたとえ苦情であっても，調査を正しく認識することで，意外と協力を申し出てくれることが多い．問い合わせがあったことは，むしろチャンスと思わなければならない．大切なことは，こちらの立場から調査の説明を並べ立てるのではなく，相手の認識を出発点とすることである．間違っても，性急に「どうか協力してください」と連呼してはならない．認識が不十分なのに決断を迫られると，相手は当然，拒絶するしかない．適切な分類ボックスを作るための情報を出し続け，相手が協力を申し出てくれるのをひたすら待つことである．そのためには，実施している調査の設計や意義はもちろん，一般的な調査法の仕組みを，徹底的に頭に叩き込んでおかなければならないことはいうまでもない．

【文献】
Groves, Robert M. and Mick P. Couper. 1998. *Nonresponse in Household Interview Surveys*. John Wiley & Sons, Inc.

COLUMN
戸田貞三『家族構成』……千田有紀

　社会学に詳しくないひとからときどき「家族も社会学の対象になるのですか」と不思議がられることがあるが，家族社会学は日本の社会学においておそらくもっとも歴史のある分野である．戦前の日本の社会学は，家族の研究が主であった．ひとつは消えゆく日本の習俗や農村の組織形態を書きとめようとする村落社会学，農村社会学の研究．鈴木栄太郎や有賀喜左衛門などの著作が有名であり，エスノグラフィーなどの質的な調査が主であった．そしてもうひとつが親族としての側面の家族の研究．その金字塔が戸田貞三の『家族構成』（1937 年）である．

　戸田は 1920 年におこなわれた第一回国勢調査の原票千通毎に 1 通ずつ抽出した「抽出写し」11,216 世帯分を分析することによって，日本（内地）の家族構成について調べた．当時は戸籍上に「家」が存在し，その家が法律上の家族集団であるかのように取り扱われていたが，「この戸籍上の家なるものは単に帳簿上の族的集団であり，事実上の家族とはかなり縁遠いものである」（『家族構成』新泉社版 122 頁）と戸田は考えていた．国勢調査はこれら戸籍上の「家」ではなく，日常生活において，事実上寝食を共にするひとびとの集団である「世帯」を分析の対象にしたが，さらに戸田貞三は非血縁者を排除して「世帯主ならびにこれと夫婦，親子およびその他の近親関係にあるもの」を家族構成員とみなして分析を試みた．

　その結果，世帯主または世帯主夫婦から成り立っている一世代家族は 17 パーセント強，世帯主または世帯主夫婦とその親または子から成り立っている二世代家族は 53 パーセントであり，一世代家族と二世代家族の合計は全体の 7 割以上を占めていることがわかった．そして三世代家族は 27 パーセント，四世代家族は 2.5 パーセント，五世代家族はほとんどないということも判明した．

　日本では家族の存続を重んじる傾向があるため，後継ぎの子どもは結婚したあともまた親と同居して，三世以上の直系親を含む三世代家族が多いと考えられていたのに，この調査結果は意外であった．戸田は三世代家族を形成する条件として，平均初婚年齢の高低，有配偶女性の出産率の大小，国民一般の年齢別生存率の三点があると考えて検討し，三世代家族が少ないのは「家系を継承すべき子を通じて孫を得ている者」が総数の 4 割以下にすぎないからであり，直系家族の同居規範が衰退したからではないと結論付けている．

　直系家族規範が強いと考えられた戦前に，実態としては三世代家族が少ないという発見は驚きであったし，戸田の緻密な家族の計量分析はまさに金字塔という名にふさわしいものであった．そして何よりも，労働組織としての日本独自の家に多くのひとの関心が寄せられていた戦前期に，「感情的融合」に基づいている欧米の家族とあまり変わることのない日本の家族の姿をとらえようとした戸田の理論的試みは，興味深いものであると同時に，ロマンティックですらある．

【文献】
戸田貞三，1937，『家族構成』弘文堂 → 1982，『叢書 名著の復興　家族構成』新泉社．

2-8 エディティング

データを入力する

【キーワード】 データ入力, 原票, エディティング, データクリーニング, 欠損値, 単集チェックとクロスチェック, 調査の概要
【用意するもの】 回収した調査票, パソコン, エクセルなどの表計算ソフト, 統計ソフト, 入力マニュアル, 入力フォーム, 付箋紙, サイコロ
【出来上がるもの】 データファイル

1 ……… 目的と事例

この章では, データを入力する. **データ入力**とは, 回収した調査票の情報を, パソコンに入力することだ. その結果, SPSSやRなどの統計ソフト上に**データファイル**が出来上がる.

ただし, 回収直後の調査票は, いわば畑でとれたての野菜のようなものだ. 生で食べられるものもあるが, 泥をおとし, 味つけすることではじめて食べられるようになる. 調査票も, ほとんどの場合何かしら誤記入, 回答もれ, 矛盾があるため, 訂正が要求される. この訂正作業が**エディティング**(点検)とよばれる.

入力したあとも, 未婚に○をつけつつ, 専業主婦に○をつけるなど, 論理的に矛盾することがある. 逐一推測しながら訂正していくことになる. **データクリーニング**という. 「またか」の連続で根気がいるが, 良質なデータを入手するためには不可欠な作業である.

武蔵野調査では, 有効票のうち9割ほどにエディティングをほどこす. データクリーニングの結果, 1割ほどの調査票で矛盾が発見される. 最終的に以下のような**データファイル**が完成した. 郵送調査でもクラス調査の場合でも, この章の作業は**共通**となる(2-13章まで同様).

ID	Q1	Q2_1	Q2_2	…	Q3_8	Q3_8_1	…
1	1	0	1		0		
2	999	0	0		1	散歩で	
⋮							

2………データ入力のポイント

回答者は，こちらが想定していない形で質問を誤解したり，誤記入することがある．そこで，まず教員が10票ほど入力して，エディティングとコーディングの典型的なパターンを抽出する．それらを**入力マニュアル**としてまとめよう．エディティングと**コーディング**(値のわりふり)は同時におこなう．

無回答は「999」など大きな数字にして，すべての質問で統一させる．もし**○の数が指定より多い**なら，サイコロを使って指定どおりにする．ただし，他の質問から推測できるならそれを優先させる．多項選択での無回答は，全ての選択肢について回答がない場合のみである．その場合には，全てに999を入力する．もし「その他」の記述が他の選択肢に該当するようなら，そちらにわりふる．たとえば，武蔵野調査では以下の入力マニュアルを作成した(A4判1.5ページ)．

入力マニュアル
・無回答は「999」．ただし，「とくにない」「どれにも行っていない」などと解釈できるものはそちらへ
・○が指定より多いならサイコロで指定どおりに．ただし，他の変数から推測できるならそちらを優先
　　　　　　　　　　　　　　　　⋮
・問12嫌いな食べ物の「88嫌いなものはない」と問13嫌いな理由の「88嫌いなものはない」は連動させて判断

入力はエクセルなど**表計算ソフト**をつかっておこなう．「○は1つ」であれば選択肢の値を，「○はいくつでも」だと選択されていれば1，いなければ0を記入する．

教員があらかじめ表計算ソフトで**入力フォーム**をつくっておく(以下は武蔵野調査のもの)．縦にID番号，横に質問をおく．Q1のように質問が単項選択なら1質問1列，Q2のように多項選択なら1選択肢1列となる(この列が変数となる)．2行目に**質問内容**，3行目に**入力範囲**(自由回答なら記述)を指示する．

ID	入力者	Q1	Q2_1	Q2_2	…	Q3_8	Q3_8_1	…	Q6_1	…
		成蹊きた	自分が在籍	友人が卒業		その他	その他			
		0か1	0か1	0か1		0か1	記述		0~7	
1										
2										

3……データ入力の手順
① 2名1組のペアをつくる
　エディティング，コーディング，入力は2名1組でおこなうと，ミスを防止しやすく，グループ作業の楽しさもうまれる．まよったら，調査票(**原票**ともいう)を確認し，教員に相談する．**訂正**したら，かならず赤ペンで内容，入力者名，日付を記入して付箋紙をはる．

② エディティングとコーディングをする
　入力マニュアルをみながら，誤記入，回答もれ，矛盾を訂正し，値をわりふる．他の質問も参考にしながら，**総合的に判断する**．

③ 入力する
　10票ごとなどにわけて入力する．入力フォームは教員が管理する．1人がよみあげ，1人が入力する．よむ人はスピードを調整するなど，入力者に配慮する．最初に性別と年齢をみて，「どんな人だろうか」と想像しながら入力するとよい．60歳なのに学生だったり，男性なのに専業主婦に○がついていると，「あれ？」と立ちどまることができる．なお，自由回答に値をわりふる**アフターコーディング**は，分析でつかわないので省略してもよい．武蔵野調査では，2人1組が2時間でほぼ20票分を入力した．

④ 入力ミスをチェックする
　入力がおわったら，別のペアが入力ミスをチェックする．今度は1人が入力画面をよみあげ，もう1人が調査票で確認する．このとき入力ミスがみつかったら，その場で入力を修正する．

⑤ 統計ソフトでデータファイルを作成する
　教員がおこなう．88非該当や999無回答を，統計ソフトで**欠損値**として指定する．

⑥ データクリーニングをする
　教員が中心となる．ミスを発見したら，かならず調査票を確認する．まず**単

集チェックをおこなう．すべての変数について，**単純集計表**（度数分布表ともいう）をもとめて，値が本来の範囲にあるかを確認する．たとえば0か1のダミー変数なのに2と入力されていたら，訂正が必要だ．調査票にもどって，原因をつきとめ対応する．

つぎに**クロスチェック**をおこなう（ロジカルチェックともいう）．重要な変数について，**クロス表**（クロス集計表ともいう）をもとめて，論理的に存在しないものをあぶりだす．たとえば，婚姻状態と従業上の地位のクロス表で，未婚かつ専業主婦であれば矛盾する．

4 ………調査の概要を作成する

ひととおり入力がおわったら，調査の概要を作成しよう．**調査の概要**とは，調査方法，母集団と標本，サンプリング方法，回収率など，調査の基本情報をまとめたもので，個人でいれば履歴書のようなものだ．**有効回収率**の計算では，もし住所不明票があれば，分母からのぞく．無効票と調査拒否はのぞかない．有効回収率が50％をこえたら，ひとまず安心できる．武蔵野調査の調査の概要は**シラバス参照**．

【ヒント】
1. 入力作業では，いつもの班とは別のグループとすると，学生のモチベーションがあがる．トランプ，あみだクジなどでグループ分けしよう．
2. データクリーニング後，年齢から年齢階級をつくったり，既婚者と離死別者をあわせて「結婚経験者ダミー」をつくるなど，教員が新変数を作成しておく．
3. この段階でコードブックと結果速報を作成してもよいが，実習ではなくてもよい．成蹊クラス調査の速報は**付録参照**．

【練習問題】
1. 回収状況を報告しよう．住所不明で返送，無効票，調査拒否票，問い合わせがそれぞれいくつかあったか．

2-9

集計する

> 【キーワード】　集計，単純集計表，値，度数，比率，棒グラフ
> 【用意するもの】　データファイル，パソコン，統計ソフト
> 【出来上がるもの】　単純集計表，単純集計の棒グラフ

1 ……… 目的と事例

　この章では，変数がどのように分布しているのかをしらべるために，データを集計する．あらゆる分析の出発点となる．**集計**とは，質問ごとに，0女性，1男性などの選択肢にそれぞれ何人いるか(**度数**という)をもとめることである．0，1などを**値**という．

　データを質問ごとに集計して，値と度数をセットにしたものが**単純集計表**である（度数分布表ともいう）．武蔵野調査の問1「あなたはこれまで，成蹊学園（小中高校ふくむ）に来たことがありますか(○は1つ)」の単純集計表は，以下となる．

単純集計表

	人数	%	有効%	累積%
0　ない	100	53.2	54.9	54.9
1　ある	82	43.6	45.1	100.0
有効回答計	182	96.8	100.0	
999　無回答	6	3.2		
合計	188	100.0		

2 ……… 集計のポイント

　集計結果は，単純集計表に集約される．度数の**比率**（割合ともいう）を%で表示する．合計人数のうちの%と，欠損値をのぞいた有効回答人数のうちの有効%の両方があると便利だ．さらに累積%ものせよう．

　さて，単項選択の質問ならば，統計ソフトの出力結果がそのまま単純集計表になる．しかし，**多項選択の場合は工夫が必要である**．1つの選択肢が1変数

となっているが，複数の選択肢をまとめて単純集計表をつくったほうがみやすい．たとえば，武蔵野調査の問11「あなたには，以下のことが当てはまりますか（○はいくつでも）」は多項選択で，9個の選択肢があった．統計ソフトで単純集計表をもとめると，選択肢ごとにつぎのような単純集計表が出力される（これは選択肢1「食べることが好き」のもの）．

	人数	%	有効%	累積%
0 いいえ	44	23.4	23.4	23.4
1 はい	144	76.6	76.6	100.0
有効回答計	188	100.0	100.0	
999 無回答	0	0.0		
合計	188	100.0		

ここで該当者である「1　はい」の行に着目して，他の選択肢と結合すれば，つぎのような1つの単純集計表ができる．なお，多項選択では累積%に意味がないので空欄とする．

	人数	%	有効%	累積%
1　食べることが好き	144	76.6	76.6	
2　腹八分目を意識して，食事している	63	33.5	33.5	
⋮				
88　どれも当てはまらない	2	1.1	1.1	
有効回答計	188	100.0	100.0	
999　無回答	0	.0		
合計	188	100.0		

3………集計の手順
① すべての変数について，統計ソフトで単純集計表を出力する
　SPSSなら「度数分布表」，Rなら「`table`」「`xtabs`」．年齢など10個以上の値をとるものは，「20代」「30代」など3〜10個くらいの階級にわける．

② エクセルなど表計算ソフトに貼りつける
　そのままではあつかいにくいので，表計算ソフトにうつそう．単項選択ならそのままでよいが，多項選択については該当者の情報をあつめて別の1つの表にする．

③ 単純集計表をつくる

ワードなどの文章ソフトにうつす．レイアウトをととのえて，単純集計表を作成する．少数第一位までとする．選択肢は省略せず，**調査票と完全に同じ表現**とする．

④ 予想があたったかを確認する

2-7章で，班の質問の選択肢のうち，多そうなもの2つを予想した．単純集計表から，その予想があたったかどうかを確認する．的中してもしなくても，なぜそうなったのか**理由を考えよう**．なお，本来なら度数の大小が母集団でもあてはまるかを検定する必要がある（t検定）が，実習ではそこまでしなくてもよい．

4 ……… 棒グラフにする

単純集計表は，**棒グラフ**にすることで視覚的に理解しやすくなる．上の単純集計の結果を，%が多い順に棒グラフにするとつぎとなる．有効%にもとづいてつくる．選択肢名は略称でもよい．「あてはまらない」「その他」などは最後におく．このように「横」棒グラフにすると，みやすい．一般に，同じことをいろいろなグラフで表現できるが，**最もよいグラフはただ１つ**である．

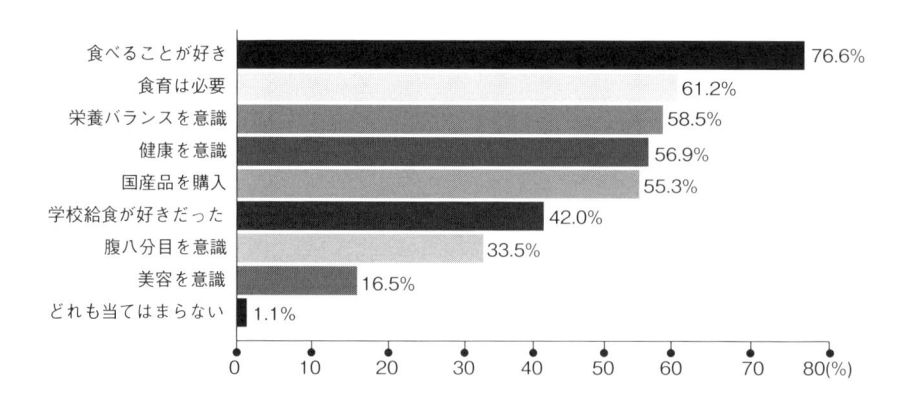

項目	%
食べることが好き	76.6%
食育は必要	61.2%
栄養バランスを意識	58.5%
健康を意識	56.9%
国産品を購入	55.3%
学校給食が好きだった	42.0%
腹八分目を意識	33.5%
美容を意識	16.5%
どれも当てはまらない	1.1%

【ヒント】
1. 単純集計表の作成は，煩雑な作業となる．時間がかぎられている場合は，教員が作成し，学生が統計ソフトの出力結果と照合して確認する，という形でもよい．

【練習問題】
1. 班変数の単純集計表を，横棒グラフ，縦棒グラフ，円グラフ，帯グラフにする．印象が異なることを確認しよう．

2. 単純集計表から，「平均人」を想像しよう．選択肢のうち，%が多かった上位半分（真ん中ふくむ）が平均人に該当し，下位半分は該当しないとする．理由も想像する（こじつけでよい）．たとえば上の武蔵野調査の質問では，「平均的な人は豊かな時代をいきているので，食べることが好きで，栄養バランスや健康を気にする．しかし，食べることに力をいれすぎるため，ついつい食べすぎてしまい，美容を気にしない」のようになる．

2-10 分析①

平均を比較する

【キーワード】 平均,比率,従属変数と独立変数,二群の差の検定,分散分析,折れ線グラフ
【用意するもの】 データファイル,パソコン,統計ソフト
【出来上がるもの】 平均の比較の表,平均の比較の折れ線グラフ

1 ……… 目的と事例

この章では,性別や年齢などによって違いがないかをしらべるために,平均を比較する.**平均の比較**とは,関心のある**従属変数**(結果変数)の平均が,原因となる**独立変数**(原因変数)ごとにどれだけ異なるかをもとめることである.従属変数が0か1のダミー変数だと,**比率**(%)を比較することになる.

武蔵野調査では,男女別,年代別,未婚既婚別に平均の比較をおこない,つぎのような**平均の比較の表**をつくった.ここからたとえば,未婚者と既婚者で食べることが好きな比率がほとんど同じであり,30代以下は40代以上の倍ほど給食が好きだったことがわかる.

平均の比較の表

		男性	女性	30代以下	40代以上	未婚	既婚
1	食べることが好き	72.7	79.8	87.9	71.7	77.8	76.0
⋮							
8	学校給食が好きだった	49.4	35.8	62.1	30.8	50.8	37.6
88	どれも当てはまらない	1.3	.9	1.5	.8	.0	1.6

単位:%

2 ……… 平均の比較のポイント

平均の比較の結果は,平均の比較の表に集約される.武蔵野調査では,最初にすべての変数について,男女別,年代別(30代以下と40代以上),未婚既婚別に平均の比較をおこない,全員に配布した.実習では,このように多くの変数について探索的に平均の比較をおこなうのがよいだろう.

従属変数が「○日」「△回」など**量的変数**の場合，つぎの表のようにそのまま比較する．「1健康状態が悪い」「2やや悪い」「3やや良い」「4良い」のような**順序変数**の場合，実習では量的変数とみなして比較してよい．**ダミー変数**の場合，そのまま比較する（％になおす）．「20～29歳」のように量的変数を区間で質問した場合，その区間の中央値を値としてわりふる（ここでは24.5歳）．

	男性	女性	30代以下	40代以上	未婚	既婚
フルタイムの仕事	3.5	1.5	3.0	2.0	3.1	2.0
家で料理	2.4	5.4	3.8	4.5	3.3	4.7

単位：日（週のうち）

ただし，「健康状態が良い人とやや良い人をあわせて，それ以外の人とわける」というように，いくつかの値をまとめることがある．その場合，「健康状態が良い，やや良い」なら1，そうでないなら0の**ダミー変数を作成し**，つぎの表のように比率を比較する．

	男性	女性	30代以下	40代以上	未婚	既婚
健康状態が良い,やや良い	81.8	86.1	86.4	83.2	79.0	87.2

単位：％

3……平均の比較の手順
① 班変数を従属変数にして，平均の比較を出力する
　SPSSなら「グループの平均」，Rなら「`mean`」．男女別，年代別，未婚既婚別など属性を独立変数とする．従属変数がダミー変数なら，クロス表をもとめてもよい．

② 平均の比較の表をつくる
　単純集計表と同じく，表計算ソフトから文章ソフトにうつして，レイアウトをととのえる．平均は小数第一位までもとめ，単位を明記する．選択肢は「フルタイムの仕事をする」を「フルタイムの仕事」のように簡略化してよい．

③ 検定する
　もし標本で平均に差があったとき，母集団でも差があるかを検定する必要が

ある。たとえば，標本では◯のように増加していても，母集団では◯のように差がないかもしれないし，◯のようにむしろ減少しているかもしれない。

検定には，**二群の差の検定**や**一元配置分散分析**や**相関係数の検定**をおこなう。ただし，実習で時間の制約があるときは，標本で**5%以上の差があれば**，母集団でも差があるとみなしてよい(標本が385人以上いればいつでも成立する)。

④ **予想があたったかを確認する**

2-7章で，班変数の平均の比較を予想した。平均の比較の表をつかって，予想を検証しよう。**理由も想像する**。

4……折れ線グラフにする

平均の比較の表は，つぎのような**折れ線グラフ**にすると視覚的になる。グラフから，たとえば女性のほうが，年配の人のほうが，既婚者のほうが家で料理する日数がふえるが，フルタイム労働の日数はへることがわかる。

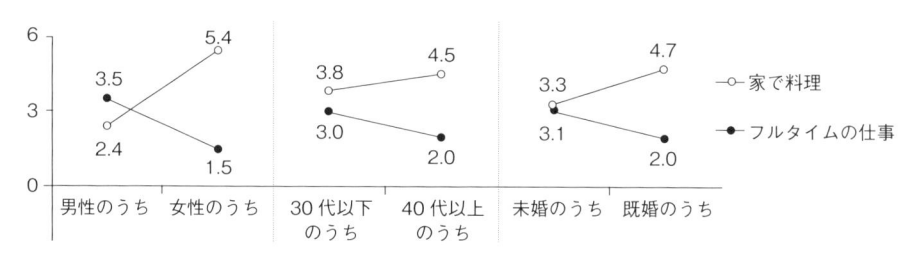

（グラフ：家で料理／フルタイムの仕事
- 男性のうち：3.5／2.4　女性のうち：5.4／1.5
- 30代以下のうち：3.8／3.0　40代以上のうち：4.5／2.0
- 未婚のうち：3.3／3.1　既婚のうち：4.7／2.0）

つぎのグラフからは，男性のほうが，若い人のほうが，未婚者のほうが給食好きだが，とくに年代別で差が大きいことがはっきりする。縦軸の幅を広げたり縮小してみて，最も効果的なグラフをつくろう。

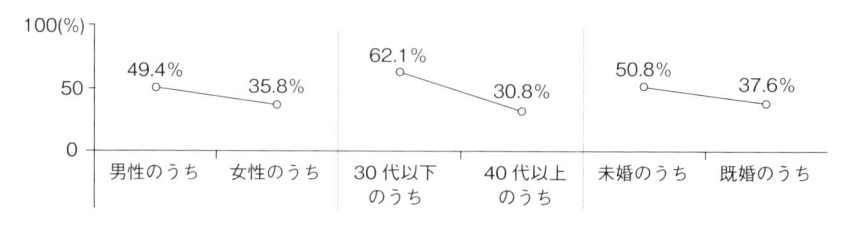

（グラフ：
- 男性のうち：49.4%　女性のうち：35.8%
- 30代以下のうち：62.1%　40代以上のうち：30.8%
- 未婚のうち：50.8%　既婚のうち：37.6%）

給食が好きだった人の比率

【ヒント】
1. 平均の比較の表の作成も，あらかじめ教員が作成して学生が確認する，とするとよい．

【練習問題】
1. 平均の比較の結果を，横棒グラフ，縦棒グラフ，円グラフ，帯グラフにしよう．印象が異なることを確認する．

2-11　　　　　　　　　　　　　　　　　　　　　　　分析②

相関係数をもとめる

【キーワード】　相関係数，相関分析，正の相関と負の相関，無相関(独立)，相関係数の検定
【用意するもの】　データファイル，パソコン，統計ソフト
【出来上がるもの】　相関係数の表，折れ線グラフ

1………目的と事例

　この章では，変数と変数の関連をしらべるために，相関係数をもとめる．**相関係数**とは，2つの変数がどれくらい関連するかを1つの値であらわしたものだ．量的変数かダミー変数であれば，どのような組合せでももとめることができる(質的変数はダミー変数にする)．1つの値なので比較しやすく，直感にもやさしい便利な指標である．相関係数をつかって分析することを**相関分析**という．

　相関係数の値は−1から1をとる．1にちかいと**正の相関**(　　　)となり，「歳をとるほど家が広くなる」のように片方がふえると他方もふえる．−1にちかいと**負の相関**(　　　)となり，「歳をとるほど家が狭くなる」のように片方がふえると他方はへる．0にちかいと**無相関**(独立ともいう，　　　)で，「若くても年配でも家のひろさは同じくらい」のように片方がふえても他方に影響がない(負の相関と混同しないようにしよう)．

　武蔵野調査では，質問ごとにつぎのような**相関係数の表**を作成した．1行目の1，2などは「1食べることが好き」「2腹八分目を意識」の略である．ここからたとえば，1食べることが好きと4健康を意識の相関係数が0.026だったことがわかる．

相関係数の表

		1	2	3	4	5	6	7
1	食べることが好き							
2	腹八分目を意識	−.033						
3	栄養バランスを意識	.019	.163*					
4	健康を意識	.026	.322**	.336**				
5	美容を意識	.042	.110	.229**	.242**			
6	国産を購入	.110	.162*	.134	.190**	.111		
7	食育は必要だと思う	.127	.011	.171*	.078	.031	.316**	
8	学校給食が好きだった	.165*	−.056	−.027	−.130	−.030	.006	.148*

*有意確率5%未満，**1%未満

2……相関係数のポイント

相関分析の結果は，相関係数の表に集約されている．武蔵野調査では，問1，問2などすべての質問ごとに相関係数をもとめて，報告書に表を記載した．

相関係数を計算するには，「回数などの量的変数同士」，「量的変数と0か1のダミー変数」，「ダミー変数同士」のどれかであればよい．ただし，好きな季節などの質的変数は，値に意味がないので，ダミー変数にする必要がある．

統計ソフトで相関係数を計算すると，つぎの表のように出力される．対角線は自分同士との関連なので，いつでも1になる．そのため，表を作成するときは冗長なので削除する．また，対角線から左下の三角部分と右上の三角部分は，まったく同じ情報となっている．通常は**左下のみを報告する**．

		1	2	3
1	食べることが好き	1	−.033	.019
2	腹八分目を意識	−.033	1	.163*
3	栄養バランスを意識	.019	.163*	1

*有意確率5%未満

相関係数の検定の結果，有意な関連があれば＊印（**アスタリスク**）などで表示される．**相関係数の検定**とは，標本で正の相関（または負の相関）だったのが，母集団でも成立するかをあらわす．有意確率が3%や1%など少ないほど，標本での関連がつよく，その結果母集団でも関連していることが保証される．**有意な相関関係がある**（有意な関連がある）といい，ご褒美に＊印がつく．実習の場合，5%未満であればよい．＊が多いと「やったー」と嬉しくなるものだ．

報告書では，つぎのように最終列を削除し，対角線と右上の値を空欄にしたうえで，＊印をつける．ここからたとえば，食べることが好きなことと栄養バ

ランスを意識することには，0.019と正の相関がある．しかし，＊がなく有意ではないので，母集団で関連があるとはいえないことがわかる．

		1	2
1	食べることが好き		
2	腹八分目を意識	−.033	
3	栄養バランスを意識	.019	.163*

*有意確率5%未満

3………相関係数をもとめる手順
① 班変数同士で相関係数を出力する

SPSSなら「2変量の相関」，Rなら「**cor**」「**cor.test**」（検定）．班のすべての変数について計算する．ただし，「その他」「どれも当てはまらない」などはのぞく．アフターコーディングしたものも，度数が少ないのでのぞく．量的変数が20〜29歳など区間になっている場合は，事前に中央値をわりふる．

② 相関係数の表をつくる

表計算ソフトに貼りつけてから，文章ソフトにうつす．相関係数は小数第三位までもとめる．選択肢の名前は簡略化してよい．レイアウトをととのえて印刷する．

③ 検定する，予想があたったかを確認する

相関係数の表で，＊印があれば「有意な正の相関」と「有意な負の相関」を区別して色づけする．また，2-7章で班変数の相関係数を予想した．相関係数の表をつかい，予想を検証しよう．**理由も想像する**．

4………因果関係のチェックリスト，折れ線グラフにする

有意な相関関係があっても，原因と結果の**因果関係である保証はない**．そこで，以下のチェックポイントをしらべよう．

① 原因が時間的・論理的に先行する

因果関係であれば，**原因が変わると結果も変わる**はずだ．たとえば，体重と身長に相関関係があったとしても，体重がふえたら身長がのびるわけではない．

因果関係は逆である．

② 「逆の因果関係」になっていないか

そこで，もし原因と結果を逆転させても解釈できるならば，**より自然なほうを選ぶ**．たとえば，武蔵野調査で「食べることが好き」と「学校給食が好きだった」の間には，有意な正の相関関係があった．このとき，「昔から食べることが好きだから給食が好きだった」ともいえるが，「給食が好きだったから今食べることが好き」と解釈するべきだろう．

③ 「共通原因による疑似相関」になっていないか

共通の原因がある場合，**その影響をとりのぞいても**相関関係がのこる必要がある．そのために，つぎの章の**回帰分析**が役だつ．

さて，相関分析の結果有意な相関関係があり，しかも因果関係といえそうなら，つぎのような**折れ線グラフ**にしてみよう．独立変数と従属変数に注意して，平均の比較をする．

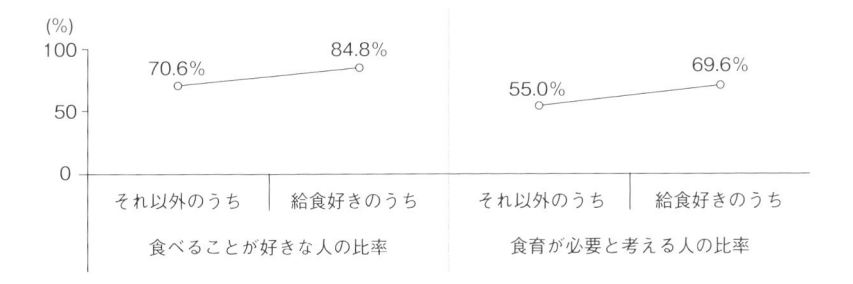

```
(%)
100
          70.6%    84.8%                55.0%    69.6%
 50
  0
        それ以外のうち  給食好きのうち       それ以外のうち  給食好きのうち
         食べることが好きな人の比率          食育が必要と考える人の比率
```

【ヒント】
1. 相関係数の表の作成は煩雑なので，教員が作成してもよい．

【練習問題】
1. 班変数の中で，予想と逆などの「意外な相関」を2つ紹介しよう．また，関連がありそうなのに「意外な無相関」だったものを，2つ紹介する．それぞれ理由を考えよう．因果関係になっているだろうか．

2-12 分析③

回帰分析をする

> **【キーワード】** 回帰分析,統制,非標準化係数と標準化係数,標準誤差,切片,回帰係数の検定,決定係数
> **【用意するもの】** データファイル,パソコン,統計ソフト
> **【出来上がるもの】** 回帰分析の表,回帰分析の折れ線グラフ

1 ……… 目的と事例

　この章では,回帰分析をおこなう.**回帰分析**とは,複数の原因が1つの結果にどう影響するかをしらべる方法だ.独立変数は量的変数かダミー変数であればよい(質的変数ならダミー変数にする).従属変数は量的変数である必要がある(ダミー変数を従属変数とするなら**二項ロジスティック回帰分析**を用いる).回帰分析は,従属変数が量的変数でさえあれば利用できるので,パワフルで便利な手法だ.

　平均の比較や相関係数では,1つの独立変数が1つの従属変数にどう影響するかをしらべた.回帰分析をつかえば,**複数の独立変数**があるとき,影響のつよさを比較できる.また,独立変数でたがいに統制するので,**疑似相関を発見**できる.

　さて,武蔵野調査でたとえば「男性ほど,また未婚者ほど,フルタイム労働をするだろう」と仮説をたてたとする.平均の比較から,男性は週に平均3.5日,女性1.5日,未婚者3.1日,既婚者2.0日だった.どちらも分散分析の結果,1%水準で有意な差があったので,仮説は支持された.では,女性であることと既婚者であることとは,**たがいに統制したとき,どれくらい影響力をもつ**のだろうか.さらに,どちらがより日数をへらすのだろうか.そこで,フルタイム週日数を従属変数,女性ダミーと既婚ダミーを独立変数とした回帰分析をおこない,つぎの**回帰分析の表**をえた.

回帰分析の表

独立変数	非標準化係数	標準誤差	標準化係数
切片	4.07		
女性ダミー	−1.92	0.35	−0.37**
既婚ダミー	−0.92	0.37	−0.17*

従属変数はフルタイム労働週日数．調整済み決定係数0.163，標本サイズ184．*有意確率5%未満，**1%．

2 回帰分析のポイント

回帰分析の結果は，回帰分析の表に集約される．つぎの情報が記載されている．

① 非標準化係数と標準誤差

最初の**非標準化(回帰)係数**は，各独立変数が従属変数にどれくらい影響するかを，従属変数の単位のままあらわす．たとえば，女性はフルタイム労働を週1.92日，既婚者は0.92日へらす．**切片**は，すべての独立変数が0のとき（この例では男性で未婚者のとき），フルタイム労働が週4.07日であることをしめす．

つぎの**標準誤差**は，非標準化係数のぶれ幅をあらわし，その1.96倍が95%信頼区間となる．たとえば，女性ダミーなら標準誤差が0.35なので，1.96倍すると0.69となる．そのため，−1.92の前後0.69である−2.61から−0.23が信頼区間となり，母集団での影響がこの範囲となる．

② 標準化係数

非標準化係数だと標準誤差が独立変数ごとに異なるため，独立変数の間で影響力を比較できない．これにたいして，**標準化(回帰)係数**は標準誤差をそろえてあるので，比較できる．絶対値が大きいほど，影響がつよい．この例では，女性ダミーの標準化係数の絶対値0.37，既婚ダミー0.17なので，女性であることが倍以上の影響をもつことがわかる．

③ 回帰係数の検定結果

標本内で回帰係数が正または負であっても，母集団でそうであるとはかぎらない．そこで検定をおこなう．検定結果は*印でしめされ，*がつけば標本での正（または負）の影響が母集団でもあることが保証される．その場合，**有意に正の（または負の）影響がある**と表現する．例では，*印がどちらにもついてい

ることから，女性であることも既婚者であることも，母集団でフルタイム労働日数を有意にへらすことがわかる．

④ 注

従属変数，調整済み決定係数，標本サイズ（N=184と書いてもよい）．＊印の説明を注に記載する．**決定係数**は回帰分析の説明力をあらわし，大きいほどよい．実習では，0.1以上あれば十分だろう．0.05以下の場合は，独立変数をかえるなど工夫しよう．

3……回帰分析の手順
① 仮説にそって回帰分析結果を出力する

SPSSなら「回帰」から「線型」，Rなら「`lm`」．何が独立変数と従属変数かに注意して計算する．

② 回帰分析の表をつくる

表計算ソフトから文章ソフトにうつす．回帰係数は小数第二位または第三位までもとめる．選択肢の名前は簡略化してよい．注までふくめて表を作成する．

③ 解釈する

まず，非標準化係数と検定結果から，各独立変数が従属変数にたいしてどういう影響をもったのかをしらべる（有意かどうか，正の影響か負の影響か）．有意であってもなくても，**理由を考えよう**．つぎに，標準化係数から独立変数のあいだで，影響のつよさを比較する．最後に，決定係数からモデル全体が十分にあてはまっているかを確認する．

4……折れ線グラフにする

独立変数が2つなら，つぎのような折れ線グラフを作成できる．ここでは参考のために，**回帰分析結果の折れ線グラフ**と，**平均の比較の折れ線グラフ**をならべた．回帰分析の折れ線グラフの計算方法は，つぎの表のとおりである．

回帰分析結果の折れ線グラフから，フルタイム労働の日数は未婚既婚よりも，男女のあいだに大きな違いがあることがわかる．男性の中で最も少ない既婚男性3.2日より，女性で最も多い未婚女性2.2日のほうが労働日が少ないことも，

視覚的に理解できる．

なお，回帰分析では独立変数の影響をたがいに統制する．これにたいして，平均の比較では各グループ平均のいわば「生の値」となるので，グラフが異なることに注意したい．

グループ	計算方法	計算結果
未婚男性	切片	4.1
既婚男性	切片＋既婚ダミーの非標準化係数	4.1−0.9=3.2
未婚女性	切片＋女性ダミーの非標準化係数	4.1−1.9=2.2
既婚女性	未婚女性＋既婚ダミーの非標準化係数	2.2−0.9=1.2

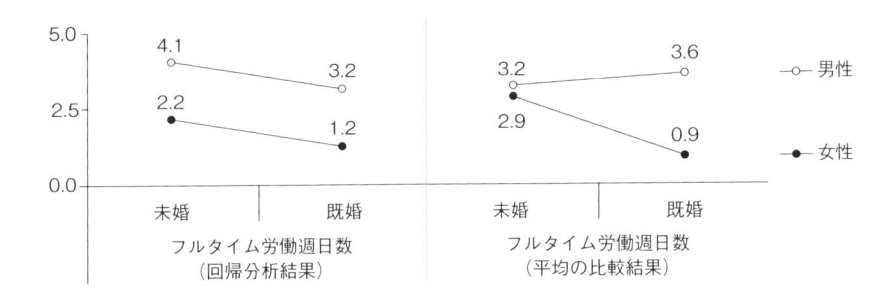

フルタイム労働週日数
（回帰分析結果）

フルタイム労働週日数
（平均の比較結果）

【ヒント】
1. 実習では，回帰分析はやや高度な手法となる．時間がかぎられている場合などは，回帰分析をスキップしてよい．武蔵野調査では回帰分析をおこなわなかった．

【練習問題】
1. 仮説にしたがって，独立変数を最初は1つだけいれて計算しよう．つぎに2つ，3つとふやして，結果を比較する．投入する順番をかえると，結果が異なることを確認する．

COLUMN 社会調査協会と社会調査士制度……盛山和夫（社会調査協会事務局長）

　社会調査士制度は，社会調査をとりまく環境の改善と質の高い社会調査の普及をめざして，日本社会学会と他の隣接学会とによって，2003年に設立された．現在，この制度は，学会からは独立した一般社団法人社会調査協会に引き継がれており，毎年，約3,000名近い学部卒業生が「社会調査士」資格を取得しているほか，専門的研究者・実務家としての「専門社会調査士」も約200名づつ新たに認定されている．また，資格認定事業のほかに，社会調査協会は，専門誌『社会と調査』の刊行，社会調査実習の授業への助成，研究会やシンポジウムの開催，講習会の開講，社会調査に関わる研究や論文の表彰など，多様な活動を展開している．

　社会調査士制度の創設には，社会調査をめぐる今日の問題状況が背景にある．

　社会調査といえば，社会学という学問の観点からは，どうしても「社会学という学問の方法」という側面にだけ目が向いてしまうかも知れないが，実は社会調査はたんに社会学のためにだけあるのではない．現代のように高度で複雑な社会は，さまざまな大量の社会的な統計データの迅速かつ適切な収集と有効で信頼しうる解析なくしては，一日たりとも存立しえないのである．実際，日々の市場の動向や一定期間ごとの経済活動の水準を示す経済統計はもちろんのこと，政治情勢の鏡として政治動向に影響を与える世論調査，政府や自治体における多くの政策の策定と遂行の基盤となるさまざまな官公庁統計，そして，より基礎的なレベルで社会の構造や変動を明らかにしようとする学術的な調査，さらには，個々の企業が経済活動を展開していくためのデータを提供する市場動向調査（マーケティング・リサーチ）など，無数ともいえる統計データの収集と分析が今日の社会を支えているのである．

　こうした統計データの大部分は，社会調査からなっている．国勢調査に代表される官庁統計のほとんどもそうである．もしも社会調査というものがなかったら，あるいは不完全な調査データしか利用できないとしたなら，政府・自治体も，民間企業も，何ら適切な判断ができないし，そのための理論的基礎を与える学術的研究も不可能になるだろう．

　ところが，そうであるにもかかわらず，社会調査をとりまく状況は年々悪化してきており，社会調査への信頼も揺らいできている．これは，先進社会に共通する現象で，それ自体が社会学的研究の対象になりうることだが，ここでは社会学も単なる「傍観的観察者」に留まることはできない．なぜなら，社会調査が困難になったりその質が低下したりすれば，その影響は直ちに社会学研究そのものに及んでくるからである．

　こうした問題状況のもと，社会調査士制度を中心とする社会調査協会の活動は，社会調査の信頼性を高め，調査研究水準の向上をめざした，社会学の公共的実践の一つであるということができるだろう．

COLUMN
『社会と調査』……今田高俊（『社会と調査』編集委員長）

今日，日本をはじめとして先進産業社会では，毎年，数多くの世論調査や社会調査が実施されている．これにともなって，調査員と調査対象者のあいだでトラブルが発生することも多くなっている．特に，日本では個人情報保護法が2005年4月から全面施行となり，国民のプライバシー意識の高まりから，調査は以前にも増して困難になりつつある．無作為標本を用いた学術的な質問紙調査では調査回収率が50%を割り込むことがしばしばである．こうした状況への対処は調査協力に対する謝礼を増やせば済む，と考えるのは安易にすぎる．調査員の質と倫理観を高めて人々の信頼を得ることが不可欠である．ということで，この使命を担って社会調査士の資格を付与する社会調査協会（旧社会調査士資格認定機構）が2003年に設立された．社会調査協会の任務は「大学・大学院等における社会調査教育の向上を図り，社会調査の知識と技能をもつ人材の供給と，実務に携わる者に対する研修あるいは社会調査の重要性に関する啓発活動を通して，社会の期待に応えること」にある．その一環として機関誌である『社会と調査』が発行されている．

本誌は，2008年秋の創刊号以来，年2回発行している雑誌である．その目的は，社会調査関連の仕事に従事する研究者，教育者，実務家のために，さまざまな角度からの議論の広場を提供すること，特に，社会調査にかんするアップデートな情報や知識を提供することにある．これらは変化の激しい時代状況に合わせて，社会調査に関する新しい知識・技能，応用力および倫理観の修得に役立つ情報，ならびに社会調査の企画設計から報告書作成に至る高度な実践的能力の向上に役立つ情報などである．しかも，本誌は研究者，教育者，実務家を読者層として想定しており，各層のニーズをバランスよく満たすよう工夫がなされている．

例えば，雑誌の構成は，巻頭言に次いで，「特集」，「審査付き論文」，「調査実習の事例報告」，「調査の現場から」，「働く社会調査士」，統計手法やデータ・アーカイブなどについて解説をする「コメンタリー」，「調査の達人」・「世界の調査／日本の調査」・「社会調査のあれこれ」といったコラム，「書評」と多彩な項目からなる．なかでも，特集は社会調査に係わる人々の関心を想定して，創刊号から順に7号まで，「厳しい状況下における社会調査」，「調査のフィールドとしての学校」，「世論調査の現場から」・「質的調査研究の"質"を問い直す」，「外国人をめぐる調査」，「回収率を考える」，「福祉と医療をめぐる現場学」，「国際比較調査の困難性と可能性」など，調査と真剣に向き合うために不可欠なテーマが取り上げられている．

本誌の記事から知った興味深い事実がある．かつては回収率30%あれば上々だった郵送調査のそれが上昇傾向を示していることである．都市部でも50%台を確保できる場合が多くなっており，農村部を含む一般サンプルであれば70%台に届くこともあるらしい．今後の調査の在り方を考えるべき時が訪れていることをいち早く教わった次第である．

本誌には，社会調査に向き合う学生・教員・実務家諸氏にとって，参照するに値する情報が盛りだくさん用意されている．是非とも日頃から座右に置いておきたい雑誌である．本誌の関連情報へのアクセスは http://jasr.or.jp/content/jasr/chairman.html まで．

2-13　仮説検証

仮説を検証する

【キーワード】 仮説検証，支持
【用意するもの】 単純集計表，平均の比較の表，相関係数の表，回帰分析の表，(以下必要におうじて)データファイル，パソコン，統計ソフト
【出来上がるもの】 仮説の検証結果の表

1 ……… 目的と事例

この章では，2-3章の仮説を検証する．**仮説の検証**とは，「理論的にこうなるはずだ」とたてた仮説が，現実のデータと一致したかどうかを確認することだ．いわば答え合わせのようなものである．

検証の結果，もし仮説が正しかったら，その仮説は**支持された**という．もし正しくないことがわかったら，**支持されなかった**という．せっかくの仮説が支持されないと，たしかに「あーあ」と落胆するが，じつはよくあることだ．そこから別の仮説を思いつき，あたらしい発見にいたることもまた，よくあることだ．

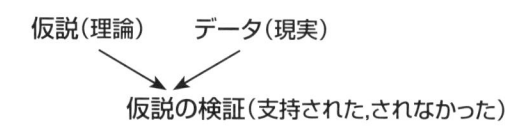

```
    仮説(理論)　　データ(現実)
         ↘     ↙
      仮説の検証(支持された,されなかった)
```

武蔵野調査では，たとえば報告書第5章で2つの仮説をたてた．検証の結果，つぎの**仮説の検証結果の表**のように，仮説1はすべて支持され，仮説2は部分的に支持された．

仮説の検証結果の表

	内容	検証結果
仮説1	男性ほど,また年配の人ほど, 好き嫌いがないだろう	支持された
仮説2	好き嫌いがない人ほど,体調がよいし, 飲酒をするだろう	部分的に支持された (体調に差はなかった)

2………仮説検証のポイント

では，仮説はどうやって検証すればよいだろうか．**部分ごとに検証する**ことになる．理由については考慮しない．

仮説1は性別などの属性から班テーマへとしたので，以下のように**平均の差の検定**をすればよい．時間がかぎられている場合は，平均の比較の表をみて，5%以上差があれば支持，なければ支持されないとみなしてよい．武蔵野調査では検定の結果，「男性ほど有意に好き嫌いがなかった」し，「年配の人ほど有意に好き嫌いがなかった」ことがわかった．そのため，どちらの部分も支持された．このように，検証結果は**過去形で表現する**．

仮説2は，班テーマから他の変数へだったので，**相関係数の検定**を用いる．相関係数の表をみて，＊印がついていれば支持されたことになる．武蔵野調査では，「好き嫌いがない人ほど有意に飲酒をした」が，「体調がよいわけではなかった」ことが明らかになった．

	検証方法
仮説1	平均の差の検定（または二群の差の検定，一元配置分散分析）で有意な差があれば支持，なければ支持されない
仮説2	相関係数の検定で有意な関連があるなら支持，なければ支持されない

部分ごとに検証したら，仮説1，仮説2ごとに全体としての検証結果を報告する．上の仮説1のように，すべての部分が支持されたなら，たとえば「仮説1は支持された」と表現する．上の仮説2のように，一部が支持されたが一部は支持されなかった場合，「仮説2は**部分的に支持された**」という．

	仮説の検証結果の表現
すべての部分が支持された場合	「支持された」
一部が支持，一部が支持されない場合	「部分的に支持された」
すべての部分が支持されない場合	「支持されなかった」

3………仮説検証の手順
① 仮説を部分に分割し，部分ごとに検証する

仮説をつぎのように部分に分割する．そのうえで，部分ごとに検証をおこなって，つぎのような**部分ごとの仮説の検証結果の表**を作成する．

	部分	検証結果
仮説1	男性ほど,好き嫌いがないだろう	支持された
	年配の人ほど,好き嫌いがないだろう	支持された
仮説2	好き嫌いがない人ほど,体調がよいだろう	支持されなかった
	好き嫌いがない人ほど,飲酒をするだろう	支持された

② **必要なら仮説を修正する**

　検証した結果,「女性ほど料理をするだろう」のように,当たり前のことしかのこらないかもしれない.その場合,まよわずに仮説を修正しよう.**意外なことが支持されるか,当たり前のことが支持されない**とき,調査をする意味がでてくる.2-3章の仮説構成のチェックリストをみなおそう.

③ **生の値をもとめる**

　仮説にそって平均の比較をして,**グループごとの生の値**をもとめよう.こうすることで,有意な差や関連が,実際のところどれくらいの違いをもたらすのか,その手触りを実感することができる.

従属変数	独立変数	比率
好き嫌いがない人の比率	男性のうち	53.9%
	女性のうち	35.5%
	30代以下のうち	34.8%
	40代以上のうち	48.7%
体調がよい人の比率	それ以外のうち	52.0%
	好き嫌いがない人のうち	49.4%
飲酒する人の比率	それ以外のうち	64.1%
	好き嫌いがない人のうち	74.1%

④ **理由を考える**

　仮説が支持されてもされなくても,なぜそうなったのか,理由をイメージしよう.**正解はない**ので,生の値を参考にして自由に発想してみる.

4………検証結果を文章とグラフで整理する

　仮説の検証がおわったら,仮説1と2をまとめて**1つの文章**にしてみよう.たとえば,武蔵野調査では「男性や年配の人ほど好き嫌いがなく,そうした人ほど飲酒していた.ただし,好き嫌いがある人とない人で,体調に差はなかった」とした.さらに,生の値をつぎのような**1つの折れ線グラフ**にすれば,結果を

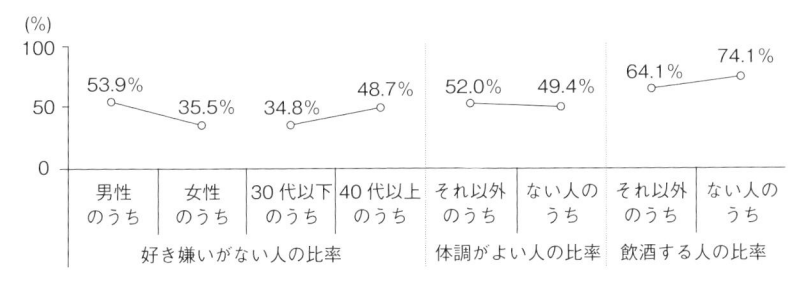

直感的に理解しやすくなるだろう．

```
(%)
100                                                                74.1%
                                                           64.1%
     53.9%                               52.0%   49.4%
 50          35.5%           48.7%
             ○     34.8%     ○            ○      ○         ○
             ○     ○                                                ○
  0
     男性    女性    30代以下  40代以上   それ以外  ない人の   それ以外  ない人の
     のうち   のうち   のうち    のうち     のうち    うち       のうち    うち
     ────────────────────     ───────────────   ───────────────
     好き嫌いがない人の比率      体調がよい人の比率   飲酒する人の比率
```

【ヒント】
1. 武蔵野調査ではほとんどの班で，当初の仮説を大幅に変更した．オリジナル仮説がすべて残った班は1つもなかった．

2. 仮説の一部が支持されなかったとしても，問題はまったくない．ただ，すべての仮説が支持されなかったら，さすがに仮説をたてなおすべきだろう．

【練習問題】
1. 検証結果の理由をブレーンストーミングして，上で考えたもの以外に5つあげよう．最も自然なものを理由とする．

2-14 インタビューなどのフィールドワーク

インタビューする

> 【キーワード】 インタビュー，フィールド，量的調査と質的調査，半構造化インタビュー，ラポール
> 【用意するもの】 仮説の検証結果の表，(以下フィールドで) インタビューの表，メモ，過去の報告書(あれば)，カメラ
> 【出来上がるもの】 インタビュー結果の表

1 ……目的と事例

この章では，仮説の検証結果を確認するために，フィールドにいってインタビューをおこなう．**フィールド**とは，テーマが給食なら給食センターのように，しらべたいことの現場をさす．**インタビュー**とは，対象者と自由にやりとりをして情報収集することである．郵送調査でもクラス調査でも，対象者と直接ふれあうことはほぼない．そのため，インタビューが貴重な機会となる．

ここまでの**量的調査**にインタビューという**質的調査**を組み合わせることで，調査にふくらみがでる．とくに「なぜそうなのか」を量的調査で把握することは難しいが，インタビューであれば理由をきくことができる．その結果，**理由についての自分たちの解釈がどれだけ正しいか**(あるいは間違っているか)を確認することになる．

ただ，かならずしも仮説の検証結果と一致した意見をひきだせるとはかぎらない．それでも，なぜそうなるのかを考えることで，テーマを多角的に理解できることだろう．

武蔵野調査では，つぎのように班ごとにフィールドをきめてインタビューした．恋愛をテーマとした班は，とくに「ここだ」というフィールドを特定できなかったため，各自でインタビューを実施した．**クラス調査の場合**は，対象となったクラスで，学生数人にインタビューに協力してもらうことになる．

班	テーマ	フィールド	インタビュー対象者
1	成蹊学園との関わり	成蹊大学広報課	職員1名
2	武蔵野市の歴史	井の頭公園	ボート乗り場のスタッフ2名
3	健康	市保健センター	養護教諭2名
4	給食	市給食センター	栄養士1名
5	好き嫌い	成蹊小学校	栄養士1名
6	恋愛	(特定できず)	アルバイト先の塾長他4名

2………インタビューのポイント

　実習では，半構造化インタビューを実施するのがよいだろう．**半構造化インタビュー**とは，質問をあらかじめ作成し，それにそってインタビューをすすめるが，話題が**脱線してよい**というものだ．むしろ，話題がひろがるし，対象者も話しやすくなるので，調査者と対象者の間の信頼（**ラポール**）形成に役だつだろう．

　実習では，つぎのような**インタビューの表**を作成し，記入していくとよい．答えをたっぷり記入できるよう，大きめに作成しよう．

記録 A．インタビュー日時,場所,雰囲気,感想	
記録 B．インタビュー対象者の役職,年齢,性別,勤続年数など	
質問 1．仮説1の検証結果は，あてはまりますか	
︙	

　Aで実施方法や感想を，Bでインタビュー対象者の属性を記録する．質問は10個用意しよう．まず，仮説の検証結果を「私たちの調査では○○という結果をえました」と説明する．これについて，「実際のところどうなのでしょうか」「なぜだと思いますか」「どうすればよいでしょうか」「今後どうなると思いますか」など，**検証結果の確認と理由を中心に**多面的に質問しよう．

　なお，実習では録音は不要だろう．会話のテープおこし（トランススクリプト）も作成しない．班メンバー全員で参加できることが望ましいが，一部でもよい．

3………インタビューの手順
① フィールドをきめる

　地域の政策をテーマとしたなら自治体，大学をテーマにしたなら大学広報など，フィールドがおのずときまる場合はそうする．

　ただし，家族関係や仕事満足など，テーマによっては**フィールドを特定でき**

ないことがある．武蔵野調査ではそうした場合，学生が友人にインタビューするよりは，親世代にインタビューするようにした．そうしたほうが，多様な意見や経験をききだせるだろう．

② **インタビュー対象者をきめる**

インタビュー対象者は，個人ではなく，市役所，カフェ，商店街組合などの**組織を代表する人**とするほうがよい．たとえば，公園の利用方法をテーマとしたなら，公園利用者ではなく，公園の管理人や売店の従業員に質問するほうが，よりふかく情報収集できるだろう．繰りかえしインタビューすることも可能となる．

できれば，多様な回答をえるために，**２〜３人にインタビューする**ことが望ましい．ただ，むずかしければ１人でもよいだろう．武蔵野調査で給食をテーマとした班は，市の給食センターをフィールドとして，そこの栄養士１名にインタビューした．さらに，昭和の給食を提供するレストランをインターネットで発見したので，班メンバーで体験しにいった．

③ **インタビューの表をつくる，予習する**

質問とあわせて，歴史や統計などを予習しておく．アンケートでわかったことをお土産にすると，喜ばれるかもしれない．

④ **インタビューする**

事前の予約は，可能ならする．「大学の授業の一環としてしらべているので，ぜひお話しをききたい」と真剣に依頼すれば，たいていは協力してくれるものだ．過去の報告書を持参して「こんな感じのものをつくります」と紹介してもよい．

インタビューの表は，あくまでガイドラインにすぎない．順番がいれかわってもよいし，脱線は歓迎するべきだ．聞かれたら喜ぶだろうことを質問して，気持ちよくしゃべってもらう．許可をえられれば，**インタビュー風景の写真をとる**(記録になり，報告書でつかうことがある)．

インタビュー中はつねに礼儀正しくふるまい，感謝の気持ちをわすれないようにしたい．インタビューが終了したら，すぐにお礼の葉書を書く．報告書が完成したら，直接わたしにいこう．

4………インタビュー結果をまとめる

インタビューの表をうめたら，仮説ごとに検証結果と一致しなかったことを整理しよう．さらに，インタビューの中で「へーそうなんだ」と発見したことを記録する．つぎの**インタビュー結果の表**にまとめて，報告書で活用しよう．

インタビュー結果の表

仮説1の検証結果との不一致	とくになかった
仮説2の検証結果との不一致	とくになかった
発見	若い人ほど給食ずきなのは，食生活が偏っているため

【ヒント】
1. インタビューの結果，現場がイメージとあまりに異なっていたり，想定した因果関係があまりに的外れだったら，仮説を再検討しよう．

【練習問題】
1. インタビュー用質問をブレーンストーミングして20個つくろう．そこから，実際にインタビュー時につかう10個にしぼる．

2-15 報告書の作成

報告書を作成する

【キーワード】 報告書,調査の概要,二次分析
【用意するもの】 単純集計表,平均の比較の表,相関係数の表,回帰分析の表,仮説の検証結果の表,インタビュー結果の表,サンプル原稿ファイル
【出来上がるもの】 報告書

1 ……… 目的と事例

この章では,実習の成果を報告するために,報告書を作成する.**報告書**とは,1冊の冊子に調査内容をまとめたものだ.調査の概要,調査結果,資料などで構成される.実習でおこなったことを,あますところなく報告書に盛りこもう.

武蔵野調査では,以下のような構成となった(報告書第4章,単純集計表他は**付録参照**).**クラス調査の場合**でも基本的に同じような構成となろう.統計用語,平均の比較,相関係数はなくてもよい.

```
はじめに
目次
第Ⅰ部　この調査について
  A　調査の概要
  B　統計用語
  C　履修者一覧

第Ⅱ部　調査結果
  第1章　成蹊学園との関わり
  第2章　武蔵野市の歴史
  第3章　健康
  第4章　給食
  第5章　好き嫌い
  第6章　恋愛

第Ⅲ部　資料
  A　単純集計表・平均の比較・相関係数
  B　自由回答
  C　調査票と督促状
```

2……… 報告書作成のポイント

　実習の報告書タイトルは，たとえば「成蹊大学社会調査実習2010年度報告書——第5回地域と生活についての武蔵野市民調査」などとする．内容的には，つぎのものがあれば十分だろう．

	主な内容
この調査について	調査の概要, 日程, 属性別や時系列での回収状況, 履修者一覧
調査結果	問題関心, 仮説, 分析結果, 感想 (班で1章執筆)
資料	単純集計表, 自由回答, 調査票と督促状

　冒頭の**調査の概要**とは，調査方法，母集団と標本，回収数と回収率などを報告したもので，調査の基本情報となる（武蔵野調査の調査の概要は**シラバス参照**）．**履修者一覧**は記録としてあったほうがよい．

　つづく**調査結果**の部分が，報告書のハイライトだ．武蔵野調査報告書では1班につき4ページとした．ページ数を制限することで，かえって中身の濃いものになったようだ．節の構成を統一して，班ごとの比較をしやすくした．なお，武蔵野調査では分析は相関分析までとし，回帰分析はおこなわなかった．回帰分析など多変量解析をつかう場合は，1班6ページでもよいだろう．

　最後の**資料**は，できるだけ充実させたい．すべての変数の単純集計表は不可欠だ．武蔵野調査報告書では，単純集計表，平均の比較の表，相関係数の表を全変数について掲載した．こうしておくと，あとでデータファイルがなくても，あるていどの**二次分析**（既存データの再分析）をすることができる．

3……… 報告書作成の手順
① 調査結果以外を教員が作成する
　調査結果は学生が執筆するが，それ以外はあらかじめ教員が作成するほうが能率的だろう．

② 調査結果のサンプル原稿ファイルを配布する
　教員がワードなどの文章ソフトで作成し，ファイルを配布する．これに上書きする形で執筆する．
　あらかじめ各章の**ページ数と節構成を統一**しておくと，執筆しやすいだろう．武蔵野調査報告書では以下のようにした．

節		主な内容	使用するもの
1節	問題関心	問題,背景,統計,仮説	
2節	集計結果	質問紹介,主な集計結果	単純集計表
3節	平均の比較	仮説1の検証	平均の比較の表
4節	関連	仮説2の検証	相関係数の表
5節	インタビュー	一問一答	インタビュー結果の表
6節	感想	身近な経験,苦労したこと	

③ 原稿を執筆する

分析手法や数値を，正確に報告する．インタビュー対象者はAさん，Bさんと匿名にする．

自分たちの経験にひきよせて，随所に感想をかきこむようにしよう．武蔵野調査報告書では，「○○は△△を経験した」など班メンバーの名前いりで，できるだけ**各節ごとに経験や感想を盛りこむ**ようにした．そうすることで，その班にしかかけないオリジナルな原稿ができあがった．

文章にしてみると，「どうも調査結果をうまく説明できないなあ」ということはよくある．その場合は，思いきって仮説をたてなおしたり，分析をやりなおしてもよい．

教員に提出するのは文字のみとして，教員が編集作業をするとよい．表，グラフ，写真は教員側で作成し，原稿に貼りつける．

④ 原稿を修正する

原稿を提出したら，執筆がおわった気分になるかもしれない．しかし，ここからほんとうの意味で執筆がスタートすると考えよう．

同じ内容をあらわすのに，さまざまな表現をすることができるが，**最もよい表現はただ1つ**である．まよったときは，読者の立場にたってみよう．一般に，**1文1文がみじかく**，過去から現在へやせまい範囲からひろい範囲へなど**記述に方向性がある**と，よみやすいだろう．武蔵野調査では，最初の原稿を提出してから，他の班と教員からコメントをもらい，3回かきなおした．

4……… 発表会をする

報告書原稿が完成したら，発表会をしよう．クラス内でもよいし，学内や学外の他のクラスと合同でおこなえば緊張感がでるだろう．

武蔵野調査では，武蔵大学社会学部の相澤真一ゼミと合同発表会を実施した．

1班につき発表10分，質疑応答5分とした．発表内容は，
　① 自分たちの経験に関連させて**問題関心**（報告書第1節）
　② 棒グラフをみせて**質問と単純集計**（2節）
　③ 折れ線グラフをみせて**仮説の検証結果**（3～4節）
　④ **インタビュー**からわかったこと2つ（第5節）
　⑤ 大変だったことや楽しかったことなど**感想**，班のアピール（第6節）
とした．

発表後，教員から班ごとに実習活動全体について講評する．発表会のあとは，懇親会で1年間をふりかえろう．

【ヒント】
1. 報告書には，イラストや寄せがきなど，楽しんでつくるページがあってよい．武蔵野調査では，授業の様子や班ごとのメンバーの写真を，カラーで巻頭に掲載した．
2. 報告書が完成したら，インタビュー対象者，学内の職員，クラス調査なら担当してくれた先生など，お世話になった方に配布しよう．さらに必要なら，大学図書館，地域の図書館，自治体に寄贈する．

【練習問題】
1. 原稿が完成したら，あえて「てにをは」をかえたり，センテンスの順番を逆転させたりして，ベストな表現をさがそう．
2. 発表会では，他の班の発表をききながら「別の仮説をたてられないか」「違う形で質問したらどうなるか」「別の解釈はできないか」などを考えてみよう．

G 科目付録　　　　　　　　　　　　　　武蔵野調査　調査票

第5回　地域と生活についての武蔵野市民アンケート　SEIKEI

実施　成蹊大学社会調査士課程室
代表　文学部准教授、専門社会調査士　小林 盾（境南町在住）
TEL 0422-37-3972　月曜、木曜10〜17時

■このアンケートの目的について
- このアンケートは、武蔵野市民のみなさんが、地域や生活についてどのようにお考えかを調べています。みなさんからの回答を集計することで、人びとの生活の多様性を明らかにします。
- 2006年度に始まり、2010年度の今年で5回目になります。成蹊大学で「社会調査実習」という授業の一環として行っています。強制ではありませんが、どうかご理解のうえご協力をお願いいたします。
- お礼として図書カードを同封しました。ご利用ください。

■どうして私が選ばれたのですか？
- アンケート対象者のみなさんは、22歳から69歳までの武蔵野市民300人です。
- 個人情報保護法に基づいて市役所で審査を受けた結果、住民基本台帳の閲覧が許可されました。「プライバシーに関わる個人情報は決して漏らさない」という誓約書を提出したうえで、「何人おき」という形で個人を抽出しました。

■私のプライバシー保護はどうなっていますか？
- 無記名でお答えいただきますので、「どなたが回答したのか」は一切わかりません。
- みなさんのプライバシーは、個人情報保護法に基づいて厳重に管理します。対象者リストと回答用紙は、アンケートが終わりしだいシュレッダーで廃棄します。

■どのように回答と返送をすればよいですか？
- 回答は10分ほどです。宛て名のご本人様が回答ください。数字に「○」をつけてください。

例

| ① | ある |
| 2 | ない |

| ある | ない |
| 1 | ② |

- 返信用封筒に入れてお送りください。差出人住所・氏名は記入しないでください。

恐れいりますが、7月20日（火）までにご返送ください

■アンケート結果はどのように公開されるのですか？
- 2011年4月ごろ報告書として公開し、市役所、市内図書館に提出します。
- これまでの報告書は、市役所、市内図書館、成蹊大学図書館、成蹊大学ホームページなどでご覧いただけます。

まず、あなたと成蹊学園との関わりについて、おたずねします

問1　あなたはこれまで、成蹊学園（小中高校含む）に来たことがありますか（○は1つ）

1　ある	0　ない

問2　あなたはこれまで、成蹊学園（小中高校も）と関わったことがありますか（○はいくつでも）

1　自分、家族、親戚が在籍、卒業	4　公開講座に参加	7　成蹊音楽祭に行った
2　友人、知人が在籍、卒業	5　聴講生として受講	8　その他(具体的に　　　)
3　けやき並木を散歩	6　学園祭に参加	88　関わったことがない

問3　成蹊学園にたいして、どのような要望がありますか（○はいくつでも）

1　学生の登下校マナーの改善	4　公開講座や講演会を増やす	7　運動施設の開放
2　構内の自由な通り抜け	5　学生が地域イベントに参加	8　その他(具体的に　　　)
3　図書館の自由な利用	6　住民が学内イベントに参加	88　要望はとくにない

つぎに、武蔵野市での生活について、おたずねします

問4　あなたは、武蔵野市に関する以下のことについて、どれを聞いたことがありますか（○はいくつでも）

1　武蔵野市と三鷹市には、かつて合併計画があった
2　菅直人首相は、武蔵野市に住んでいる
3　安倍晋三元首相は、成蹊大学出身である
4　カップルで井の頭公園のボートに乗ると、別れてしまう
88　どれも聞いたことがない

問5　あなたは、吉祥寺に関する以下のことについて、どれを聞いたことがありますか（○はいくつでも）

1　周辺に「吉祥寺」という寺はない
2　サンロードの屋根には、東京ドームの屋根と同じ素材が使われている
3　やきとり屋「いせや」は、もともと肉屋だった
4　吉祥寺周辺の店には、駅からの距離が「〜メートル」と掲示してある
88　どれも聞いたことがない

G 科目付録

あなたの普段の生活について、おたずねします

問6　あなたは以下のことを、1週間にどれくらいしますか（○はそれぞれ1つ）

	毎日	6日	5日	4日	3日	2日	1日	それ以下
ア）フルタイムの仕事をする	7	6	5	4	3	2	1	0
イ）パート、アルバイトをする	7	6	5	4	3	2	1	0
ウ）外食をする	7	6	5	4	3	2	1	0
エ）家で料理をする	7	6	5	4	3	2	1	0

問7　あなたの現在の健康状態は、いかがですか（○は1つ）

4	3	2	1
良い	やや良い	やや悪い	悪い

問8　あなたの体調について、以下のことは当てはまりますか（○は<u>いくつでも</u>）

1　体調がよい	4　毎日のむ薬がとくにない	7　タバコをすわない
2　30分以内に眠れる	5　慢性病がとくにない	88　どれも当てはまらない
3　虫歯がない	6　ストレスがない	

問9　あなたの生活の中で、大切なものはなにですか（○はそれぞれ1つ）

	仕事	家族	友人	趣味	1人の時間	その他（具体的に　　　）
ア）もっとも大切	1	2	3	4	5	6
イ）二番目に大切	1	2	3	4	5	6
ウ）三番目に大切	1	2	3	4	5	6

問10　あなたには、以下のことが当てはまりますか（○は<u>いくつでも</u>）

1　これからもずっと、武蔵野市に住みたい	6　自分はどちらかといえば、明るい性格だ
2　定年後も、元気なかぎり働き続けたい	7　自分はどちらかといえば、モテるほうだった（である）
3　もし介護を受けるなら、自分の子どもに介護してほしい	8　自分はどちらかといえば、恋愛に消極的な草食系だった（である）
4　一般的に、人は信用できると思う	88　どれも当てはまらない
5　何歳になっても、人生に恋愛は必要だと思う	

あなたの食生活について、おたずねします

問11　あなたには、以下のことが当てはまりますか（○は<u>いくつでも</u>）

1　食べることが好き	6　できるだけ、国産の肉や野菜を買っている
2　腹八分目を意識して、食事している	7　食生活の教育「食育」は、必要だと思う
3　栄養バランスを意識して、食事している	8　小さい頃、学校での給食が好きだった
4　健康を意識して、食事している	88　どれも当てはまらない
5　美容を意識して、食事している	

問12　あなたには、嫌いな食べ物がありますか（○は<u>いくつでも</u>）

1　納豆	4　野菜類（ピーマンなど）	7　カニ、エビ
2　きのこ類（シイタケなど）	5　レバー、内臓、肉の脂身	8　その他（具体的に　　　　）
3　いも類（ジャガイモなど）	6　生の魚	88　嫌いなものはない

問13　それらが嫌いなのは、なぜですか（○は<u>いくつでも</u>）

1　味、食感、におい	4　無理やり食べさせられた	7　その他（具体的に　　　　）
2　見た目	5　健康に悪いから	88　嫌いなものはない
3　食べて体調を悪くした	6　食わず嫌い	

問14　ここにいろいろな食べ物、飲み物が書いてあります。世間では一般に、これらを「格が高い」とか「低い」とか言うことがありますが、いま仮にこれらを分けるとしたら、あなたはどのように分類しますか（○はそれぞれ1つ）

	格が高い	やや格が高い	ふつう	やや格が低い	格が低い
ア）寿司	5	4	3	2	1
イ）カップ麺	5	4	3	2	1
ウ）ハンバーガー	5	4	3	2	1
エ）焼き肉	5	4	3	2	1
オ）サンドイッチ	5	4	3	2	1
カ）手打ちそば、うどん	5	4	3	2	1
キ）ビール	5	4	3	2	1
ク）焼酎	5	4	3	2	1
ケ）日本酒	5	4	3	2	1
コ）ワイン	5	4	3	2	1
サ）ウイスキー、ブランデー	5	4	3	2	1

G科目付録

問15　あなたは普段、飲むとしたらどんなお酒を飲みますか（○はいくつでも）

1　ビール	4　日本酒	7　ウイスキー、ブランデー
2　発泡酒、第3のビール	5　梅酒、サワー、カクテル	8　その他（具体的に　　　　）
3　焼酎	6　ワイン	88　飲酒しない

問16　あなたは普段、以下のものをどれくらい食べたり飲んだりしますか（○はそれぞれ1つ）

		ほぼ毎日	週数回くらい	週1回くらい	月1回くらい	年数回くらい	年1回くらい	それ以下
ア）	朝食	6	5	4	3	2	1	0
イ）	みそ汁	6	5	4	3	2	1	0
ウ）	くだもの	6	5	4	3	2	1	0
エ）	寿司	6	5	4	3	2	1	0
オ）	カップ麺	6	5	4	3	2	1	0
カ）	ハンバーガー	6	5	4	3	2	1	0
キ）	焼き肉	6	5	4	3	2	1	0
ク）	サンドイッチ	6	5	4	3	2	1	0
ケ）	手打ちそば、うどん	6	5	4	3	2	1	0
コ）	海藻（のり、ワカメ、昆布など）	6	5	4	3	2	1	0
サ）	お酒	6	5	4	3	2	1	0

あなたのご家族について、おたずねします

問17　あなたは現在、結婚していますか（○は1つ）

1　結婚している	0　結婚していない

問18　あなたはこれまで、プロポーズをしたり、されたことはありますか（○はいくつでも）

1　プロポーズしたことがある	2　プロポーズされたことがある	3　どちらも経験していない

問19　あなたは現在、どなたと一緒に住んでいますか（○は義理の方含めあてはまる方すべて）

1　夫または妻	4　兄弟姉妹	7　恋人
2　子供	5　祖父母	8　一人暮らし
3　父母	6　孫	9　その他（具体的に　　　　）

問20　あなたは全体的にみて、「幸せ」だと思いますか。理由もお聞かせください（○は1つ）

1　幸せ 0　幸せではない	（理由）

問21　あなたは現在、以下のことに希望をもっていますか（○はそれぞれ1つ）

	希望がある	やや希望がある	やや希望がない	希望がない
ア）自分の未来	4	3	2	1
イ）家族の未来	4	3	2	1
ウ）地域の未来	4	3	2	1
エ）日本の未来	4	3	2	1
オ）世界の未来	4	3	2	1

最後に、アンケート結果の整理のために、あなたご自身についておたずねします

問22　あなたは、武蔵野市に通算してどれくらい住んでいますか（○は1つ）

0	1	2	3	4
9年以下	10年以上	20年以上	30年以上	40年以上

問23　あなたの性別を、お聞かせください（○は1つ）

1　男	0　女

問24　あなたの年齢を、お聞かせください（○は1つ）

2	3	4	5	6
20代	30代	40代	50代	60代

問25　あなたの現在の主な仕事は、どれにあたりますか（○は1つ）

1　自営業主、自由業者、家族従業員、内職 2　正社員、公務員 3　派遣社員、契約社員、嘱託社員 4　パート、アルバイト、臨時雇用	現在仕事を していない {	5　専業主婦、主夫 6　学生 7　無職
	8　その他（具体的に　　　　　　）	

G 科目付録

問26　現在仕事をしている方は、どのような仕事をしていますか。どこに分類できるか分からない場合は、7に○をつけて、具体的な仕事内容を書いてください（○は1つ）

```
88　現在仕事をしていない（主婦、学生、無職など）

1　農林水産業
2　現場職（職人、建設作業員、工場作業員、タクシー運転手、警備員、清掃員など）
3　サービス・販売職（ウェイター、ウェイトレス、販売員、美容師、営業員、飲食店主など）
4　事務職（総務、経理、人事、企画、受付、入力、営業補助など）
5　専門職（医師、看護師、教師、編集者、税理士、コンサルタント、技術者など）
6　管理職（社長、企業や官公庁の課長以上、団体の役員、議員など）
7　その他（具体的に　　　　　　　　　　　　　　　　　　）
```

問27　かりに現在の日本社会を上から下まで5つの層に分けるとすれば、あなた自身はどれに入ると思いますか（○は1つ）

5	4	3	2	1
上	中の上	中の中	中の下	下

問28　あなたが通った学校に、すべて○をつけてください（中退、通学中も）（○は<u>いくつでも</u>）

1　中学校	3　短大	5　専門学校
2　高校	4　大学、大学院	6　その他（具体的に　　　）

問29　あなたのお宅の収入は、過去1年間でどれくらいでしたか（税込み）。他の家族の収入、年金、副収入、臨時収入も含めてください（○は1つ）

1	2	3	4
0～499 万円	500～999 万円	1000～1499 万円	1500 万円以上

ご協力ありがとうございました。返信用封筒に入れてお送りください

もしこのアンケートや成蹊大学についてご意見ご感想がございましたら、ぜひお聞かせください。可能なかぎり、関係者にお伝えします

武蔵野調査　督促状

**武蔵野市民の皆さまへ
アンケートご協力への再度のお願い**

謹啓　時下益々ご清栄のこととお喜び申しあげます。

　この度、私ども成蹊大学社会調査士課程室は、武蔵野市役所から許可をいただき、正規の授業の一環として「第5回 地域と生活についての武蔵野市民アンケート」を実施しております。地域社会の実情と課題を明らかにするために、一人でも多くの方々のご支援をたまわりたいと考えております。返送期日は7月20日（火）でしたが、多少でしたら期日を過ぎても結構ですので、どうか調査の趣旨をご理解いただき、ご返送くださいますよう改めてお願い申しあげます。

　なお、この調査は無記名で回収しておりますので、調査対象の皆様全員に本状をお送りしています。すでにご回答いただいている方々にはお詫び致しますとともに、調査へのご協力に心からお礼申しあげます。

　末筆ながら、皆さまの益々のご発展をお祈り申しあげます。

謹白

2010年7月

成蹊大学社会調査士課程室　小林盾

A　単純集計表、平均の比較、相関係数

問1　（略）

問2　あなたはこれまで、成蹊学園（小中高校含む）と関わったことがありますか（○は<u>いくつでも</u>）

単純集計表

		人数	%	有効%	累積%
1	自分、家族、親戚が在籍、卒業	21	11.2	11.4	
2	友人、知人が在籍、卒業	53	28.2	28.6	
3	けやき並木を散歩	71	37.8	38.4	
4	公開講座に参加	6	3.2	3.2	
5	聴講生として受講	1	.5	.5	
6	学園祭に参加	29	15.4	15.7	
7	成蹊音楽祭に行った	4	2.1	2.2	
8	その他	23	12.2	12.4	
88	関わったことがない	72	38.3	38.9	
	有効回答計	185	98.4	100.0	
999	無回答	3	1.6		
	合計	188	100.0		

その他：「TOEIC」2ケース、「演劇」、「オープンキャンパス」、「学園見学」、「高校生の時、東京都のテニス大会で試合をした」、「子供のサッカーの試合（小学生の時）」、「資格試験の試験会場」、「仕事」3ケース、「写真屋さん」、「受験（大学）」、「相撲大会」、具体的記述なし3ケース。

平均の比較（%）

		男性	女性	30代以下	40代以上	未婚	既婚
1	自分、家族、親戚が在籍、卒業	5.3	15.9	7.7	13.4	4.8	14.6
2	友人、知人が在籍、卒業	28.9	28.0	21.5	32.8	17.7	34.1
3	けやき並木を散歩	34.2	41.1	26.2	45.4	30.6	42.3
4	公開講座に参加	1.3	4.7	.0	5.0	.0	4.9
5	聴講生として受講	.0	.9	.0	.8	.0	.8
6	学園祭に参加	14.5	16.8	7.7	20.2	9.7	18.7
7	成蹊音楽祭に行った	2.6	1.9	.0	3.4	1.6	2.4
8	その他	17.1	8.4	9.2	14.3	12.9	12.2
88	関わったことがない	44.7	34.6	50.8	31.9	50.0	33.3

相関係数（*有意確率5%未満、**1%未満）

		1	2	3	4	5	6
1	自分、家族他が在籍、卒業						
2	友人、知人が在籍、卒業	.226**					
3	けやき並木を散歩	.068	.213**				
4	公開講座に参加	.031	.154*	.106			
5	聴講生として受講	-.026	-.047	-.058	.403**		
6	学園祭に参加	.127	.253**	.393**	.005	-.032	
7	成蹊音楽祭に行った	.064	.070	.112	.183*	-.011	.038

第4章　給食

——おぼんの上の物語——

小宮智宏（班長）、岡奈央子（調査票担当）、田原口茜（発送、入力担当）
藤川健太（分析担当）

第1節　問題関心

　この章では、学校給食が人びとの現在の食生活にどのような影響を与えているのかを調べた。給食は多くの人びとが経験しているので、現在の食生活にふかく関わっていると予想できるからだ。

　日本最初の給食が出されたのは、1898年、山形県の私立忠愛小学校においてであった。現在の学校給食の形になるのは戦後で、1946年に東京都、神奈川県、千葉県で試験的に始まった。現在では、ほぼすべての小学校で学校給食が提供されている。最近では、食べる楽しみや友達とのコミュニケーションを育む大切な機会となっているという。そこで私たちは、以下の仮説をたてた。

　仮説1：男性ほど、活発に動いてお腹を空かせていたので、給食が好きだったろう。若い人ほど、近年給食がおいしくなってきたので、給食が好きだろう。

　仮説2：給食が好きだった人ほど、みんなで楽しく給食を食べたため、現在でも食べることが好きだろうし、食育を必要だと考えているだろう。

第2節　集計結果

　問11で「あなたには、以下のことがあてはまりますか（○はいくつでも）」と質問した。選択肢は、「食べることが好き」「腹八分目を意識して、食事している」「栄養バランスを意識して、食事している」「健康を意識して、食事している」「美容を意識して、食事している」「できるだけ、国産の肉や野菜を買っている」「食生活の教育『食育』は、必要だと思う」「小

| メンバー | 給食レストランでフィールドワーク |

G 科目付録

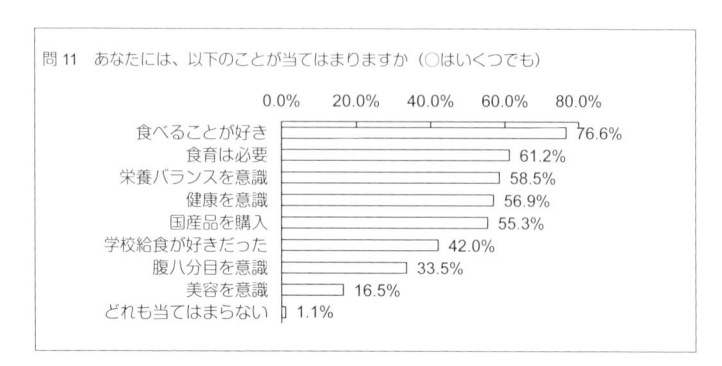

問 11　あなたには、以下のことが当てはまりますか（○はいくつでも）

- 食べることが好き　76.6%
- 食育は必要　61.2%
- 栄養バランスを意識　58.5%
- 健康を意識　56.9%
- 国産品を購入　55.3%
- 学校給食が好きだった　42.0%
- 腹八分目を意識　33.5%
- 美容を意識　16.5%
- どれも当てはまらない　1.1%

さい頃、学校での給食が好きだった」「どれも当てはまらない」であった。

単純集計表から、食べることが好きという人がもっとも多く 76.6%いた。続いて、食育が必要と考える人が 61.2%だった。栄養バランスや健康を意識して食事をしている人が 50%台後半と多かった。いっぽう、美容を意識して食事している人は 16.5%にとどまった。

食べることが好きな人や健康を意識して食事する人は、予想通り多かった。食育を必要と考えている人が、健康や栄養バランスを意識して食事している人より多かったのは意外だった。

第 3 節　平均の比較

平均の比較から、給食が好きだった人をグループ別に比較した。すると、男性のうち 49.4%、女性は 35.8%だった。私たちは、男性ほど活発に遊ぶので空腹になりやすく、給食をたくさん食べるのではと予想した。振り返ってみると給食の時間と言えば、男子が友達同士でごはんのおかわりや牛乳の早飲みで盛りあがっていたと思う。給食は食べるだけでなく、そうしたやりとりや食事中の会話などを楽しむ場でもあったのだろう。

年齢別では 30 代以下のうち 62.1%、40 代以上 30.8%と、圧倒的に若い人から給食が好まれていた。かつては脱脂粉乳とパンのみのメニューや、鯨の肉といった子どもに馴染みのない食べ物が出されていた。これにたいして、近年はバランスのとれた献立で、味も改善されてきたためだろう。未婚者 50.8%にたいして既婚者 37.6%で、未婚者には若年層が多いことが影響していると思われる。したがって、仮説 1 は支持された。

第 4 節　関連

相関係数から、給食が好きな人ほど食育が必要と有意に思っていた（相関係数 0.148）。食育が必要と思う人は、給食が好きな人のうち 69.6%で、そうでない人 55.0%より多かった。

給食が好きな人は、家庭でも給食でも食育を受けてきただろうから、現代の子どもたちにも自分と同じように食育を受けてほしいと考えるのだろう。実際、岡と藤川は、ご飯とみそ汁とおかずを順番に食べる「三角食べ」を給食で習った。

いっぽう、給食が好きな人ほど食べることが有意に好きであった（相関係数 0.165）。給食が好きな人のうち、食べることが好きな人は 84.8%で、そうでない人 70.6%より多かった。給食について良い記憶が多いため、食生活にたいしても意欲的なのだろう。私たちにとっても給食は共通の話題である。楽しかったこともそうでないことも、現在では懐かしい想い出に変わっている。したがって、仮説 2 は支持された。

第 5 節　インタビュー

武蔵野市教育部給食課の栄養士 A さんに、インタビューを実施した。小金井市在住の 50 代男性であった。北町調理場にて、終始和やかな雰囲気で行われた。

小宮「若い人ほど給食が好きだったのですが、それについてはどう思われますか」。

A さん「東京都のデータによると、野菜の摂取量は独身の人や若い人がもっとも少ないんです。そういう意味では、若い人のほうがより食生活が悪いのかもしれない。現在の食生活が充実していないので、給食は良かったな〜と美化して思いだすのかな。結婚したりして食生活がよくなると、そうは思わなくなるのかもしれないですね」。

藤川「私たちは、給食がおいしくなったから、若い人が給食好きなのかなと思ったんです」。

A さん「確かにそれはあると思いますよ。ここ 20 年で給食はよくなってきたかもしれない。バラエティーに富み、米飯が増えてきた。50 歳代の以上の人たちは脱脂粉乳をよく飲んでいた。メニューもコッペパンにみそ汁という組み合わせとか。当時の食パンやコッペパンおいしくないものね。現代の人のほうが飽食なのに給食をおいしいといってくれるのは、内容がよくなったからでしょうね」。

小宮「それでは、給食とは一言でいうと、なになのでしょうか」。

A さん「そうですね、おぼんの上の世界でしょうか。給食では主食と副菜が 1 つのおぼんに載って出されますね。いわばおぼんの上で世界が完結しています。それを目で見ることで、必要な栄養を感じてほしいと思います」。

食育に関して伺ったところ、給食が好きな人は食べることも好きであり、そういう人は普段の生活の中で親から食生活の教育を受けているから、食べ物の大切さを伝えようと思うのだろうとのことだった。武蔵野市では学校を回り、給食指導や栄養指導をしているという。

ただ、若い人ほど給食が好きなのは「食生活が偏っているからだ」というのは、意外だった。インタビューのおかげで、分析結果を違う視点からみることができた。

第 6 節　感想

学校給食は誰にでも共通する話題なので、私たちにとって親しみやすいテーマだったと思う。自分達の給食の経験を思い出しながら、調査や分析ができた。苦労した点は、インタビ

G 科目付録

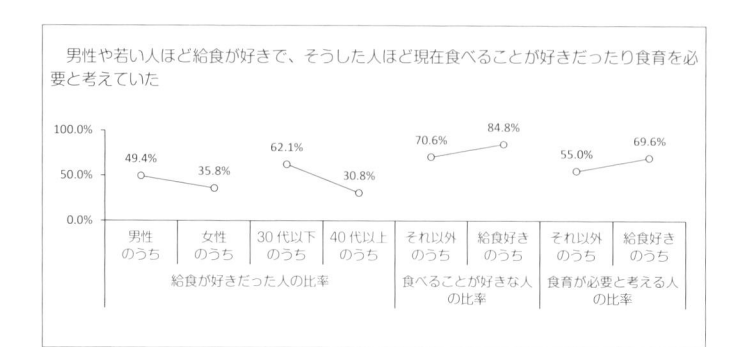

男性や若い人ほど給食が好きで、そうした人ほど現在食べることが好きだったり食育を必要と考えていた

	給食が好きだった人の比率			食べることが好きな人の比率		食育が必要と考える人の比率	
	男性のうち	女性のうち	30代以下のうち	40代以上のうち	それ以外のうち	給食好きのうち	それ以外のうち	給食好きのうち
	49.4%	35.8%	62.1%	30.8%	70.6%	84.8%	55.0%	69.6%

ューがとても有意義だったため、載せることできない部分が多かったことである。最後の「給食とはおぼんの上の世界だ」という言葉が、とても印象的だった。私たちはむしろ、おぼんの上に、起承転結や序破急といった物語を感じた。

インタビューのあとで、小宮と岡と田原口は、昭和の給食を味わえるレストランにフィールドワークにいった。あげぱん、鯨の肉のから揚げ、春雨サラダ、ソフトめん、冷凍ミカンなどを食べた。私たちは、給食でソフトめんを食べたことがなかったので、新鮮に感じた。現代の給食は栄養バランスがよいうえに、学期末にはアイスやケーキが出されることもあるという。私たちに子どもができるころ、新しい物語が生れているかもしれない。これから給食がどのように進化するのか、楽しみである。

成蹊クラス調査　調査票

2011年度　成蹊大学学生生活アンケート

授業担当者　文学部准教授　小林盾
0422-37-3663

■このアンケートの目的は？
・文学部現代社会学科2年生「社会統計学の基礎」という授業の一環として、実施しています。成蹊大学の2年生が、生活について（今年はとくに恋愛について）どう考えているかを調べています。貴重な授業時間内にご協力いただき、心より感謝いたします。

■どのように回答すればよいですか？
・2年生の方のみ回答してください。無記名（匿名）でお答えください。
・○をつけるか、数字を記入してください。できるだけ全ての質問にご回答ください。
・この回答用紙は、入力が終わったらシュレッダーで廃棄します。

飲み物について（1班）

問1	コーヒーと紅茶のうち、どちらかといえば〜を多く飲む	1 コーヒー　0 紅茶	
問2	問1の回答（コーヒーか紅茶）に、ふだん〜（砂糖、牛乳など）	1 何か入れる 0 何も入れない	
問3	缶コーヒーを、週に〜日買う	0　1　2　3　4　5　6　7	日
問4	ペットボトルのお茶を、週に〜日買う	0　1　2　3　4　5　6　7	日

東日本大震災について（2班）

問5	震災当日に、通常の手段で帰宅〜（家にいた人、旅行中は0）	0 できた 1 できなかった	
問6	今後の電力源として、どちらかといえば〜を推進するべき	1 原子力　0 火力	
問7	震災後、寄付をトータル〜円した（売上一部寄付除く）		円
問8	震災後、飲み会や食事会が〜件キャンセルされた		件

G科目付録……243

G 科目付録

恋愛への姿勢について（3班）

問 9	自分にとって恋愛は〜	1 絶対に必要　0 なくてもよい
問 10	恋愛に、どちらかといえば〜を求める	1 変化　0 安定
問 11	一日に〜くらい、恋愛について考えている（妄想含む）	時間　　　分
問 12	自分は〜系	1　2　3　4　5　←草食系　　　肉食系→

好みについて（4班）

問 13	他人のにおいに興奮〜	1 する　0 しない
問 14	好きな恋愛相手のタイプがはっきりして〜	1 いる　0 いない
問 15	「男は外で働き、女は家庭を守るべき」という意見に〜	1　2　3　4　5　←反対　　　賛成→
問 16	恋愛相手は、〜系がよい	1　2　3　4　5　←草食系　　　肉食系→

同性愛について（8班）

問 17	同性でも結婚できるように、日本の法律を変える〜	1 べきだ　0 べきでない	
問 18	同性愛がメインテーマの映画、小説、マンガ、アニメを、みたことが〜	1 ある　0 ない	
問 19	これまで〜人の同性とキスしたことがある（ふざけて、ほっぺ含む）		人
問 20	これまで〜人の同性愛者に会ったことがある		人

部活動について（5班）

問 21	中学のとき、運動部に入って〜（途中退部除く）	1 いた　0 いない	
問 22	高校のとき、運動部に入って〜（途中退部除く）	1 いた　0 いない	
問 23	中学のとき、週〜日部活に参加した（文化部も）	0　1　2　3　4　5　6　7	日

問 24	中学の部活動の友人のうち、現在〜人と連絡をとれる（文化部も）		人

占いについて（6班）

問 25	パワースポットに、わざわざいったことが〜	1 ある　0 ない	
問 26	自分に前世があると〜	1 思う　0 思わない	
問 27	占いを週に〜日みる（ネット、雑誌、テレビなど）	0　1　2　3　4　5　6　7	日
問 28	よく当たると評判の占い師なら、〜円まで払える		円

ファッションについて（7班）

問 29	古着屋で服を買ったことが〜	1 ある　0 ない	
問 30	ファッション雑誌を、月に1冊以上〜	1 買う　0 買わない	
問 31	靴を〜足もっている（サンダルも）		足
問 32	今身につけているものの中で、一番高いものは〜円（カバン、時計、指輪含む）（携帯、財布、眼鏡除く）		円

あなた自身について

問 33	性別は〜	0 男　　1 女	個人
問 34	学部は〜	1 経済　2 理工　3 文	
問 35	現在、学内・学外の部活やサークルに〜個入っている		
問 36	兄弟姉妹は〜人いる	兄が　　姉が 弟が　　妹が	
問 37	あなたはどれくらい健康ですか	1　2　3　4　5 ←不健康　　健康→	
問 38	身長は〜センチ代	149以下　150　160 170　　180以上	センチ代
問 39	体重は〜キロ代	39以下　40　50 60　　70　　80以上	キロ代

G 科目付録

問40	通算GPAは、切り上げて~ポイント（1.6なら2）	1　2　3　4	ポイント
問41	中学は~	1 公立共学　2 公立別学 3 私立共学　4 私立別学	
問42	高校は~	1 公立共学　2 公立別学 3 私立共学　4 私立別学	
問43	一般的に、人は信頼~	1　2　3　4　5 ←できない　　できる→	
問44	自分に自信が~	1　2　3　4　5 ←ない　　　　ある→	
問45	中学のとき、彼氏彼女が~	1 いた　0 いなかった	
問46	高校のとき、彼氏彼女が~	1 いた　0 いなかった	
問47	これまで~人と付きあった（現在含む）		人
問48	これまで~人から告白された		人
問49	告白された人のうち、~人と付きあった		人
問50	これまで~人に告白した		人
問51	告白した人のうち、~人と付きあった		人
問52	これまで1人の人と、最長で~付きあった	年　　か月	
問53	現在、彼氏彼女が~	1 学内にいる 2 学外にいる　3 いない	
問54	現在の彼氏彼女（またはもっとも最近の人）と~で出会った	1 授業　2 サークル・部活　3 バイト　4 紹介 5 その他（　　　　） 6 付きあったことはない	
問55	あなたにとって、恋愛とは何ですか。自由に回答ください		

ご協力大変ありがとうございました

もしこのアンケートについてご意見ご感想がありましたら、ぜひお聞かせください

成蹊クラス調査　速報

2011年度成蹊大学学生生活アンケート　結果速報

2011年5月
文学部現代社会学科「社会統計学の基礎」履修者一同
文学部准教授　小林盾、文学部助手　渡邉大輔

　この度は、私たちのアンケート調査にご協力いただき、大変ありがとうございました。1年間かけて分析を進めます。本速報では、集計結果のいくつかをご報告いたします。

1　回答者はどのような人たちだったか

　成蹊大学経済学部、理工学部、文学部の2年生147人から回答を得ました。各学部50人前後、男女はほぼ同数でした。

	男性	女性	合計
経済学部	27	19	46
理工学部	39	11	50
文学部	8	43	51
合計	74	73	147

2　震災での帰宅困難者は3割、原子力推進派は4割

　3/11の東日本大震災日に、通常の手段で帰宅できたかを質問したところ、29.9％ができませんでした。授業期間中だったら、もっと多かったことでしょう。
　今後の電力源として、原子力と火力のどちらを推進するべきかには、37.1％が原子力と答え、62.9％が火力と考えていました。原子力推進派は、男性のうち49.3％で女性24.3％より多く、学部別では経済学部44.2％と理工学部40.8％が文学部27.5％を上回りました。

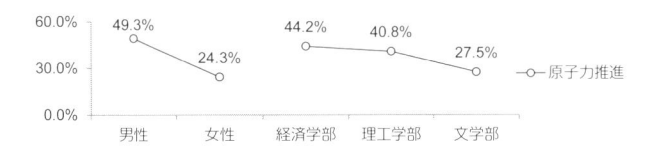

3　半数が前世を信じ、占い師に1000円以上払う

　「自分に前世があると思うか」という質問に、47.6％があると思っていました。「よく当たると評判の占い師なら、いくらまで払えるか」には、ほぼ半数の76人が1000円以上とのことです。もっとも高かったのは1万円で5人、その一方0円という人が49人いて、二極化してるようです。

G 科目付録

4 これまで平均 1.9 人と付きあった

　これまで、現在の恋人を含めて平均 1.9 人と付き合ったことがありました。12 人が最多で、中央値は 1 人、最頻値は 0 人でした。男女で違いはほとんどありませんが、学部別では理工学部が 2.3 人で最多でした。

　告白された人数は平均 3.3 人で、そのうち平均 1.1 人と付き合いました。告白した人数は平均 1.0 人で、そのうち平均 0.6 人と付き合ったことが、調査から分かりました。女性のほうが告白されることが多く、告白することが少なかったのは、予想どおりの結果といえるでしょう。

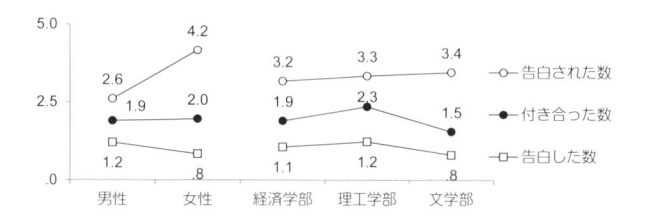

```
              男性    女性   経済学部 理工学部 文学部
告白された数  2.6    4.2    3.2     3.3     3.4
付き合った数  1.9    2.0    1.9     2.3     1.5
告白した数    1.2    .8     1.1     1.2     .8
```

5 恋人いるのは 1/3、出会いの場はサークル・部活が半数

　現在、恋人が学内にいるのは 24.8%、学外 10.6% で、合計 35.4% に彼氏彼女がいました。男女別で大きな差はありません。学部別では、恋人が学外の人が経済学部 0% と少なく、理工学部 22.4% と多かったのが特徴的でした。

　では、どこで出会ったのでしょうか。現在（またはもっとも最近）の恋人との出会いの場を質問したら、付き合ったことがある人のうちサークル・部活 49.4%、授業 19.8%、紹介 9.9%、バイト 2.5% の順でした。なお、全体の 41.0% が中学時代に、39.9% が高校時代に恋人がいたそうです。

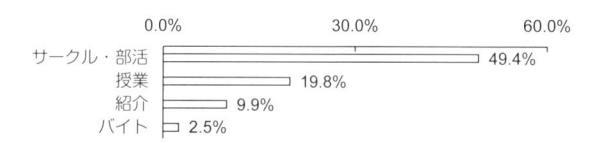

```
サークル・部活  49.4%
授業            19.8%
紹介             9.9%
バイト           2.5%
```

　自由回答で「恋愛とは何か」を書いてもらったら、「なんか大変そう」「自分が一人前の大人になればしてもよい」「ガマン」といった慎重な人もいました。その一方、「人生のスパイス」「楽しむもの」「価値観の認め合い」と積極的に評価する人もいます。「三大栄養素」「女の子がキレイになるもの」「するものではない、落ちるものだ」という声もありました。

本書の内容をより深く理解するための文献リスト

南風原朝和,
2002,『心理統計学の基礎——統合的理解のために』有斐閣.
　心理統計学とのタイトルがついているように心理学分野での統計分析を中心に紹介しているが,回帰分析（とくに重回帰分析,一般線形モデル）と分散分析,因子分析について詳しく,かつ,平易に書かれている.数学的にも難しくないため,より詳細に分散分析や因子分析を理解したいときに役立つ.

村瀬洋一・高田洋・廣瀬毅士編,
2007,『SPSSによる多変量解析』オーム社.
　本書はRでの分析手法を紹介したが,同書は現代でも多くの大学で用いられているSPSSでの多変量解析を扱っている.本書で扱った手法も対応分析を除いて扱われており,このほかにパス解析,クラスター分析,主成分分析などを紹介している.レポートへのまとめ方がすべての手法について掲載されており,実践的な本である.RとSPSSを比較するときに役立つだろう.
　なお,本書ではロジスティック回帰分析が扱われていないため,SPSSでのロジスティック回帰分析を行う際には,内田治,2011,『SPSSによるロジスティック回帰分析』新曜社.を参照するとよい.

太郎丸博,
2005,『人文・社会科学のためのカテゴリカル・データ解析入門』ナカニシヤ出版.
　社会学分野で多く用いられる,ログリニア分析とロジスティック回帰分析を理解することを目的とした本である.両分析を理解するために必要な事項を,背景となるクロス集計表の分析や回帰分析の知識を説明する.タイトルに「人文・社会科学のために」とあるように数学的な説明も文系の学生でも理解できるレベルになっており,事例も社会学的なものが用いられている.ソフトウェアを使わずに社会統計を学ぶ際におすすめできる本である.

〈応用的な書籍〉

Agresti, A.,
2002, *Categorical Data Analysis, Second Edition*, Wiley.

Agresti, A.,
2007, *An Introduction to Categorical Data Analysis*, Wiley.
　社会調査で扱うデータの多くは順序尺度や名義尺度といった離散変数（カテゴリカル変数）である.この2冊は,離散変数の分析に特化した文献あり,一般化線形モデルの体系のなかにログリニア分析やロジスティック回帰分析を位置づけて説明している.両書とも最新版の第2版では,混合効果モデルやランダム効果モデルなどより発展的な手法も紹介されている.2冊目の第1版には邦訳書があるが,残念ながら絶版であり入手が困難である.余力があればぜひ原著に挑んでほしい.なお,Laura A. Thompsonが作成した1冊目の分析事例のRコー

ドが，以下のサイトで無料で公開されている．あわせて勉強するとよい．
https://home.comcast.net/~lthompson221/Splusdiscrete2.pdf

Clausen, S-E.,
1998, *Applied Correspondence Analysis: An Introduction*, Sage.

　日本語で対応分析（数量化 III 類）について詳細に紹介した本は少ない．1-14 において
で紹介した柳井ら（1994）などで数量化 III 類の紹介があるが，対応分析の入門書として
は本書がわかりやすい．全体でも 67 ページ，本文は 50 ページなので手に取りやすい．こ
の本を読んだ後に，同じ SAGE のシリーズの Le Roux, B. and H. Rouanet, 2010, *Multiple Correspondence Analysis*, Sage. へと読み進めてもよいだろう．

〈以下 G 科目〉
盛山和夫,
2004,『社会調査法入門』有斐閣.

　「社会調査とは解釈である」という挑戦的な一文から始まる本書は，量的調査を中心に，調
査の企画，設計，実施，分析までを簡便に，かつ実践的にまとめた本である．同時に，著者
の考える社会調査のあり方についての一貫した主張に支えられているため，迷ったときに指
針を与えてくれるだろう．百科事典のようにも参照できるので，社会学において調査を行う
ものは必ず一度は手にしてほしい本である．

原純輔・海野道郎,
2004,『社会調査演習』東京大学出版会.

　社会調査の個々の手法を，演習形式で学ぶための本である．第 2 章演習マニュアルが中心
となる．たとえば，調査票作成では「ダブルバーレル質問をつくり，次にそれを 2 つの質問
に分解せよ」といった課題がだされる．コーディングでは，実際の調査データを用いて，100
人分の職業を各自がコーディングすることになる．本書は課題ごとに異なるデータを用い，
実習では 1 年間かけて 1 つのデータを収集し分析する．実習のための実践的な準備運動とし
ても，本書は役だつだろう．

佐藤郁哉,
2002,『フィールドワークの技法―問いを育てる，仮説をきたえる』新曜社.

　本書は，暴走族や現代演劇場などをフィールドとしてきた社会人類学者によるフィールド
ワークのマニュアル本であり，同時に，著者自身の調査における体験やストーリーをまとめ
た本である．民族誌（エスノグラフィー）を記述するという人類学的な手法について，詳細
かつ丁寧に紹介しており，量的調査の前後における事前調査などにおいても参考になる知見
がふんだんに盛り込まれている．インタビューを行う際には，とくに第 5 章を読むとよい．

練習問題の略解

第1部（E科目）のみの解答を記載した．解答は答え合わせの確認をするための目的にとどめた最小限度のものであり，解釈などは省略した．解答用RスクリプトはWEB上にあるため，必要に応じて参照して欲しい（http://www.isc.senshu-u.ac.jp/~thh0808/asr/）．

1-2
問1．(1)，(5) 略
(2) 6人以上：0.695，5人以下：1.269　　(3) X と Y の周辺オッズ比：1.401
(4) C と X の周辺オッズ比：3.305，C と Y の周辺オッズ比：3.177
問2．略

1-3
問1．略
問2．年齢で統制：0.238，学歴で統制：0.205

1-4
問1．(1) 回帰式：$\widehat{Y} = 10.251 + 2.257X_1 - 2.015X_2$　　(2) 2.527　　(3) 13.576
問2．(1) 回帰式：$\widehat{Y} = 8.128 + 2.442X_1 + 0.032X_2 - 1.738X_3$
(2) 2.312　　(3) 9.078

1-5
問1．(1)

	係数	標準誤差	t 値	95%CI下限	95%CI上限
（切片）	8.128***	2.126	3.823	3.954	12.302
加入組織数	2.442***	0.332	7.351	1.790	3.094
年齢	0.032	0.027	1.198	−0.021	0.085
学歴	−1.738**	0.576	−3.019	−2.869	−0.608

従属変数は近所の知人数，$R^2=0.085$***．**<.01，***<.001．

(2) 1.790 ～ 3.094　　(3) 年齢　　(4) 略

問2．(1)

	係数	標準誤差	t 値	95%CI下限	95%CI上限
（切片）	7.814***	2.300	3.397	3.299	12.328
加入組織数	2.312***	0.349	6.631	1.628	2.997
年齢	−0.091**	0.029	−3.128	−0.148	−0.034
学歴	2.089***	0.627	3.331	0.858	3.319

従属変数は近所の知人数，$R^2=0.080$***．**<.01，***<.001．

(2) 0.858 ～ 3.319　　(3) ない　　(4) 略

練習問題の略解

1-6

(1) 以下の表　(2) 学歴, 年齢, 加入組織数　(3) 略

	非標準化係数	標準化係数	標準誤差	t 値	VIF
(切片)	3.584**		1.208	2.967	
加入組織数	0.819***	0.149	0.183	4.465	1.039
年齢	−0.063***	−0.149	0.015	−4.144	1.213
学歴	1.539***	0.167	0.329	4.680	1.191

従属変数は友人数, adj. R^2=0.084***. **<.01, ***<.001.

1-7

問1. (1) 平均値, 標準偏差, N の順となっている.
全体：8.733, 9.286, 893. 中卒：10.545, 9.262, 167. 高卒：8.768, 9.533, 547. 大卒：6.961, 8.343, 179.
(2) 略　(3) 分散分析の結果, F 値 6.4842（自由度 2, 890), 有意確率 0.0016 であり, 有意であった. 解釈は略.

問2. (1) 平均値, 標準偏差, N の順となっている. 全体：3.986, 5.348, 822. 無職：3.661, 4.817, 254. 非正規雇用：3.208, 4.592, 149. 正規雇用：4.629, 5.667, 350. 自営：3.754, 5.293, 69.
(2) 略
(3) 分散分析の結果, F 値 3.2694（自由度 3, 818), 有意確率 0.02076 であり, 有意であった. 解釈は略.

1-8

(1) 以下の表　(2) 略

		非標準化係数	標準誤差	t 値
(切片)		1.663***	0.490	3.393
加入組織数		0.678***	0.182	3.727
学歴	高卒ダミー	1.792***	0.515	3.478
	大卒ダミー	4.113***	0.613	6.713

従属変数は市町村外の友人数, 学歴の参照カテゴリーは中卒. adj. R^2=0.066***. ***<.001.

1-9

問1. (1) 以下の表　(2) ～ (3) 略

		非標準化係数	標準誤差	t 値
(切片)		6.326***	1.822	3.471
加入組織数		0.074**	0.025	2.910
学歴	高卒ダミー	1.717	1.043	1.646
	大卒ダミー	0.187	1.495	0.125
都市ダミー		−1.854	1.554	−1.194
高卒ダミー × 都市ダミー		−3.864*	1.730	−2.233
大卒ダミー × 都市ダミー		−2.402	2.110	−1.138

従属変数は近所の知人数, 学歴の参照カテゴリーは中卒.
adj. R^2=0.086***. *<.05, **<.01, ***<.001.

問2. (1) 以下の表　(2)～(3) 略

	非標準化係数	標準誤差	t値
（切片）	8.002 ***	1.192	6.715
世帯所得	0.188 *	0.084	2.227
年齢	−0.102 ***	0.018	−5.671
都市ダミー	−2.199	1.364	−1.612
年齢＊都市ダミー	0.055 *	0.025	2.165

従属変数は市町村外の友人数. adj. R^2= 0.056***. *<.05, ***<.001.

1-10

(1) 以下の表　(2) 略

	モデル1	モデル2	モデル3	モデル4	モデル5	モデル6	モデル7	モデル8
（切片）	2.759	3.1	5.272	6.193*	7.624**	6.893**	8.719***	11.079***
年齢(A)	0.12	0.116	0.078*	0.077*	0.067†	0.073*	0.036	
学歴(E)	0.969	1.021	−0.013	−0.469	−0.962†	−0.989†	−0.959†	−1.271*
加入組織数(L)	5.16*	5.105*	5.195*	5.059*	3.624	4.302**	2.097***	2.193***
居住地域(U)	−2.273	−3.279	−3.499	−4.906***	−4.777***	−3.858***	−3.89***	−3.869***
A×E	−0.016	−0.019						
A×L	−0.047	−0.046	−0.046	−0.046	−0.036	−0.042†		
A×U	−0.016							
E×L	−0.535	−0.519	−0.542	−0.462				
E×U	−0.95	−0.826	−0.714					
U×L	1.089	1.048	1.03	0.977	0.882			
R^2	0.135	0.135	0.135	0.134	0.134	0.132	0.128	0.126
adj. R^2	0.124	0.125	0.126	0.126	0.127	0.126	0.124	0.123
AIC	3358.511	3356.594	3354.798	3353.229	3351.862	3351.643	3352.532	3352.402
BIC	3409.664	3403.096	3396.651	3390.431	3384.414	3379.545	3375.784	3371.003

従属変数は近所の知人数. †<.10, *<.05, **<.01, ***<.001.

1-11

(1) $\text{logit}(\hat{p}) = 0.543 + 0.026X_1 - 0.313X_2 + 0.463X_3$

(2) オッズ比のみ. 年齢：1.026, 学歴：0.731, 加入組織数：1.588.

(3) 0.828　　(4) 1.588

1-12

(1) 略　(2)

	係数b	標準誤差	bの信頼区間		exp(b)	exp(b)の信頼区間	
			下限	上限		下限	上限
(切片)	−0.187	0.079	−0.343	−0.033	0.829	0.710	0.968
q30s1_b_u50	0.035	0.012	0.011	0.060	1.036	1.011	1.062

(3)

	係数b	標準誤差	bの信頼区間		exp(b)	exp(b)の信頼区間	
			下限	上限		下限	上限
(切片)	−0.211	0.086	−0.380	−0.044	0.810	0.684	0.957
q30s1_b_u50	0.031	0.014	0.005	0.058	1.032	1.005	1.060
q30s1_a_u50	0.008	0.010	−0.013	0.029	1.008	0.987	1.029

(4) (2)の$-2LL$：1409.1，モデルχ^2：8.445，Nagelkerke R^2：0.011．
(3)の$-2LL$：1408.6，モデルχ^2：8.987，Nagelkerke R^2：0.012．以下，略．

1-13

(1) 〜 (3) 略
(4) 性別をM，学歴をE，自分に価値があるかの意識をQとした．

	モデル分類	モデル	尤度比カイ2乗値(G^2)	自由度	p	AIC	BIC
1	相互独立モデル	[M][E][Q]	62.86	7	4.05E-11	72.86	97.98
2	1変数独立モデル	[M][EQ]	8.10	5	0.15	22.10	57.27
3		[E][MQ]	58.56	6	8.80E-11	70.56	100.71
4		[Q][ME]	60.91	5	7.89E-12	74.91	110.08
5	条件付き独立モデル	[ME][EQ]	6.15	3	0.10	24.15	69.37
6		[MQ][EQ]	3.81	4	0.43	19.81	60.00
7		[ME][MQ]	56.61	4	1.49E-11	72.61	112.81
8	均一連関モデル	[EM][MQ][EQ]	1.82	2	0.40	21.82	72.07
9	飽和モデル	[EMQ]	0	0	1	24	84.30

AICとBICの値から1変数独立モデル[M][EQ]（G^2=8.10, df=5, p=0.15, AIC=22.10, BIC=57.27）が採択された．

1-14 略

1-15

(1) 略　(2) 回転はプロマックス回転が妥当である．因子得点および図は省略．
(3) 第1因子のa係数は0.52であり内的整合性に欠けていた．第2因子は1変数のみのためa係数の計算は必要ない．以下，略

索引

あ

挨拶文 … 181
ID 番号 … 192
値 … 18, 200
アフターコーディング … 198
意識 … 177
η^2 … 88
一元配置分散分析 … 103, 206
1 変数独立モデル … 134
逸脱度分析 … 125
一般化線形モデル … 116
一般線形モデル … 94
因果関係 … 36, 174, 210
因子軸の回転 … 148
因子数の決定 … 147
因子得点 … 150
因子負荷量 … 148
因子分析 … 146
インタビュー … 170, 222
インタビュー結果の表 … 225
インタビューの表 … 223
Wald 検定 … 122
エディティング … 196
F 統計量 … 91
F 分布 … 91
オッズ … 26
オッズ比 … 26
折れ線グラフ … 206

か

回帰式 … 61
回帰直線 … 61
回帰分析 … 61, 212
回帰分析の表 … 212
回帰係数 … 61
χ^2 統計量 … 25
回収 … 192
階層化 … 123
回転法の選択 … 148
確証的因子分析 … 150
仮説 … 172
仮説一覧 … 172
仮説検証的研究 … 111
仮説検定 … 32
仮説構成 … 172
仮説の検証 … 172, 218
仮説の検証結果の表 … 218

傾き … 61
観測度数 … 25
関連 … 21, 36
棄却 … 34
疑似関係 … 38
疑似相関 … 211, 212
基準カテゴリー … 95
期待度数 … 25
帰無仮説 … 32
級間平方和 … 90
95%信頼区間 … 31
級内平方和 … 90
行周辺度数 … 23
共通性 … 148
行比率 … 24
共分散 … 28
共分散構造分析 … 150
共分散分析 … 97
行変数 … 23
共変量 … 38
均一連関モデル … 134
区間推定 … 31
クラス調査 … 163, 186
クラメールの V … 25
クロスチェック … 199
クロス表 … 22, 199
クロンバックの α 係数 … 150
計画標本 … 162
系統抽出法 … 187
ケース … 18
欠損値 … 198
決定係数 … 72, 214
原因と結果 … 173
原票 … 198
交互作用 … 41
交互作用項 … 102
行動や経験 … 177
候補地点一覧 … 187
誤差 … 147
誤差減少率 … 72
個人情報保護法 … 181
コーディング … 197
固有値 … 148

さ

最小二乗法 … 63
最尤法 … 116
サブクエスチョン … 177
三元表 … 45

残差 … 62
散布図 … 27, 52
散布図行列 … 53
サンプリング … 186
サンプリング方法 … 181
支持 … 218
実査 … 162, 190
実査セット … 190
実習 … 162
質的調査 … 163, 222
質的変数 … 19, 177
質問 … 176
質問文 … 176
謝礼 … 190
重回帰式 … 63
自由回答 … 177
自由回答欄 … 181
集計 … 200
従属変数 … 38, 204
自由度 … 90
周辺関連 … 47
周辺表 … 46
順序変数 … 205
条件つきオッズ比 … 45
条件つき関連 … 38
条件つき独立モデル … 134
情報量規準 … 107
資料 … 227
数量化 III 類 … 140
スケジュール … 164
スタート番号 … 187
正規分布 … 30
正の相関 … 208
切片 … 61, 213
説明変数 … 38
セル … 23
零モデル … 123
潜在因子 … 146
全体テーマ … 168
全体度数 … 23
選択肢 … 176
全平方和 … 88
相関係数 … 29, 52, 208
相関係数行列 … 54
相関係数の検定 … 209, 219
相関係数の表 … 208
相関比 … 88
相関分析 … 208
相対度数 … 19
送付封筒と返信封筒 … 191

属性 … 174

た

対応分析 … 140
対数オッズ … 115
対数線形モデル … 131
多項選択 … 177
多重共線性 … 81
ダブルバーレル … 178
ダミー変数 … 94, 177, 205
単回帰分析 … 61
単項選択 … 177
探索的因子分析 … 150
探索的研究 … 111
単集チェック … 198
単純集計表 … 198, 200
地点 … 188
地点一覧 … 189
抽出間隔 … 187
抽出台帳 … 187
中心極限定理 … 30
調査仮説 … 32
調査企画の表 … 162
調査結果 … 227
調査対象者 … 162
調査地域 … 162
調査の概要 … 199, 227
調査の企画 … 162
調査票 … 180
調査方法 … 163
調整済み決定係数 … 73
調整変数 … 41
データクリーニング … 196
データ入力 … 196
データファイル … 196
問い合わせ … 192
統計ソフト … 201
統計モデル … 106
統計量 … 20
統制する … 38
統制変数 … 38
導入質問 … 182
等分散性 … 89
督促状 … 191
独立 … 22
独立変数 … 38, 204
独立モデル … 133
度数 … 19, 200

度数分布表 … 19

な
内的整合性 … 150
二群の差の検定 … 206
二元配置分散分析 … 103
二元表 … 45
二項ロジスティック回帰分析 … 212
二項ロジスティック回帰モデル … 116
二次分析 … 227
入力フォーム … 197
入力マニュアル … 197
入力範囲 … 197
Nagelkerke の疑似決定係数 … 125

は
媒介関係 … 39
媒介変数 … 39
配布 … 191
箱ひげ図 … 89
外れ値の問題 … 142
発表会 … 228
パラメータ … 107
バリマックス回転 … 148
半構造化インタビュー … 223
班テーマ一覧 … 168
班テーマ … 168
班分け … 163
非該当 … 178
被説明変数 … 38
p 値 … 33
非標準化係数 … 213
表計算ソフト … 197
標準化係数 … 213
標準化偏回帰係数 … 79
標準誤差 … 30, 213
標準正規分布 … 79
標準得点 … 79
標準偏差 … 21
表側変数 … 23
表頭変数 … 23
標本 … 29
比率 … 200, 204
フィールド … 170, 222
フェイスシート項目 … 181
布置図 … 142
負の相関 … 208
部分表 … 45
プリテスト … 182
ブレーンストーミング … 170
プロマックス回転 … 149
分散 … 21
分散分析 … 88
分散分析表 … 90
分布 … 19
平均 … 20
平均の差の検定 … 219
平均の比較 … 204
平均の比較の表 … 204
平均平方 … 91
偏回帰係数 … 66
偏差 … 20
変数 … 18
変数減少法 … 109
偏相関係数 … 55
棒グラフ … 202
報告書 … 226
飽和モデル … 123, 133
母集団 … 29, 162
本当の期日 … 192

ま
無回答 … 197
無効票 … 192
無作為抽出 … 29
無相関（独立）… 208

や
有意 … 34
有意水準 … 34
有為抽出法 … 186
有効回収率 … 199
有効票 … 192
有効標本 … 162
郵送調査 … 163
尤度比検定 … 123
尤度比統計量 … 123
予測式 … 62

ら
ラポール … 223
ランダムサンプリング … 186
量的調査 … 163, 222
量的変数 … 19, 177, 205
レイアウト … 182
列周辺度数 … 23
列変数 … 23
ログリニア分析 … 131
ロジット … 114

わ
ワーディング … 179

欧文

addmargins … 48
AIC … 107
allEffects (effects) … 104
alpha (psych) … 152
anova … 112, 126
aov … 92
apply … 48
array … 48
assocstats (vcd) … 49
BIC … 108
biplot … 145
coef … 119, 126
confint … 76, 126
contrasts … 98
cor … 56, 151
corresp (MASS) … 144
dimnames … 48
eigen … 151
extractAIC … 112, 137
factanal … 151
factor … 144
ftable … 48
glm … 118, 126
lm … 67, 76, 81, 92, 98, 104, 112
loglm (MASS) … 137
lrm (Design) … 127
na.omit … 81, 112, 126, 137, 144, 151
oddsratio (vcd) … 49
partial.cor (Rcmdr) … 57
pchisq … 126
plotMeans (Rcmdr) … 92
prop.table … 48, 144
relevel … 98
scale … 81
step … 112, 137
summary.aov … 92
summary.lm … 92
table … 144
tapply … 91
update … 112, 126, 137
VIF … 81
vif (car) … 82
which … 144
with … 91, 104
xtabs … 137

編著者紹介

●**金井雅之**　かない まさゆき（専修大学人間科学部教授）
1971年東京都生まれ．東京大学大学院総合文化研究科国際社会科学専攻博士課程修了．博士（学術）．専門社会調査士（2008年）．山形大学教育学部講師，同地域教育文化学部准教授を経て，2010年4月より現職．
[社会調査関連科目] 東京大学（量的調査），社会調査協会（S1科目）．
[社会調査士資格課程科目]「社会調査の基礎」（専修大学A科目），「調査設計と実施方法」（専修大学B科目），「データ分析法実習」（専修大学C科目），「統計学実習」（専修大学D科目），「社会調査実習Ⅰ・Ⅱ」（専修大学大学院H・I科目）．
[社会調査に基づく論文] *Quality of Life in Japan: Contemporary Perspectives on Happiness* (Springer, 2019, 共著).

●**小林　盾**　こばやし じゅん（成蹊大学文学部教授）
1968年東京都生まれ．シカゴ大学社会学部博士候補．修士（社会学）．専門社会調査士（2006年）．日本学術振興会特別研究員，成蹊大学文学部講師，准教授を経て，2014年より現職．2018年より成蹊大学社会調査研究所所長．
[社会調査関連科目] シカゴ大学（統計法），東京大学（社会調査法）．
[社会調査士資格課程科目]「社会調査の方法」（成蹊大学B科目），「社会調査演習」（成蹊大学G科目）．
[社会調査に基づく著書]『嗜好品の社会学：統計とインタビューからのアプローチ』（東京大学出版会，2020，編著），『美容資本：なぜ人は見た目に投資するのか』（勁草書房，2020），『ライフスタイルの社会学：データからみる日本社会の多様な格差』（東京大学出版会，2017）．

●**渡邉大輔**　わたなべ だいすけ（成蹊大学文学部教授）
1978年愛知県生まれ．慶應義塾大学政策・メディア研究科後期博士課程修了．博士（政策・メディア）．専門社会調査士（2010年）．日本学術振興会特別研究員，成蹊大学アジア太平洋研究センター特別研究員，成蹊大学文学部講師，同准教授を経て，2021年4月より現職．
[社会調査関連科目] 成蹊大学（コミュニティ演習）．
[社会調査士資格課程科目]「社会調査入門」（成蹊大学A科目）．
[社会調査に基づく論文]『総中流の始まり：団地と生活時間の戦後史』（青弓社，2019，共編著），「地域づくり型介護予防事業は健康や地域意識を高めるか？：横浜市元気づくりステーション事業の4年間のパネル調査をもちいた効果検証」（『成蹊大学文学部紀要』54:11-27, 2019）．

コラム執筆者紹介（2012年2月現在）

●**武藤正義**　むとう まさよし（芝浦工業大学システム理工学部助教）
1976 年神奈川県生まれ．東京工業大学大学院社会理工学研究科価値システム専攻博士課程修了．博士（学術）．成蹊大学文学部現代社会学科社会調査士課程非常勤助手，日本学術振興会特別研究員を経て，2009 年 4 月より現職．
［社会調査関連科目］芝浦工業大学（社会ニーズ調査概論・社会調査法，社会ニーズ調査技法，社会ニーズ分析，社会統計解析，人間・社会システム概論）．
［社会調査に基づく論文］「"遊びながらエコ"する環境ボランティア：NPO GoodDay のフィールドワーク」（科学研究費補助金研究成果報告書『市民活動の活性化支援の調査研究：秩序問題的アプローチ』2008）．

●**金澤悠介**　かなざわ ゆうすけ（立教大学社会情報教育研究センター助教）
1980 年島根県生まれ．東北大学大学院文学研究科博士後期課程在学中．修士（文学）．専門社会調査士（2010 年）．立教大学社会情報教育研究センター学術調査員を経て，2010 年 4 月より現職．
［社会調査士資格課程科目］「社会調査法」「統計調査論 1」（立教大学 A 科目），「データ情報処理」「統計調査論 2」（立教大学 B 科目），「データ分析入門」（立教大学 C 科目），「リサーチ方法論 2」（立教大学 D 科目），「データ分析法」「多変量解析入門」（立教大学 E 科目）
［社会調査に基づく論文］「社会関係資本と一般的信頼の生成——二つの仮説の経験的検証と新たな仮説の提示」（『社会学研究』84，2008）．

●**大﨑裕子**　おおさき ひろこ（東京工業大学大学院社会理工学研究科博士課程）
1982 年茨城県生まれ．2007 年，東京工業大学大学院社会理工学研究科社会工学専攻修士課程修了（学術修士）．現在，東京工業大学大学院社会理工学研究科社会工学専攻博士課程，情報・システム研究機構統計数理研究所調査科学研究センター技術補佐員．
［社会調査に基づく論文］「一般の信頼における道徳的価値側面の考察——全国 web 調査データの分析から」（『日本社会心理学会第 52 回大会発表論文集』2011）．

●**岩井紀子**　いわい のりこ（大阪商業大学総合経営学部教授・JGSS 研究センター長）
1958 年兵庫県生まれ．大阪大学大学院人間科学研究科行動学専攻後期課程退学．スタンフォード大学大学院社会学専攻単位取得退学．修士（学術）．専門社会調査士（2004 年）．兵庫県家庭問題研究所主任研究員を経て，1990 年 4 月より大阪商業大学勤務．1998 年 9 月から日本版総合的社会調査（Japanese General Social Survey）プロジェクトに従事．
［社会調査に基づく書籍・論文］『調査データ分析の基礎——JGSS データとオンライン集計の活用』（有斐閣，2007），『日本人の意識と行動——日本版総合的社会調査 JGSS による分析』（東京大学出版会，2008），「East Asian Social Survey を通してみた国際比較調査の困難と課題」（『社

会と調査』7, 2011).

●筒井淳也 つついじゅんや（立命館大学産業社会学部准教授）
1970年福岡県生まれ．一橋大学大学院社会科学研究科満期退学．博士（社会学）．専門社会調査士（2005年）．
［社会調査士資格課程科目］「社会調査士」（立命館大学 G 科目），「社会学特殊講義（調査の企画と設計）」（京都大学大学院 H 科目），「社会学特殊講義（多変量データの分析法）」（京都大学大学院 I 科目）．
［社会調査に基づく論文］「パネルデータの基礎的分析方法：NFRJ-08Panel の有効活用に向けて」（『家族社会学研究』23 (1)，2011).

●秋吉美都 あきよしみと（専修大学人間科学部准教授）
東京都生まれ．シカゴ大学社会学部博士課程修了．Ph.D. 専門社会調査士．専修大学文学部講師，同准教授を経て，2010年4月より現職．
［社会調査関連科目］「社会調査実習」．
［社会調査士資格課程科目］「社会調査士実習」（専修大学，社会調査士 A 科目），「社会調査実習 I」（専修大学大学院，専門社会調査士 H 科目），「社会調査実習 II」（専修大学大学院，専門社会調査士 I 科目）．
［社会調査に基づく論文］"The Diffusion of Mobile Internet in Japan"（*Information Society* 24 (5), Hiroshi Ono との共著).

●堀内史朗 ほりうちしろう（明治大学研究・知財戦略機構　研究推進員）
1975年京都府生まれ．京都大学大学院理学研究科博士課程修了．博士（理学）．専門社会調査士（2010年）．日本学術振興会特別研究員、岡山理科大学共同利用研究員を経て、2009年4月より現職．
［社会調査関連科目］吉備国際大学（社会調査法、統計学）．
［社会調査士資格課程科目］「社会統計法・実習」（専修大学 D・E 科目）．
［社会調査に基づく論文］"Affiliative segregation of outsiders from a community: bonding and bridging social capital in Hachimori-cho, Japan"（*International Journal of Japanese Sociology* 17 (1), 2008).

●赤堀三郎 あかほりさぶろう（東京女子大学現代教養学部准教授）
1971年宮城県生まれ．東京大学大学院人文社会系研究科社会学専門分野博士課程修了．博士（社会学）．専門社会調査士（2005年）．日本学術振興会特別研究員，東京女子大学文理学部講師，同准教授を経て，2009年4月より現職．

[社会調査士資格課程科目]「社会調査実習」(東京女子大学G科目)
[社会調査に基づく論文]「結婚観の国際比較―ISSP調査による分析」(佐藤博樹他編『社会調査の公開データ―2次分析への招待』東京大学出版会, 2000).

●**佐藤嘉倫** さとう よしみち (東北大学ディスティングイッシュトプロフェッサー)
1957年東京都生まれ.東京大学大学院社会学研究科単位取得退学.東北大学博士(文学).専門社会調査士(2006年).横浜市立大学助教授,東北大学大学院教授を経て,2008年8月より現職.
[社会調査に基づく論文] "Stability and Increasing Fluidity in the Contemporary Japanese Social Stratification System" (*Contemporary Japan* 22-1 & 2, 2010).

●**高田 洋** たかだ ひろし (札幌学院大学社会情報学部准教授)
1967年北海道生まれ.大阪大学大学院人間科学研究科社会学専攻博士課程修了.博士(人間科学).専門社会調査士(2005年).東京都立大学社会福祉学部助手、奈良大学社会学部講師を経て,2005年4月より現職.
[社会調査関連科目] 北海道大学(社会の認識).
[社会調査士資格課程科目]「データ解析基礎I」(札幌学院大学B科目),「データ解析I」(札幌学院大学E科目),「量的調査設計・量的調査演習」(札幌学院大学G科目),「データ解析入門」(北星大学E科目).
[社会調査に基づく論文]「現代日本における投票態度の規定因―TobitモデルのHeckman推定法による分析」(『理論と方法』23, 2008).

●**神林博史** かんばやし ひろし (東北学院大学教養学部准教授)
1971年長野県生まれ.東北大学大学院文学研究科博士後期課程単位取得退学.博士(文学).専門社会調査士(2005年).東北大学文学部助手,東北学院大学教養学部助教授を経て,2007年4月より現職.
[社会調査関連科目] 東北学院大学(人間科学基礎演習B、等)
[社会調査士資格課程科目]「社会学基礎論B」(東北学院大学A科目),「社会調査実習A・B」(東北学院大学G科目),「人文統計学」(東北大学D科目).
[社会調査に基づく論文]「親子調査における親欠票の原因」(『社会と調査』2, 2009, 片瀬一男と共著).

●**相澤真一** あいざわ しんいち (日本学術振興会特別研究員PD)
1979年長崎県生まれ.東京大学大学院教育学研究科総合教育科学専攻博士課程修了.博士(教育学).専門社会調査士(2006年).東京大学社会科学研究所研究支援推進員,成蹊大学アジ

ア太平洋研究センター特別研究員（同文学部現代社会学科社会調査士課程非常勤助手を兼任）を経て，2010年4月より現職．
［社会調査関連科目］学習院大学（社会調査法，社会統計学）．
［社会調査士資格課程科目］「社会調査実習」（武蔵大学 G 科目）．
［社会調査に基づく論文］「日本人の「なりたかった職業」の形成要因とその行方―JGSS-2006 データの分析から」（『日本版 General Social Surveys 研究論文集 [7]』，2008）．

●轡田竜蔵　くつわだ りゅうぞう（吉備国際大学社会学部准教授）
1971年富山県生まれ．東京大学大学院人文社会系研究科社会学専門分野博士課程単位取得満期退学．社会学修士．日本学術振興会特別研究員を経て，2004年4月より現職．
［社会調査関連科目］「社会調査法Ⅰ」（吉備国際大学 A 科目），「社会調査法Ⅱ」（吉備国際大学 C 科目），「社会調査実習」（吉備国際大学 G 科目）．
［社会調査に基づく論文］「過剰包摂される地元志向の若者たち―地方大学出身者の比較事例分析」（樋口明彦他編『若者問題と教育・雇用・社会保障―東アジアと周縁から考える』法政大学出版局，2011）．

●常松　淳　つねまつ じゅん（東京大学大学院人文社会系研究科助教）
1969年京都府生まれ．東京大学大学院人文社会系研究科社会学専門分野博士課程修了．博士（社会学）．東京大学社会科学研究所特任研究員を経て，2010年4月より現職．
［社会調査関連科目］横浜市立大学（社会調査法）．
［社会調査士資格課程科目］「社会調査法 A・B」（東京女子大学 A・B 科目），「現代社会論」（お茶の水女子大学 A 科目），「社会調査実習」（東京大学 G 科目），調査企画（東京大学大学院，専門社会調査士 H 科目），「量的調査」（東京大学大学院，専門社会調査士 I 科目）．
［社会調査に基づく論文］『責任と社会―不法行為責任の意味をめぐる争い』（勁草書房，2009）．

●山本英弘　やまもと ひでひろ（山形大学地域教育文化学部講師）
1976年北海道生まれ．東北大学大学院文学研究科博士課程修了．博士（文学）．専門社会調査士（2004年）．日本学術振興会特別研究員，筑波大学大学院人文社会科学研究科研究院を経て，2010年3月より現職．
［社会調査関連科目］成蹊大学（社会調査データの分析）．
［社会調査士資格課程科目］「社会調査法」（山形大学 B 科目），「社会調査演習Ⅰ」（山形大学 G 科目）．
［社会調査に基づく論文］『現代日本の自治会・町内会』（木鐸社，2009，共著），『現代社会集団の政治機能』（木鐸社，2010，共著），「イラク戦争抗議デモ参加者の諸相」（『社会学年報』34，2005）

●保田時男　やすだ ときお（大阪商業大学総合経営学部准教授）
1975年兵庫県生まれ．大阪大学大学院人間科学研究科博士後期課程満期退学．修士（人間科学）．専門社会調査士(2004年)．大阪商業大学総合経営学部講師を経て，2009年4月より現職．
[社会調査士資格課程科目]「社会科学方法論」（大阪商業大学A科目），「社会調査法」（大阪商業大学C科目），「社会調査演習」（大阪商業大学G科目），「統計学A-Ⅰ, Ⅱ」（大阪大学，D科目）．
[社会調査に基づく論文]「多様化する世帯構造における主観的な格差：生活満足度の散布指数による検討」（佐藤嘉倫・尾嶋史章編『現代の階層社会 第1巻 格差と多様性』東京大学出版会，2011）．

●千田有紀　せんだ ゆき（武蔵大学社会学部教授）
1968年大阪府生まれ．東京大学大学院人文社会系研究科社会学専門分野博士課程修了．博士（社会学）．専門社会調査士（2005年）．東京外国語大学専任講師，東京外国語大学助教授を経て2008年4月より現職．
[社会調査士資格課程科目]「社会調査実習」（武蔵大学G科目）
[社会調査に基づく論文]『日本型近代家族―どこから来てどこへ行くのか』（勁草書房，2011）．

●盛山和夫　せいやま かずお（東京大学人文社会系研究科教授）
1948年鳥取県生まれ。東京大学大学院社会学研究科社会学専攻博士課程単位取得退学。博士（社会学）。北海道大学助教授を経て，1994年6月より現職。
[社会調査に基づく論文]『社会階層―豊かさの中の不平等』（東京大学出版会，1999，原純輔と共著），『社会調査法入門』（有斐閣，2004）．

●今田高俊　いまだ たかとし（東京工業大学大学院社会理工学研究科教授）
1948年兵庫県生まれ．東京大学大学院社会学研究科社会学専攻博士課程中退．博士（学術）．専門社会調査士（2007年）東京大学文学部助手，東京工業大学工学部助教授，1988年同教授を経て，1996年4月より現職．
社会調査協会理事，『社会と調査』編集長（2008-2011）．
[社会調査に基づく論文]"The Japanese Middle Class and Politics after World War II"（Hsin-Huang M. Hsiao ed. *East Asian Middle Class in Comparative Perspective*, Taipei: Institute of Ethnology, 1999）．

社会調査の応用——量的調査編：社会調査士E・G科目対応

2012（平成24）年2月15日　初版1刷発行
2024（令和6）年5月15日　同 4刷発行

編　　者	金井雅之・小林　盾・渡邉大輔	
発 行 者	鯉渕友南	
発 行 所	株式会社 弘文堂	〒101-0062　東京都千代田区神田駿河台1の7 TEL 03(3294)4801　振替00120-6-53909 https://www.koubundou.co.jp
装　　丁	笠井亞子	
組　　版	スタジオトラミーケ	
印　　刷	大盛印刷	
製　　本	牧製本印刷	

Ⓒ2012 Masayuki Kanai, et al. Printed in Japan

JCOPY 〈(社)出版者著作権管理機構 委託出版物〉

本書の無断複写は著作権法上での例外を除き禁じられています。複写される場合は、そのつど事前に、(社)出版者著作権管理機構（電話 03-5244-5088、FAX 03-5244-5089、e-mail: info@jcopy.or.jp)の許諾を得てください。
また本書を代行業者等の第三者に依頼してスキャンやデジタル化することは、たとえ個人や家庭内の利用であっても一切認められておりません。

ISBN978-4-335-55151-2